基礎講義 情報科学

デジタル時代の新リテラシーを身につける

井 上 英 史　監修

森 河 良 太
西 田 洋 平　著
野 口 　 瑶

東京化学同人

序

　本書は，大学初年次生向けの情報科学の教科書である．情報科学の基礎を学ぶ学生の教材として活用していただければと思う．

　教育内容を表すことばとして"読み，書き，そろばん"がある．文字どおりには，文字の読み書きと計算ができるという初歩的なリテラシーをさすが，拡張すれば，言語力・コミュニケーション力と，論理的思考力といった基礎力をさすということもできる．今は，"読み，書き，そろばん"に四つ目のリテラシーとして，コンピュータなどを活用する力が加わっているといえる．そして，その重要性はいよいよ増している．

　我が国が目指すべき未来社会として，第5期科学技術基本計画（平成28年1月閣議決定）で，Society 5.0 が提唱された．そして，第6期科学技術基本計画（令和3年3月閣議決定）では，その実現に向けた提言がなされている．

　Society 5.0 は，狩猟社会（Society 1.0），農耕社会（Society 2.0），工業社会（Society 3.0），情報社会（Society 4.0）に続く超スマート社会である．具体的には，"サイバー空間（仮想空間）とフィジカル空間（現実空間）を高度に融合させたシステムにより，経済発展と社会的課題の解決を両立する人間中心の社会"と定義されている．Society 5.0 を実現するためには，教育が重要であり，特にデジタルリテラシーの強化，情報科学（computer and information science，computer science）や情報技術（IT: information technology）といった領域に関する人材の育成が求められている．

　私が長らく所属した東京薬科大学生命科学部は，コンピュータ科学や情報科学を専門の中心に据えているわけではない．しかし，インターネットの活用やパーソナルコンピュータを用いた教育にいち早く取組んできた．生命科学領域の進展はコンピュータや情報科学の進展と密接に関連しており，それらを駆使した研究も多く行われている．そうした教育や研究を経たのち，情報技術に関連した領域で活躍している卒業生も多い．本書は，この学部で初年次教育に用いてきた教材をもとに，書き下ろしたものである．コンピュータが得意でない初学者でも基礎をきちんと身につけられるようになっている．必ずしもコンピュータ科学や情報技術を専門としていなくても，情報科学教育に力を入れたいと考えている大学・学部・学科で活用していただければ幸いである．

　最後に，本書は，東京化学同人の中町敦生氏，丸山 潤氏の多大な支援のもとに作成することができた．多くの読者のこれからの学びの礎となることを願っている．

　2024 年 2 月

井　上　英　史

まえがき

　シンギュラリティ（**技術的特異点**）という言葉を知っているだろうか？　それは人工知能（AI）が人間の知能を大きく超える瞬間のことであり，人類の文明を支えてきた技術の指数関数的な進歩によって到来する未来の姿といわれている．米国の発明家であり思想家であるレイ・カーツワイルによれば，ビックバンによる物質とエネルギーの登場から地球上に炭素ベースの複雑なパターン（彼はそれを情報と指摘する）をもつ生命が誕生するまでの過程のなかで，すでに“人間–機械文明がたどる運命（シンギュラリティ）についての物語”が始まっていたという[†1]．そして生命の進化は言葉や道具を使う人類の登場につながり，農耕が始まり，町が形成され，さまざまな機械がつくられるようになった．さらに 19 世紀の後半に入ると人類は電気を利用するようになり，さまざまな家電製品やコンピュータが機械を使ってつくられるようになった．このように生命の歴史には（進化の過程を含め）つくられたものが環境に応じてより能力の高いものを新たにつくり（生み）出すという循環があり，そのため進化または技術の進歩は指数関数的に加速してきた，とカーツワイルは述べている．彼はこれを**収穫加速の法則**とよんだ．そしてこのような収穫加速の流れに乗ってシンギュラリティに到達すると，人間は生物的な身体の限界を超え，自らの意識をデータ化し，コンピュータにアップロードするまでになるという．

　読者のみなさんはこのシンギュラリティという未来予測をどう考えるだろうか．立ち止まって歴史をひもとき，人類が築いてきた“文明”というものを改めて振返ると，はたしてこれでよかったのかと，そこはかとなく感じるのではないか．そもそもよいも悪いもないのかもしれないが，人間が道具や法律，そして機械などを使ってこの地上に具現化してきた欲望を文明とよぶのであれば，人間が生まれながらにしてもつ生の権利を縛るのも，また文明なのかもしれない．とにかくわれわれの生きているこの 21 世紀は**情報化社会**とよばれ，情報や知識が，物や資源と同等あるいはそれ以上の価値をもっている社会である．これは文明の道程の結果であることは間違いないが，そのなかでわれわれは人間として生きていかねばならない．そうであれば現代文明の寵児，あるいはシンギュラリティの主役である**情報**について，われわれは深く知り学ぶ必要があるといえる．

　情報化社会が誕生したのはインターネットの普及が始まった 1990 年代であるといわれているが，日本語の“情報”という言葉は，明治時代，“敵情を報知する”という意味のフランス語“renseignement”の訳語として最初に使われたといわれている[†2]．戦争に関わる物騒な語源であるが，人間の社会において何か利益を与える（逆の立場では損害を与える）という意味がそのなかに隠されているようだ．また中国語では意図的に発信された情報を“信息”といい，自然に伝達された情報を表す言葉である“消息”とは区別している．このことは，“情報”という言葉が，人間との関わりにおいてさまざまな価値や意味をもつことを示し

[†1]　レイ・カーツワイル 著，井上 健 監訳，『ポスト・ヒューマン誕生——コンピュータが人類の知性を超えるとき』，NHK 出版（2007）．
[†2]　小野厚夫，『情報という言葉を尋ねて（1）』，*IPSJ Magazine*，**46**，347（2005）．

ているように思われる．このように当たり前のことではあるが，"情報"と"人間"を主客切離して論じることは，根源的に的外れな議論となるように思われる[†1]．

ところで本書の題名にも含まれる**情報科学**（computer and information science，computer science）という言葉は，英訳で示されるようにコンピュータとその情報処理に関する科学という意味である．情報工学とか計算機科学とよばれることもあるが，それらの英訳は computer science であり，計算やデータの処理を自動的に行う機械（または装置）に関することを主とする科学であるといえる．一方，情報科学という言葉の英訳に含まれる information science という部分に対応する日本語訳も"情報科学"であり，こちらは情報そのものの構造やシステム，機能，そしてそれらの管理に関する科学をさす．これは library and information science（図書館情報学）と関わりの深い言葉だが，computer science と混同されることもあるため，情報学と訳されることもある[†2]．さらに幅広い情報学の学問分野に informatics という英語を当てはめることも多くある．

いずれにしても情報科学という言葉の日本語訳と英訳には，分野を横断した歴史的な混乱があった．そのため現在は，情報科学も情報学も，そして社会現象や生命現象における情報処理やその情報システムを扱った学問（社会情報学，生命情報学），およびそれに関連する分野も，全部まとめて**インフォマティクス**（informatics）という言葉で表現されるようになった．そのためこの言葉は，基礎から応用まで大変広い学問分野をカバーしているといえる．

さてわれわれは現代社会にあふれる"情報"について学びを深めたいのだが，何から始めればよいだろうか？　それは躊躇することなく，コンピュータに触れることである．コンピュータといっても，スマートフォン（スマホ）やタブレット端末のような，指先一つで操作でき，便利を通り越して人間に忖度するようなものでは勉強にならない．個人向けにつくられたパーソナルコンピュータ，すなわちパソコンが必要である．もちろん最近のパソコンは大変便利になって人間に忖度する機能も増えてきた．またマウスを使った操作には，"選択肢の表示"というヒントが常に与えられ続け，利用者から主体的にパソコンを操作する機会を奪ってきた．しかしパソコンには 10 本の指をすべて使って操作できるキーボードが付いており，標準で搭載されているターミナル（Mac）やコマンドプロンプト（Windows）といったツールを利用すれば，キーボードから<u>自らが理解する知識のなかで</u>コマンド（パソコンへの指示，命令）を入力し，パソコンを主体的に使うことが可能となる．今となっては"古い"と思われがちなパソコンの使い方であるが，ではなぜパソコンを主体的に使うことが必要なのか？

率直にいって，それはわれわれがコンピュータ（機械）に使われないようにするためである．スマホやタブレットを通じて動画やゲームに集中するあまり，睡眠時間を削っていないだろうか？　文章を推敲する時間を惜しんで，生成系 AI を使って大事なレポートを作成していないだろうか？　"あなたにこれがピッタリ！"という Web 広告に連れまわされて，視

[†1]　一方，物理学は人間的な価値判断とは別に，世界の根源的な法則を探究する学問である．
[†2]　このような混乱は，まさに"情報"と"人間"が深い関係にあることを示唆しているように思わせる．

野が狭くなっていないだろうか？　チャップリンの『モダン・タイムス』を観て機械に使われたくないと思う人は多いかもしれない[†1]．しかしカナダの文明批評家であるマクルーハンが"すべてのメディア（技術）が人間の感覚の拡張である"と述べているように[†2]，魅力的なメディアや技術を通じて提供されるサービスを使っている間は，なかなか自分がコンピュータに使われているとは気付かないものである．そしてこのような状態が深化し，自分がやっていたことをコンピュータに委ねることが進めば，自分の思考力の幅は狭まってメディアに合わせるようにゆがみ，人間として自由に生きることの豊かさも失われていくのではないか．

　ではどうすれば"パソコンに使われる人"から"パソコンを使える人"になることができるだろうか．25年前，大学で情報科学の授業を担当していた著者の一人は学生の父母から"どうすれば**パソコンができる**ようになりますか？"とよく尋ねられた．それはワープロを使えるようになることですか？　それともインターネット検索できるようになることですか？いえいえ，そうではなく**"壊れたら自分で直すことができる人"**が**"パソコンができる人"**である，そう答えてきた．

　もちろんパソコンのハードウェアが故障してしまった場合，自分で修理することは容易いことではない．しかしパソコンがどう正常に動作しないのか，どういう操作をすると動かなくなるのか，などの情報をパソコンの販売店やサポートサービスに正しく伝える能力は"パソコンができる"ことの条件の一つである．またパソコンの普段の使い方やソフトウェアの問題から生じるトラブルの多くは，パソコンのハードウェアとそれに搭載されている基本ソフト，そしてインターネットの仕組みを正しく理解することで，"おそらくこういうことで，このアプリは止まってしまうんだな"という推測ができるようになり，場合によっては直すことさえできるようになる．その理解のためには，パソコンやインターネットの基本的な仕組みを単なる知識として得るだけではなく，自分でパソコンを所有し，スマホのように毎日触れて，メールの読み書きやWebサイトの閲覧などの日常の作業を，パソコンを使って行うことである．さらに大学の研究などで専門的な計算やデータ処理をパソコンで行う必要が出てきたら，マウスで手軽に操作できるアプリを使うだけでなく，研究に必要な仕様をもつコンピュータプログラムを自分でつくって実行することをお勧めする．そこから得られる知識と経験は，コンピュータへの理解をさらに深めることになるであろう．そしてようやく"パソコンができる人"が誕生するのである[†3]．

　さて本書は，情報科学を直接の専門としない大学学部生向けの"情報科学"の授業で培われた知識と経験に基づいて著された教科書である．その授業では，学生は普段から念入りにメンテナンスを行っている（はずの）自分のノートパソコンをもち込み，自分でインターネットに接続し，同級生と相談しながらさまざまな授業課題に取組み，コンピュータの操作

[†1]　チャールズ・チャップリンが製作した喜劇映画．工場の労働者が歯車のように機械に使われるシーンが有名．
[†2]　マーシャル・マクルーハン（1911～1980）の著書『メディア論』（邦訳は1987年刊行）を参照．
[†3]　さらに深い理解に進むためには，マザーボードやCPU，メモリ，ケースなどを購入し，自分でパソコンを組立てて，OSをインストールすることである．

やプログラミングに関する経験を，情報系の学生に負けないくらい積み重ねてきた．したがって本書は，情報系の学科以外の学生がデータサイエンスや AI，Web 3 などの "これからの情報科学" を学ぶのに最適かつ基礎的な教科書であると考えている．

第 1 章（森河，西田）では "情報とは何か？" という命題を中心に置き，生物（あるいは人間）と機械（あるいはコンピュータ）の双方の立場から情報の定義について考えてみる．第 2 章（森河）ではプログラムに従って演算を行うコンピュータという機械と基本ソフト（OS）について，その仕組みと歴史を学ぶ．つづいて第 3 章（西田）では，パソコンにおけるデータの扱いについて，キーボードによる文字の入力からコンピュータにおける文字コードの扱いまでを学ぶ．そして第 4 章（野口）では，Unix におけるファイルシステムの概略を，プロンプトからコマンドを入力しながら実践的に学ぶ．また第 5 章（西田）では，オフィススイートとよばれるワープロソフト，プレゼンテーションソフト，表計算ソフトの三種の神器について，演習問題を解きながら理解を進めていく．

第 6〜8 章（森河）では，コマンドによる操作も交えながらインターネットの仕組みとメールシステム，Web システムについて解説する．またこれからの Web といわれている Web 3 について，ブロックチェーンの話を中心に紹介する．そして第 9〜11 章（野口）では，インターネットをはじめとするコンピュータシステムに蓄積されてきた膨大なデータ（ビッグデータ）を活用するためのデータサイエンスの概要とその詳細，さらには機械学習などの人工知能（AI）について解説する．一方，データサイエンスに関する倫理的な問題については第 12 章（西田）で説明する．

最後の第 13 章（野口）では，第 12 章までに学んだことを自分のパソコンで実践するためのプログラミングの基本について解説する．

また，各章の演習問題の解答例を東京化学同人ホームページにある本書の Web サイトから確認できるようにした．特に文章だけではわかりにくいパソコンの操作やターミナルにおけるコマンドの入力方法については，動画にして提供した．予習や独習，反転学習に役立てていただきたい．

本書を出版するにあたり，東京化学同人のみなさま，特に中町敦生さんには，大変忍耐強く原稿をお待ちいただいたこと，この場を借りて御礼申し上げます．中町さんの根気と献身的な優しさがなければ，本書は完成しなかったと思います．また東京薬科大学生命科学部の情報教育を立ち上げ，ここまで深い内容に掘り下げることから始めていただいた東京薬科大学名誉教授の林　昌樹先生と埼玉医科大学の勝浦一雄先生に，この場を借りて感謝いたします．そして 24 年間，情報科学の授業を強く大きく育ててきた生命物理科学研究室の故宮川　毅先生に最大の敬意と感謝の意を捧げます．

2024 年 2 月

著者を代表して

森　河　良　太

目　　次

情報とは何か 1

　われわれは今，高度に情報化された社会に生きている．日本が提唱する未来コンセプト Society 5.0† では，インターネットに接続されたさまざまなモノ（機器，すなわち物質）とわれわれが日常的につながり，多くの知識や情報が共有され，今までにない新たな価値を社会に生み出すといわれている．このような仕組みを IoT（Internet of Things）とよぶ．また人工知能（AI）は，われわれ一人一人に必要な情報を必要なときに提供する可能性を秘めていると考えられている．

　しかし，このような仮想空間と現実空間を融合させた情報化社会の行方について理解するためには，まず"情報とは何か？"という基本的な問いを深く掘り下げて考える必要がある．そこで本章では，情報が人類の歴史においてどのように扱われてきたかを，物質科学との関わりのなかで簡単に振返ることから始める．実は多彩かつ曖昧な概念である"情報"について徐々に理解を深めてほしい．

1・1　物質と情報

　われわれ人間の住むこの世界は，われわれが誕生する前から存在している．そのような世界は，しばしば自然とか天然などとよばれ，それらを創っている万物の根源（アルケー）に関する探究や議論は，古今東西を問わず枚挙にいとまがない．くわえて現代人であるわれわれは，さまざまな構造物や機械などの人工物をつくり出し，日々それらに囲まれて生活している．しかし自然にせよ人工物にせよ，それらは原子や分子から構成される**物質**（matter）であり，われわれ人間も同じく物質からできていることを考えれば，両者の関係は非常に密接である．そのため物質の性質や運動に関する探究は古代から行われており，現代の機械化された文明を根底で支える自然科学へとつながってきた．

　たとえば夜空の星々も物質であり，バビロニアやエジプト，中国などの古代世界においてそれらの運行（運動）が観測され，人々の生活に深く結びついていた．そしてそれは**情報**（information）として記録されていた（図1・1）．その証拠として，星々が夜空に昇る日付と沈む日付を，楔形文字を使って刻んだ粘土板がバビロニアの遺跡から発掘されている．たとえば，紀元前7世紀ころにつくられたと考えられる粘土板には，刻まれた天体の運行に関する記述があり，そこには星座のリストなどの天文学の**データ**（data）が刻まれている．しかしそれらを読み解くと，その内容自体はさらに300年ほど前に編纂されたものと考えられることから，**複写**（copy）されたものと推定されている．バビロニアの支配層の人々は，**文字**（letter, character）を使って天体観測の結果を粘土板に記録し，それらを国家の統治のために利用しつつ，後世に伝えるために文字を新しい粘土板に複写してきたと考えら

図1・1　バビロニアの計算表の粘土板（紀元前19世紀ころ）　書かれている数値から，三平方の定理に関するリストであることがわかっている．コロンビア大学収蔵．

---

† 内閣府 HP: https://www8.cao.go.jp/cstp/society5_0/index.html

*1 楔形文字はバビロニアの支配層の人々にとっては文字であり，情報であったと考えられるが，被支配層の人々やわれわれ現代人にとっては単なる記号であり，そこから単純に情報を得ることは難しい.

*2 コペルニクス（1473〜1543）の研究成果も，その表面的な利便性の故に利用された.

*3 もっともティコ・ブラーエ（1546〜1601）は，望遠鏡を使用しない肉眼による天体観測によって精密なデータを残し，それらは助手であったケプラー（1571〜1630）に引き継がれた.

*4 本書にしばしば登場するパーソナルコンピュータ"Mac"には，［辞書］というアプリケーションが入っている. そのなかの"国語辞典"という項目を選択すれば，"スーパー大辞林（三省堂）"という辞書を利用できる. 本文で紹介した"情報"の語義は，そこから引用したものである.

れる*1.

　このように自然と密接に関係して生きてきた人間は，自分の脳の中にではなく，人工物にデータを記録することで，利用できる情報の量を拡大してきたといえる. しかし，そのデータを根拠とする法則や結論は，必ずしも科学的に正しいとは限らない. たとえば欧州では，16世紀にコペルニクスが地動説を唱えるまでは地球が宇宙の中心であるという天動説が有力であった. そのため，天体の運行に関するデータも天動説に合わせて解釈されてきた. また，当時の多くの天文学者は占星術者でもあり，天体の運行を正確に予測できることが，気象予測や医療といった彼らの実利に直結していた. よって彼らに必要なものは，天体の運行を簡便に予測できる星表であって，地動説や天動説といった科学的な議論は二の次であった*2.

　17世紀になると欧州では望遠鏡がつくられるようになり，天体の運動をより正確に観測することができるようになった*3. その結果，天体の運動に関する精密な数値データが蓄積され，17世紀末には数式を使ってそれらのデータを具体的に導出・説明することのできるニュートン力学が誕生した. そして長さ，質量，時間などの**物理量**（physical quantity）が，法則を表す方程式の中で定義され，現象の本質を表す量として登場した.

　このように人間は，観測や実験を通じて選別された現象を数値として記録し，それらの結果を合理的に説明するための方程式を定めることで**法則**（law, principle）を発見したのである. その結果，自然から得ていた情報やデータは，方程式を使って計算することでも得られるようになったのである.

　それでは，ここまで何気なく使ってきた情報とは，一体何であろうか. また情報に大きさがあるとすれば，その量はどのように定義されるであろうか.

1・2　情報の定義
1・2・1　情報の辞書的定義

　国語辞典を使って"情報"という言葉を引いてみよう*4. 多くの場合，そこには二〜四つの語義が記されているが，共通してみられる次の二つ，

語義1: 事物・出来事などの内容・様子. また，その知らせ.
語義2: ある特定の目的について，適切な判断を下したり，行動の意思決定をするために役立つ資料や知識.

に注目してみる.

　1の語義を言い換えると，"物事や出来事を他人に伝えるために，それとは別の形に変えたもの"といってもいいかもしれない. たとえば，納豆を知らない人にそれが何かを伝えるためには，本物の納豆を相手に渡して"これが納豆だ"と伝えることもできるが，代わりに，"煮た大豆に納豆菌を繁殖させてつくる，粘質の糸を引く食品"と説明することもできる. 日本語を理解できる者にとっては，これは明快な"情報"である.

　しかし2の語義になると情報の解釈にぶれが生じる. たとえば，"本日は納豆半額特売日！"というスーパーのチラシがあったとする. 納豆好きにとっては魅力的なチラシかもしれないが，納豆嫌いの人にとってはつまらないものであり，すぐに

捨ててしまうであろう．すなわち2の語義に従ってチラシの文言を捉えると，前者にとっては意味のある大きな情報であり，後者にとっては不必要で小さな情報でしかないのである．

　このように，情報にはそれを受ける人の主観的判断によって変わる側面もある．そもそも，日本語の"情報"という言葉が最初に使われたのは明治初期（1876年）で，"敵情を報知する"という意味のフランス語"renseignement"の訳語としてであった．また，森鷗外はドイツ語で書かれたクラウゼヴィッツの著書"戦争論"を翻訳したとき，"nachrichtung"の訳語として"情報"という語を用いたといわれている．物騒な出典であるが，人の役に立つ，立たないという観点でいえば，ここで使われている意味は2の語義に該当するといえる．また，中国語では意図的に発信された情報のことを"信息"といい，自然に伝達された情報を表す言葉である"消息"とは区別している．

1・2・2　機械情報と情報量

　前項の2の語義については1・3節で改めて考えることとし，まずは簡素な1の語義に着目しよう．先に"納豆の定義は明快な情報"と述べたが，それは日本語や科学の知識を理解する者にとってのみである．日本語を読めない者はその**意味**（meaning）を理解できず，単なる記号としてみるしかないであろう．しかし，そうした単なる記号でも，それを複製したり伝達したりすることができる．このような情報は**機械情報**とよばれ，意味と無関係に機械的に処理することができる．米国の電気工学者，数学者であったクロード・シャノンは，1948年の論文"Mathematical Theory of Communication（通信の数学的理論）"のなかで初めて情報を定量的に扱い，現代の**情報通信技術**（ICT: information and communication technology）に基礎を与える**情報理論**（information theory）を創始した．そのなかで議論されている内容は，一般的な情報というよりも機械情報（記号）の伝達に関わる理論である．

　情報の大きさを量る，すなわち**情報量**（quantity of information）を定義しようとするとき，われわれは情報が記された本の厚さやファイルの大きさに目がいってしまう．しかし，情報理論における情報量は，次の二つの経験則を基に定義される．

経験則1: 事象の起こる確率（または，その事象を知ることのできる確率）pが小さいほど，それは希少な情報であり，その情報量は大きい．逆に事象の起こる確率pが大きいほど，それはありふれた情報であり，その情報量は小さい．

経験則2: 互いに関係のない二つの事象の全情報量は，それぞれの事象の情報量の和となる（**情報量の加法性**）．

　経験則1の例として，"あの大学には温泉がある"という情報を考えてみよう．これは珍しいことであり，一般にそうである確率は低い．よってその情報量は大きいと考えることができる．逆に"あの大学には食堂がある"といったことはよくあることなので，情報量は小さいと考えられる．

　また，前述の二つの情報はまったく関係のないことと考えられるので，経験則2

に従うと，これらの情報量をそのまま足し合わせて二つの事象に関する情報量とすることができる．一方，"あのラーメン屋は銀座の一等地にある"という情報と，"あのラーメン屋の餃子は値段が高い"という情報の間には，互いに何らかの関係がありそうである．すなわち，前者を知ることで後者に関する予想がつくような場合は，これら二つの情報量をそのまま足し合わせて，二つの事象に関する情報量とすることはできない．

　この二つの経験則を出発点にして，情報量 I を事象の起こる確率 p の関数として定義してみよう．今，互いに独立な事象 A と事象 B の起こる確率をそれぞれ p_A，p_B とすれば，事象 A も B も起こる確率は，$p_A \cdot p_B$ のように確率の積で表すことができる．すると経験則 2 の情報量の加法性より，次の式が成り立つ．

$$I(p_A \cdot p_B) = I(p_A) + I(p_B) \tag{1・1}$$

*1 この証明について詳しく知りたい人は，A. L. Cauchy 著，高瀬正仁 監訳，『コーシー解析教程』，みみずく舎（2011）などを参照．

この式を満たす連続関数 $I(p)$ は，対数関数であることが証明されているので[*1]，次のように書くことができる．

$$I(p) = C \log p \tag{1・2}$$

ここで C は任意の係数である．経験則 1 から，情報量 $I(p)$ は確率 p の増加に対して単調に減少する関数であると考えられるので，単純に $C = -1$ とすれば情報量 $I(p)$ は，

$$I(p) = -\log p \tag{1・3}$$

*2 ここで定義された情報量 I は，1・2・4 項で説明する平均情報量と区別して，選択情報量（自己エントロピー）とよぶこともある．

と表すことができる．これが情報量の定義である[*2]．

1・2・3　2 進数とビット

　(1・2)式の係数 C の値が任意であったように，(1・3)式の対数の底も自由に選ぶことができる．人間社会では，曖昧もしくは不確定な情報を，"yes か no か"，"**真**（true）か**偽**（false）か"のように，二つの状態に分けて理解し，判断することが多い．このような二つの状態を表す値は，**真理値**（truth value）もしくは**論理値**（logical value），**ブール値**（Boolean value）などとよばれる．そのため，情報量の定義もこの考えに基づき，(1・3)式の右辺の対数の底として 2 を使うことが多い．

*3 未来のコンピュータといわれている量子コンピュータについては，ここで述べる定義が当てはまらないので，注意が必要である．

　実際，世界中で使われているコンピュータの多くは，その内部で **2 進数**（binary number）を使って "1 か 0 か" の真理値の計算を行っている[*3]．そこで，情報量を表す単位として，**binary digit**（1 桁の 2 進数）を略したといわれる**ビット**（bit）が用いられる．たとえば質問に対する回答として yes と no を仮定すれば，1 回の質問に対する回答は 2 通りであり，yes を 1，no を 0 と定義することによって 2 進数の 1 桁の数字で表すことができる．すなわち，情報量は 1 ビットである．また 2 回質問が行われれば，それに対する回答は {no, no}，{no, yes}，{yes, no}，{yes, yes} の 4 通りが考えられるので，(1・3)式で対数の底を 2 として計算すると，

$$I\left(\frac{1}{4}\right) = -\log_2\left(\frac{1}{4}\right) = 2$$

となり，情報量は 2 ビットとなる．これは質問の回数に相当し，質問に対する回答は，2 進数に対応させれば 00，01，10，11 の 4 通りで表すことができる．

　ところで，われわれの普段の生活のなかでは，数値を **10 進数**（decimal number）として表すことが多いが，時計やカレンダーのように，12 や 60 で次の周期に移る数値の数え方もある．たとえば本章の最初に紹介した古代バビロニアでは 60 進数が使われていた．また中国の易（古代からある占いの方法）には，2 進数の考え方を垣間見ることができる．すなわち易では，長い横棒（陽爻）と真ん中が途切れた横棒（陰爻）の記号を三つ組合わせた八つの図象で天地自然を表し，これを八卦とよんでその生成を "先天図" として表した（図 1・2）．同様に，6 本の陽爻と陰爻の組合わせによって六十四卦がつくられた．ドイツの数学者・哲学者であるライプニッツ*は，六十四卦を表した先天図において陽爻を 1，陰爻を 0 に置き換え，自らが確立した 0 と 1 を用いた 2 進法の理論と比較し，その類似性に注目した．ライプニッツの着眼点に従えば，易で表される天地自然は 2 進数を使って表現され，また占われるということだ．

* ゴットフリート・ライプニッツ（1646～1716）は，微積分をアイザック・ニュートン（1642～1727）とは独立して発見したことでも有名．

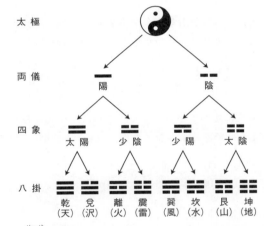

図 1・2　八卦の生成を示した先天図　　長い横棒と真ん中が途切れた横棒は爻（こう）とよばれ，それぞれ "陽" と "陰" を表す．

1・2・4　平均情報量

　コンピュータは，0 と 1 の真理値を用いて処理を行うが，その真理値にどんな意味があるのかは，コンピュータのあずかり知らぬところである．言い換えれば，コンピュータは真理値の並びを機械情報として処理しているのである．

　ここで，いくつかある真理値の並びの一つに i という番号を付け，それに対応する事象を A_i としよう．すると，この事象 A_i が起こった（生じた）ことを知ったときに得られる情報量 I は，事象 A_i の起こる確率を $p(A_i)$ とするとき，(1・3)式より，

$$I(p(A_i)) = -\log_2 p(A_i) \tag{1・4}$$

となる．ここで扱われる情報は 2 進数であるので，対数の底を 2 とした．

　さて，実際のコンピュータでは，0 と 1 からなる非常に多数の事象を処理している．ここで，それらの事象 $A_1, A_2, \cdots, A_n$ は n 個あり，それらが一つのまとまり，

もしくは系を構成しているとしよう. すると, それぞれの事象は $p(A_i)$ の確率で起こるので, 系全体から得られる情報量の期待値 H は,

$$H = -\sum_{i=1}^{n} p(A_i) \log_2 p(A_i) \qquad (1 \cdot 5)$$

で与えられる. この H を**平均情報量**（average amount of information）または**情報エントロピー**（information entropy）とよぶ[*1]. また (1・5)式の定義では対数の底を 2 としているので, 平均情報量 H の単位はビットである.

平均情報量 H の値は, 事象 A_i の起こる確率 $p(A_i)$ によって変化するが, どのような意味をもつであろうか. たとえば, イカサマなしの立方体のサイコロを考えてみよう. サイコロには 1 から 6 までの目（数）が記されており, それぞれの目は 1/6 の確率で出る. よってイカサマなしのサイコロから得られる平均情報量 H は,

$$H = -\sum_{i=1}^{6} \frac{1}{6} \log_2 \frac{1}{6} \fallingdotseq 2.58 \qquad (1 \cdot 6)$$

と計算される. 一方, 1 の目が出る確率が 1/2 で, ほかの目が出る確率が 1/10 となるように細工されたイカサマありのサイコロから得られる平均情報量は,

$$H = -\frac{1}{2} \log_2 \frac{1}{2} - \sum_{i=2}^{6} \frac{1}{10} \log_2 \frac{1}{10} \fallingdotseq 2.16 \qquad (1 \cdot 7)$$

と計算され, (1・6)式に比べて小さくなる. さらに 1 が出る確率が 99/100, ほかの目の出る確率が 1/500 であるようなイカサマの度合いの強いサイコロの場合,

$$H = -\frac{99}{100} \log_2 \frac{99}{100} - \sum_{i=2}^{6} \frac{1}{500} \log_2 \frac{1}{500} \fallingdotseq 0.10 \qquad (1 \cdot 8)$$

となり, 得られる平均情報量はさらに小さくなる.

ここで一般的に 1 の目が出る確率を p_1, ほかの目の出る確率を $(1-p_1)/5$ とすれば, 平均情報量 H は,

$$H = -p_1 \log_2 p_1 - (1-p_1) \log_2 \frac{1-p_1}{5} \qquad (1 \cdot 9)$$

と表すことができる. これをグラフにすると図 1・3 のようになる. このグラフから, 1 の目の出る確率が 1/6, すなわち, どの目も等しい確率で出るとき, 平均情報量 H は最大となることがわかるであろう.

平均情報量の意味を理解するために, サイコロを複数回投げる場合を例として考えてみよう. どの目も等しく出るイカサマなしのサイコロの場合は, 1 から 6 の出目[*2]が差異なく表れ, 多様な事象（出目の組合わせ）を出現させることができる. 同時に出目の組合わせが最も"でたらめ"にみえるのがイカサマなしのサイコロであろう. つまり平均情報量が大きい系は, でたらめさも大きいといえるのである. 一方, ほぼ 1 の目しか出ない系（イカサマありのサイコロ）では, 2 から 6 の出目の組合わせはほとんどないので, 出目のでたらめさは乏しく, 平均情報量は小さく

*1 平均情報量はシャノンのエントロピー（entropy of Shannon）とよばれることもあるが, 熱力学で定義される物理量のエントロピーを配慮せずに, 単にエントロピーとよぶ場合もある.

*2 サイコロを振って出た目を"出目"という.

なる．おおかたどの目が出るか予測できてしまうということは，すでにその情報を
得ているということであり，新規に得られる出目の情報が少ないということにつな
がるのである．

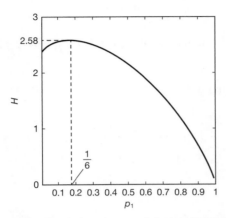

図 1・3　1 の目が出る確率が p_1 であるようなサイコロの平均情報量 H

　一般に系の事象がすべて等しい確率で起こるとき，平均情報量は最大値をとる．
また系の特徴をすでに知っていると，その人にとって系のでたらめさは減少し，平
均情報量も小さくなるのである．

演習 1・1

　1 と 2 の目が出る確率がそれぞれ 1/4 で，ほかの目が出る確率が 1/8 であるようなイ
カサマありのサイコロから得られる平均情報量を計算しなさい．

演習 1・2

　適当に投げたとき，表が出る確率が p，裏が出る確率が $1-p$ であるコインがある．
このコインの平均情報量を求めなさい．また横軸を p，縦軸を平均情報量 H としたグラ
フを描きなさい．

1・2・5　コンピュータにおける情報とプログラミング

　さて，現代文明を支えているコンピュータは，2 進数を処理することで人間社会
を動かしている．コンピュータは基本的に真理値を扱うことができるが，それはコ
ンピュータが 0 と 1 に対応した状態を区別してもつことができる**二値素子**（binary
element）の組合わせでできている機械〔**ハードウェア**（hardware）〕であるから
だ．二値素子は，電子回路における電流の on と off，ハードディスクの磁性体にお
ける二つの磁化の向き，ランプの点灯と消灯など，0 と 1 に対応する状態を保つこ
とができる．つまり，一つの二値素子は 1 ビットのデータ（情報）を表すことがで
きる．

　パソコンのハードウェアの性能を示す言葉として，よく "32 ビット" とか "64
ビット" といった言葉を聞くが，それはコンピュータが同時に扱えるデータのビッ

ト数を表している．たとえば8ビットのコンピュータであれば，11001001 という2進数を一度に処理することができる．ところで，この数値が2進数であることを明示する表記法として，2進数の左端に 0b をつけた，

0b11001001

がある．ここで 0b の b は binary の頭文字を表す．ほかにも，括弧と2進法の2を組合わせて，

$(11001001)_2$ や $11001001_{(2)}$

と表記することもある[*1].

さて，コンピュータの中では，このような2進数で表された真理値が，**命令**（instruction）として処理される．たとえば，ある8ビットのコンピュータにおいて，

11000110 00000111

という二つの2進数が順に読み込まれると，コンピュータの中では"A という箱に 00000111 という2進数を加えなさい"という命令として処理される．言い換えると，最初の 11000110 は"A という箱に次の2進数を加えなさい"という演算を表し，00000111 はその加えるべき2進数を表している．すなわち処理を行う命令そのものが2進数で書かれており，それらは処理操作の種類や演算（オペコード），または処理される数値そのもの（オペランド）であったりする[*2].

このように複数の命令を組合わせて示した処理手順を**プログラム**（program）という．そしてプログラムを作成することを**プログラミング**（programming），プログラムを記述する人工言語を**プログラミング言語**（programming language）という．また，先に例示した2進数のように，コンピュータが直接理解し，実行することのできるプログラミング言語を**機械語**（machine language）という．

しかし，この2進数で表記されたプログラムを人間が読み，そして理解することは，非常に大変である．よって，まずはこれを **16進数**（hexadecimal number）で表してみよう．16進数は0から9までの数字とAからFまでの英字の計16個の文字で表される数値である．10進数との対応を表にすると，次のようになる．

表 1・1 10進数と16進数で使われる数字の対応

10進数	0	1	2	3	4	5	6	7	8	9	10	11	12	13	14	15
16進数	0	1	2	3	4	5	6	7	8	9	A	B	C	D	E	F

10進数の16は，16進数では一つ桁が上がって10となる．しかしこの"10"の表記は2進数や10進数と紛らわしいので，2進数の場合と同じように16進数であることを明示的に表記することができる．たとえば16進数の左端に 0x をつけて[*3],

0x10

と表記すれば，16進数の"10"である．ほかにも，

$(10)_{16}$ や $10_{(16)}$

などと表記されることもある．

　さて，先ほどの8桁の2進数の命令を16進数で表してみると，

C6 07

となる．これは2進数で書いた場合に比べて大変みやすい．よって人間がコンピュータの中にあるデータを無理やり覗くと[*1]，多くの場合，16進数で表記されているであろう．

　一方，人間が機械語を用いてプログラミングを行う場合，命令となる16進数をそのまま覚えて理解しながら書くことは，なかなか慣れるものではない．そこでそれぞれの16進数（ビット列）に対応した命令を，理解しやすい文字列や命令語[*2]で書き表した**アセンブリ言語**（assembly language）というプログラミング言語がつくられている．たとえば，先の二つの16進数による機械語をアセンブリ言語で書くと，

ADI 0x07

となり，プログラムにおける"Aという箱に0x07（または0b00000111）という数を加える"という意味を理解しやすくなる．現在，広く用いられている多種多様のプログラミング言語は，これをさらに柔軟にしたものである[*3]．

　以上のように，コンピュータは二値素子でつくられており，数値を0と1の2進数で扱い，その処理も2進数で表記された機械語で行われることがわかった．なお，8ビットのデータの情報量を**バイト**（byte）という単位を使い，1バイト＝8ビットで表すことも非常に多い．たとえばパソコンの性能を表すとき，"メモリが8<u>GB</u>（ギガバイト），ハードディスクの容量は2<u>TB</u>（テラバイト）"などと耳にするが，この"B"はバイトを意味する．また，Bの前についている"G"や"T"などの文字は，数を表す**接頭辞**（prefix）であり[*4]，コンピュータの世界では次のような接頭辞がよく使われる．

k（キロ $=10^3$）　　　M（メガ $=10^6$）　　　G（ギガ $=10^9$）

T（テラ $=10^{12}$）　　P（ペタ $=10^{15}$）　　E（エクサ $=10^{18}$）

　コンピュータの歴史を知る人であれば，その性能の進歩と共に，より大きな数を表す接頭辞が使われてきたことがわかるであろう．

1・3　生命と情報

1・3・1　人間と人工知能の違い

　前節のように定義される情報は，コンピュータをはじめとする現代の ICT の土台となっている．しかし，それを情報という概念一般に妥当するものとして捉えることは，実はできない．

*1 "無理やり覗く"とは，たとえばアプリケーションソフトをテキストエディタで開く，などの操作を行うことである．テキストエディタについては，第3章を参照．

*2 これらの文字列や命令語のことをニーモニックという．

*3 プログラミング言語の詳細については，第13章を参照．

*4 小学生のときからお馴染みの接頭辞には，長さを表す m（メートル）の前につく"k（キロ）"や"m（ミリ）"などがある．

先ほどはひとまず考慮外とした，"情報"という言葉のもう一つの辞書的定義を思い出してみよう．情報という語は，"ある特定の<u>目的</u>について，<u>適切</u>な判断を下したり，行動の意思決定をするために<u>役立つ</u>資料や知識"という意味でも使われる．この場合には，コンピュータにおける情報にはない観点が含まれている．

それは"目的"，"適切"，"役立つ"といった言葉で示唆されているものである．すなわち，"目的"とは，誰にとっての目的だろうか．"適切"であると認めるのは，どのような立場にある者か．それはどのような文脈において"役立つ"のか．端的にいえば，この語義における情報には，それを意味のある"情報"として捉える何ものかが潜んでいるのである．

通常，それは人間であると考えられるが，コンピュータもその仲間に入れることができるだろうか．コンピュータは，自ら目的を設定し，適切な判断を下し，役立つかどうかを見極めることができるか．真に**人工知能**（AI: artificial intelligence）[*1]とよべるものが存在するならば，"できる"といってよいだろう．だがそれは，まだ空想されるに過ぎないものである．現在のところ，目的は人間が設定しているし，ある事象の適切さや特定の情報が役立つかどうかは，最終的にはわれわれ人間が設定する評価軸によって判定されている．

ここでいう真の人工知能とは，人間のように幅広い問題に自律的に対処する**汎用型人工知能**（AGI: artificial general intelligence）のことである．現代には，すでに人工知能とよばれるものが多数存在しているが，それらはすべて，限定された問題にのみ対処する**特化型人工知能**（ANI: artificial narrow intelligence）である．チェスや囲碁，音声認識や文章作成，自動翻訳や自動運転などを行う AI は，すべて後者に属している．関連する区別に，人間のそれと同様の意味で心や意識をもつ**強い AI**（strong AI）と，特定の道具的機能のみをもつ**弱い AI**（weak AI）というものがある[*2]．

汎用型の AI は，まだ存在していないだけで，いずれ実現されるだろうと考える人は多いかもしれない．しかし，ことはそう簡単ではない．たとえば，よく知られた問題に**フレーム問題**（frame problem）がある．AI におけるフレームとは，処理の目的や作動の適切さを，一定の範囲に限定する枠組みのことである．特化型 AI においては，これは設計ないし作動の段階で人間が設定するものに相当する．一方，完全なる汎用型 AI であるならば，このフレーム自体，自ら設定できなければならない．ところが，そのために考慮すべき事柄は無限にあり，無限の計算処理が必要になる．文字どおりの無限であっては，どんなに高速で処理が可能なコンピュータでも手に負えない，というのがこの問題である．

実際，人間が指定しない限り，コンピュータが処理すべき事柄はすべて同じ重要さで存在する．言い換えれば，コンピュータそれ自身にとって重要なものは何もない．コンピュータにとっては，目の前の爆弾が爆発するかどうかという問題と，壁の色が突然変化するかどうかという問題は，同じ重要さで存在する[*3]．だからこうした問題は無限に存在し，無限の計算処理が必要になるのである．

それに対してわれわれ人間は，常にすでに何らかの意味を帯びた特定の状況のなかに投げ込まれている．目の前に爆弾があるのなら，壁の色はいま考えるべきことではない．だがもし三日三晩，飲まず食わずでいるならば，爆弾よりも水の有無の

*1 人工知能については第11章も参照.

*2 強い AI と弱い AI という区分は，哲学者のジョン・サールによるものである．[J. Searle, "Minds, brains and programs", *Behavioral and Brain Sciences*, 3, 417 (1980)]

*3 爆弾と壁の色の問題は，哲学者のダニエル・デネットが用いた例に登場する．[D. Dennett, "Cognitive wheels: the frame problem of AI", in M. Boden ed., *The philosophy of artificial intelligence*", Oxford University Press, 147-170 (1984)]

方が重要だろう．もちろんこれは極端な例だが，生きているということはそういうことであり，生きている限りわれわれはそのように存在している．

このような人間の存在様式は，20世紀ドイツの大哲学者，マルティン・ハイデッガーによって"世界内存在"という言葉で言い表されたものにほかならない[*1]．実際，ハイデッガーの存在論に依拠したAI批判は少なくない．哲学者によるものとしては，ヒューバート・ドレイファスによる議論が有名である[*2]．テリー・ウィノグラードのように，AI研究者自らの手による批判もある[*3]．

こうした立場によれば，生きていないコンピュータに，自らの目的を考えさせたり，ものごとの意味や価値を理解させたりすることは，そもそも不可能であることになる．言い換えれば，機械情報の延長線上に，ここで取上げたような人間的な情報の出現を期待することはできないということである．

1・3・2　サイバネティクスと新しいサイバネティクス

コンピュータのあり方と人間のあり方は，なぜこうも異なるのだろうか．ここでは，メカニズムという観点からこの点に迫る**サイバネティクス**（cybernetics）という学問を概観してみよう．一般にあまり知られていないが，サイバネティクスはその初期の思想と後期の思想に大きな違いがある．

サイバネティクスは，20世紀後半に発展した情報科学の源流の一つであり，現在の"サイバー空間"とか"サイボーグ"とかいった言葉の由来となった学問である[*4]．その名付け親は，米国の数学者ノーバート・ウィーナーであるが，その学問としての誕生とその後の発展には，多くの学者が関わっている．情報理論の創始者シャノンや，コンピュータの父ともよばれるジョン・フォン・ノイマン，それだけでなく，当時の一流の生物学者や人類学者，社会学者などもが参画した，学際的な知の一大潮流である．

その初期の目的は，生物と機械を同じ**システム**（system）として理解しようとするものだった．システムという見方は，対象の個々の要素にこだわるのではなく，それらを一つの全体としてまとめあげているメカニズムへの着目を含意する．サイバネティクスの誕生は，精神とコンピュータ，より一般化していえば，生物と機械を，同じメカニズムからなる同じシステムとして位置付けることで，両者を同一視する思想とともにあったといってよい．

現在のICTや自然科学の各分野に，この思想が受継がれていることは明らかだろう．典型例はAIである．AIはコンピュータという機械によって人間の精神を実現しようとする試みである．逆に認知科学のような学問は，精神の働きをコンピュータのような情報処理モデルによって解明しようとするものといえる．

このように初期サイバネティクスの思想はいまだに大きな影響力を保持しているものの，実はサイバネティクスの後の一派は，初期とは正反対の方向へと転向している．彼らは紛れもなくサイバネティクスの潮流にありながら，結果としてまったく異なる立場へと至っているのである．

この新しいサイバネティクスは，しばしば"ネオ・サイバネティクス"と総称されている．それはハインツ・フォン・フェルスターの"セカンド・オーダー・サイバネティクス"[*5]を軸に，生物学者のウンベルト・マトゥラーナとフランシスコ・

[*1] ハイデガー 著，原佑，渡邊二郎 訳，『存在と時間（I, II, III）』，中央公論新社（2003）

[*2] ヒューバート・L・ドレイファス 著，黒崎政男，村若修 訳，『コンピュータには何ができないか：哲学的人工知能批判』，産業図書（1992）

[*3] テリー・ウィノグラード，フェルナンド・フローレス 著，平賀譲 訳，『コンピュータと認知を理解する：人工知能の限界と新しい設計理念』，産業図書（1989）

[*4] ウィーナー 著，池原止戈夫 ほか 訳，『サイバネティックス：動物と機械における制御と通信』，岩波書店（2011）

[*5] H. von Foerster, "*Understanding understanding: Essays on Cybernetics and Cognition*", Springer（2003）

*1 H. R. マトゥラーナ，F. J. ヴァレラ 著，河本英夫 訳，『オートポイエーシス：生命システムとは何か』，国文社（1991）

*2 エルンスト・フォン・グレーザーズフェルド 著，橋本渉 訳，『ラディカル構成主義』，NTT 出版（2010）

*3 西田洋平 著，『人間非機械論：サイバネティクスが開く未来』，講談社（2023）

ヴァレラによる "オートポイエーシス論" や*1，心理学者のエルンスト・フォン・グレーザーズフェルドによる "ラディカル構成主義" の理論*2 などによって構成されている*3.

ここでその詳細を論じることは控えるが，この種の議論においては，機械が他者によって制御される他律システムである一方，生物や人間はそれ自身を制御する自律システムであるとされる．特にオートポイエーシス論においては，最小の生命システムである細胞レベルのシステムにまで遡り，その絶えざる自己産出的なメカニズムのうちに，生命特有の自律性の根拠が見出される．端的にいえば，この自律性ゆえに，生物や人間はシステムに内的な視点をもつ，言い換えれば，主観的に存在するということになる.

このように新しいサイバネティクスにおいては，生物と機械はまったく異なるシステムとして理解される．このシステムとしてのメカニズムの違いが，人間とコンピュータのあり方の違いとして現れていると考えることができる.

1・3・3　生命情報，社会情報，機械情報

最後に，機械情報と人間的な情報との関係について，整理しておこう.

AI とは，機械情報によって人間的な情報を処理しようとする試みである．AI による言語処理は，近年ますます高度なものとなっており，一般的なレポートの文章などであれば自動作成できる領域にまでなりつつある．とはいっても，AI である限り，システムとしての違いに由来する，先にみたような情報の問題を克服できているわけではない.

フレーム問題と並んで AI の難問として知られる問題に，**記号接地問題**（symbol grounding problem）がある．これは記号の表現にあたるコンピュータ内の機械情報を，その記号の内容にあたる実世界の意味といかに結びつけるかという問題である．簡単にいえば，これはコンピュータに意味を理解させることができないという問題である．実際，現在のどんな AI も，この問題を解決できていない．AI は "暑い" や "寒い" といった基本的な単語の意味すら理解していない．一見，意味を理解しているようにみえても，実際には，意味とは無関係な統計的処理によってごまかしているだけである.

こうした難問があるのは，すでに述べたように人間とコンピュータがまったく異なるシステムとして存在しているからである．その違いゆえに，コンピュータの情報が客観的であるのに対して，人間の情報はそもそも主観的である．われわれはむしろ，この違いを踏まえて，情報概念を根本的に捉え直す必要がある*4.

*4 こうした情報概念の捉え直しについての詳細は，西垣通 著，『基礎情報学：生命から社会へ』，NTT 出版（2004）や，『生命と機械をつなぐ知：基礎情報学入門』，高陵社書店（2012）（京都芸術大学東北芸術工科大学出版局藝術学舎, 2022）などを参照.

*5 記号学の創始者であるフェルディナン・ド・ソシュールによれば，各言語には独自の概念構造があり，そこに共通する普遍的な構造は存在しない．この事実だけからしても，機械による自動翻訳は本質的に困難であることがわかるだろう.

情報科学においては，情報といえば客観的な機械情報が想起されがちだが，本来，すべての情報は個々の生命活動と不可分な，主観的な**生命情報**（life information）である．人間の場合，その一部が言語や絵画などの記号によって表現されることで，社会的に通用する**社会情報**（social information）に転化する．これは文字どおり，それが用いられる社会を前提とする情報である．たとえば日本語による表現は，日本語を用いる共同体の存在を前提としており，ほかの言語共同体では基本的に通用しない*5.

社会情報は特定の社会において通用する情報であり，その意味では，ある程度の

客観性がある．たとえば言葉の基本的な意味は，辞書を引けばわかる．だが実際に
その言葉が使用される場面では，その解釈の自由度はかなり大きい．これは同じ言
葉でも，個々人に固有な生命活動に依拠して解釈されるからである．

　機械情報（mechanical information）は，こうした社会情報の解釈の自由度を無
視することで出現する，もっとも狭い意味での情報である．意味解釈にズレがな
い，といわば勝手に想定すれば，情報の意味をいったん捨象して，その記号的表現
のみに着目し，その処理や伝達の効率化を図ることができる．たとえば文字は，最
初の本格的な機械情報である．文字は正確に書き写しさえすれば，時間的にも空間
的にも，その潜在的な意味を伝達できると考えることができる[*1]．

　コンピュータによる情報処理は，これを極限まで効率化した結果として出現して
いる．コンピュータでは，情報の意味とは無関係に，形式的なデータとしての情報
のみが扱われる．コンピュータにおいては，本来の情報である生命情報はもとよ
り，社会情報でさえ，機械情報に転化されたそのごく一部が処理されるにすぎな
い．したがって，偏向のないプレーンなデータとしての機械情報がまずあって，そ
れを適切に処理することで社会情報や生命情報の領域に至ろうとするような発想
は，根本的に転倒していることになる[*2]．

　本書では，以降，機械による情報の効率的な処理や伝達のための種々の技術を学
ぶが，情報とは本来的に生命情報であり，効率的な機械情報処理の前提として，あ
くまでわれわれ人間が存在しているということを念頭においてほしい．

[*1] 文字を書き写す際に，必ず
しもその意味を理解する必要は
ないことに注意してほしい．

[*2] この点から，近年の AI や
データサイエンスとの付き合い
方がみえてくる．詳細は第 12
章を参照．

コンピュータの仕組みと基本ソフト

本章では，コンピュータにおける情報処理の仕組みの概略と，それを支えるさまざまなハードウェアについて最初に説明する．次に，パソコンを手にした際，最初にすべきセキュリティ上重要なソフトウェアの設定について解説する．また，パソコンを管理する"管理者"と，活用する"一般ユーザ"という二者の立場の違いを理解し，それらを使い分けてパソコンを利用することの重要性を学ぶ．

2・1 コンピュータの仕組みとハードウェア

2・1・1 コンピュータにおける情報処理

人間が現代社会で生きていくために，**計算**（calculation）は欠くことのできない行為である．その最も身近な例は，貨幣を物やサービスと交換する際にみられる．そのとき計算を間違えれば，大事な取引がダメになるかもしれないし，自分の信頼や利益も損なわれるかもしれない．計算の基本となる四則演算は，小学校低学年の算数で学ぶほどに大切な能力である．さらにいえば，小学校に上がる前の子供でさえ，"1 足す 2 は？"と問いかければ，多くの子供は指を折りながら正解を答えてくれるであろう．

しかし，"22,360,679＋1,414,213＝？"のような桁の大きな数値の計算や，"(3＋7)÷(6－4)＝？"のように順序が前後する計算[*1]では，即座に暗算で答えを出すことは難しくなる．桁の大きな数値をいくつも記憶することは難しいし，複数の括弧によって順序が指定された計算を行うには，途中で算出される複数の計算結果を頭の隅に置いておかなければならないからだ．つまり計算という作業には，**記憶**（memory）という要素が重要なのである．そこで最初に役立つ道具が，計算用紙と鉛筆である．皆さんも中学や高校の数学の試験では，この二つの道具と自分の脳とを協調させて，複雑な計算や難問に挑んできたのではないかと思う．

実はコンピュータにおける計算も，人間が計算するのと同じような方法で，さまざまな情報を処理しているのである．図 2・1 にコンピュータにおける**データ**（data）[*2]の流れとその制御の関係，すなわち**情報処理**（information processing）の概略を示す．まず人間がコンピュータへ情報を入力する場合，キーボードやマウス，カメラ，マイクなどの**入力装置**（input device）を使って行われる．このときマウスを動かすときの手の動きやキーを指で押す動作，カメラが捉える映像やマイクが受ける音声など，入力装置が受取る情報の多くは，直接的には位置や力，光や音波に関わる連続した物理量で表される．このように情報を連続量で表すことを**アナログ**（analog）といい，そのような情報をここでは**アナログ情報**（analog information）とよぶ．

次に，入力されたアナログ情報は，コンピュータで処理できるように 0 と 1 からなるビット列に変換され，コンピュータ内の**主記憶装置**（main memory）に記録

[*1] 括弧を使った計算の表し方を中置記法という．一方，逆ポーランド記法（RPN: Reverse Polish notation）のように，括弧が不要な計算の表し方もある．

[*2] 以下，コンピュータが動作するうえでやりとりされる情報を，慣例に従ってデータといい換えることがある．

される．連続量で表現された情報をビットなどの離散的な値で表すこと（あるいは値そのもの）は**デジタル**（digital）とよばれ，そのような情報を**デジタル情報**（digital information）とよぶ（3・2・1 項参照）．このデジタル情報は，1・2・5 項で説明したようにあらかじめ準備されたプログラムに従って処理される[*1]．このときビット列の計算を行う装置は**演算装置**（arithmetic unit）とよばれるが，プログラムに示されたとおりにビット列の演算や入出力，記録を制御するのは**制御装置**（control unit）の役割である．この制御装置と演算装置をまとめたものは**CPU**〔**中央演算処理装置**（central processing unit）〕とよばれ，コンピュータを構成する中心的な**処理装置**〔**プロセッサ**（processor）〕である．そして，CPU を物理的に**集積回路**（**IC**: integrated circuit）[*2] として実装したものは，**MPU**（micro-processing unit）とよばれる．

*1 一方，コンピュータからコンピュータへ，デジタル情報が送られることをデータ通信とよぶ（第6章参照）．

*2 集積回路（IC）は，半導体の表面に微細な電子回路をもつ電子部品である．IC を大規模に集積したものを LSI（large scale integration）とよぶこともある．

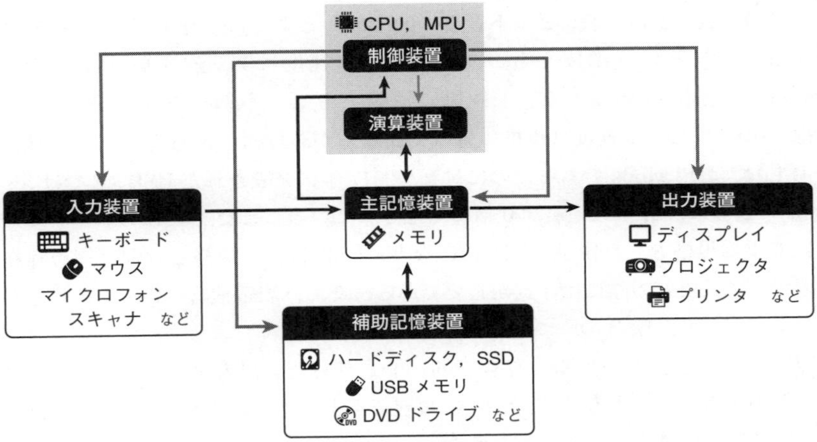

図 2・1　コンピュータの仕組み　　黒い矢印はデータの流れを，グレーの矢印は制御を表す．

CPU で処理されたデジタル情報は，制御装置の指示を受けてディスプレイやプリンタ，モーターなどの**出力装置**（output device）に送られ，出力される．また，プログラムの指示に従って，情報はハードディスク（**HDD**: hard disk drive）や**SSD**（solid state drive）などの**補助記憶装置**（auxiliary memory unit）に記録されることもある．もちろん，補助記憶装置に記録された情報は，CPU からの指示によって主記憶装置に戻して処理することができる．

このようにコンピュータは，アナログ情報をデジタル情報に変換し，あらかじめ与えられたプログラムに従ってそれらを演算・記憶し，その結果を出力するシステムである．われわれが普段使うスマートフォン，タブレット，パソコン[*3] などの機器も，まったく同じ仕組みで動いているといってよい．

*3 パソコンはパーソナルコンピュータ（personal computer）の略称であり，個人によって利用されるコンピュータのことである．

2・1・2　パソコンと周辺機器の接続

ノートパソコン（laptop）では，前述した装置が一つの機器に組込まれているが，**デスクトップパソコン**（desktop personal computer）[*4] のように，キーボードやマウス，マイク，ディスプレイなどの入出力機器がパソコン本体と分離されている場

*4 デスクトップパソコンとは，その名のとおり，おもに机の上に置いて使用し，ノートパソコンのように頻繁に移動することを想定しないパソコンのことである．

合もある．これらの機器は一般に**周辺機器**（peripheral device）とよばれ，パソコンの接続端子に**コネクタ**（connector）の付いたケーブルを使って接続し，データをやりとりすることが多い．この端子を**入出力ポート**（input/output port）といい，形状や用途，通信速度などに応じてさまざまな規格が存在する．よって，接続に使うケーブルもパソコンと周辺機器の入出力ポートの規格に合ったものを使う必要がある．このように，パソコンと周辺機器を接続してデータのやりとりを行う機器や規格のことを総じて**入出力インターフェース**（input/output interface）^{*1} とよぶ．

*1 インターフェース（interface）とは境界面や接点という意味である．

よく知られた入出力インターフェースとして，**USB**〔ユーエスビー（Universal Serial Bus)〕という規格がある．USB はキーボードやマウスだけでなく，ハードディスクドライブやスキャナ，プリンタ，外部メモリ（USB メモリ）などの周辺機器とパソコンを結ぶ際に最も多く利用されている．USB はその名のとおり**シリアルバス**（serial bus）という方式を使い，データを 1 ビットずつ順番に転送する．データの転送速度は一般に**ビット速度**（bit rate）とよばれ，**bps**〔ビット毎秒（bit per second)〕という単位をもつ．このビット速度はデータを転送する**伝送路**（communication channel）に，1 秒間に通過するビット数として定義される^{*2}．USB の場合，ビット速度は規格によって異なるが，最初（1996 年）に発表された USB 1.0 では 12 Mbps であったのに対し，2017 年に発表された USB 3.2 では 5〜20 Gbps のように，21 年で約 1,700 倍に増速されている．また，USB のコネクタの形状に関する規格も，Type-A や Type-C など，USB 自体の規格とは別に複数存在するので，購入などの際には注意が必要である．なお，周辺機器への電力の供給が可能であることも，USB の一つの特徴である．

*2 物体の速度の定義と異なり，ビット速度は情報が伝わる速さを直接定義しているのではなく，単位時間に伝送路を通過できるビット数から定義される，いわば転送効率のようなものである．そのため，データ転送レートや伝送率などとよばれることもある．

USB 以外にも，ケーブル〔**有線**（wire)〕を使った入出力インターフェースには数多くの規格が存在する^{*3}．たとえば，現在でもよく使われるものとして，パソコンを音響機器と接続する**フォーンプラグ**（phone plug）や，ディスプレイと接続する DVI や HDMI などがあげられる．一方，ケーブルを使わず 2.4 GHz 帯の電波を使ってデータを転送する **Bluetooth**（ブルートゥース）や，赤外線を使う IrDA など，**無線**（wireless）による入出力インターフェースも必要に応じて利用されている．

*3 有線による入出力インターフェースには，RS-232C，セントロニクス，SCSI，IDE，シリアル ATA など，さまざまな規格が開発，利用されている．

2・1・3 コンピュータネットワーク

パソコンと周辺機器を接続する入出力インターフェースとは別に，複数のパソコン（コンピュータ）を直接，あるいは間接的に接続して相互にデータのやりとりを行うことを目的とする規格がある．この通信規格は一般に，**ネットワークインターフェース**（network interface）とよばれ，この規格を使って複数のコンピュータを相互に接続すれば，**コンピュータネットワーク**（computer network）を形成することができる^{*4}．有線を用いた代表的なネットワークインターフェースとして，**イーサネット**（Ethernet）がある．古いパソコンでは 10BASE-T や 100BASE-TX といった 10 Mbps，100 Mbps のビット速度をもつ規格が用いられていたが，最近は Gigabit Ethernet（1 Gbps），10 Gigabit Ethernet（10 Gbps）など，より高速なビット速度をもつイーサネットの規格が普及している．イーサネットで用いられるケーブルは，**イーサネットケーブル**，または **LAN** ケーブルとよばれ，それらをパソコンにつなぐためのコネクタとして，RJ45 などの規格がある．

*4 インターネットを含むコンピュータ間の通信ネットワークの詳細については，第 6 章で述べる．

　一方，ノートパソコンやタブレット，スマートフォンなど，もち運ぶことを前提に設計された機器（モバイルコンピュータ）では，LAN ケーブルの代わりに特定の周波数の電波を利用して通信を行う方法が普及している．このようなコンピュータネットワークは**無線 LAN**（wireless LAN）とよばれている[*1]．無線 LAN の規格が登場した当初（1998 年ころ）の通信の転送速度は 2 Mbps 程度であったが，現在は数〜数十 Gbps の転送速度で通信できる規格もある[*2]．

*1 **Wi-Fi** という言葉は，IEEE 802.11 という規格を使った無線 LAN に対する登録商標である．

*2 ただし，通信の安定性という面では，一般に無線 LAN よりも有線 LAN の方が安定している．

演習2・1 自分のパソコンのインターフェースの確認 ——————————

　パソコン本体に装備されているさまざまなインターフェースを確認しなさい．ただし機種によっては装備されていないものもある．

1) パワー（電源）ボタン
2) ディスプレイ
3) キーボード（個々のキーの役割も確認すること）
4) トラックパッド（またはマウス）
5) 内蔵マイクとカメラ
6) スピーカ（見ただけではよくわからない場合は，音を鳴らして調べよう）
7) フォーンプラグ（オーディオライン出力ポート）
8) USB ポート（USB Type-A と USB Type-C では，コネクタの形状が異なる）
9) イーサネットポート（イーサネットの接続口）

演習2・2 自分のパソコンの性能を調べる ——————————

　パソコンを分解せずに，次の項目に関するハードウェアの詳細を調べなさい．

1) 機種名
2) チップまたはプロセッサ（CPU）の名前
3) メインメモリの容量（GB）
4) OS（基本ソフト）の名前とバージョン
5) ハードディスクドライブ（ストレージ）の容量（GB, TB），空き容量（GB, TB）

操作ガイド Mac の場合，"リンゴの印（アップルメニュー）"から［この Mac について］を選択する．すると，図 2・2 のウインドウが表示される．さらに詳しい情報を調べたい場合は［詳細情報...］のボタンをクリックする．

　Windows の場合は，［Windows］キーを押して，検索ウインドウに"winver"と入力して検索する．また，ハードウェアに関する情報は［Windows］キーを押しながら［i］キーを押し，［システム］→［バージョン情報］をみること．

図 2・2　ハードウェア情報を示すウインドウ

2・2　パソコンの基本操作

2・2・1　アプリケーションとオペレーティングシステム（OS）

　われわれがパソコンを操作する目的は多種多様である．たとえば，課題のレポートをワープロで作成したり，発表のためのポスターを作成したり，インターネットに接続して情報を収集したりすることは，現代の大学生であれば誰もが通らねばならない学修の道である．そして，それらの目的を達成するためのプログラムの多く

*1 アプリケーションソフト
ウェアは，"アプリ"，"ソフト
ウェア"，"ソフト" などと略し
てよぶことも多い.

はアプリケーションソフトウェア〔アプリケーション（application software）〕[*1] と
してパソコンの中に入っており，利用することができる．この状態を"アプリケー
ションがパソコンに**インストール**（install）**されている**"などといったりする．ま
た，目的を達成するために必要なアプリケーションがインストールされていない場
合は，アプリケーションを購入するなどしてパソコンに新規にインストールする
か，自分でプログラムを書いて独自のアプリケーションを作成する必要がある.

　特定のハードウェアをもつパソコンでアプリケーションを動かすためには，アプ
リケーションのプログラムの中にパソコンのハードウェアの特徴に関する情報を組
込んでおかねばならない．しかし，アプリケーションごとにそのような情報を組込
んでプログラムを開発することは，汎用的なコンピュータでは現実的ではない．そ
こで，パソコンのハードウェアの特徴をアプリケーションに伝えるための共通基盤
としての**基本ソフトウェア**が必要とされる．これが**オペレーティングシステム**
（**OS**: operating system）である．また，OS はコンピュータの基本的な操作性や処
理をソフトウェアとハードウェアの両面から統一する役割を果たしているため，現
在のパソコン用アプリケーションは OS なしには動作しないといっても過言ではな
い．代表的な OS として，Microsoft 社の Windows，FreeBSD や Linux などの UNIX
系列の OS，そして本節でおもに取上げる Apple 社の macOS などがある．また，ス
マートフォンやタブレットに搭載された iOS や Android も OS である.

2・2・2　ログイン画面とデスクトップ環境

　パソコンの電源を入れると，最初にそのパソコンを利用する権利をもつかどうか
を判断するための**ユーザ認証**（user authentication）を行う画面が表示される．こ
の画面は**ログイン**（log in）**画面**または**サインイン**（sign in）**画面**とよばれる[*2]．
この画面において，パソコンを利用する者，すなわち**ユーザ**（user）[*3] を表す名称
である**ユーザ名**（user name）と，それに対応した"鍵"となる文字列である**パス
ワード**（password）を入力すると，パソコンをマウスとキーボードを使って二次
元的に利用することのできる**デスクトップ**（desktop）**画面**に切替わる.

*2 Windows に関するシステム
では，ログインのことをサイン
インとよぶことが多い.

*3 "ユーザ"は"ユーザー"と
単語の最後に長音符を付けて書
き表すこともある．本書では文
脈に応じて両方の表記を利用す
る.

　ユーザ名は利用者の本名である必要はなく，利用するパソコンのなかで重複がな
いように決定すれば十分である．ただし，ユーザ名として使うことのできない文字
列も存在するので注意が必要である．一般的には，ユーザ名として半角の英数字の
使用を推奨されることが多い．また，パスワードとして利用する文字の種類やその
長さについてもいくつか注意すべき点があるが，それらについては 2・3 節で解説
する.

　図 2・3 に macOS における典型的なデスクトップ画面を示す．デスクトップ画
面は，机（デスク）の上に書類や文房具を置いて勉強や仕事をするための環境を暗
喩的に模倣しており，一般に**デスクトップ環境**（desktop environment）とよばれ
る．これは Windows の場合も同様である.

*4 ファイルとは，もともとは
事務で扱うひとまとまりの資料
のことを示す．コンピュータに
おいては，データのやりとりの
ための統一的な仕組みのことを
いい，補助記憶装置に保存・格
納されたデータをさすだけでな
く，ハードウェアそのものも
ファイルとして扱われる．これ
をデバイスファイルとよぶ．ま
た，フォルダやディレクトリも
ファイルの一種として取扱われ
る.

　デスクトップ画面には，コンピュータのデータやアプリケーションを象徴的に絵
で表した**アイコン**（icon）が置かれている．これらのアイコンで示された実体は
ファイル（file）とよばれ[*4]，パソコンのユーザはこのファイルをとおして，コン
ピュータにおけるデータの移動や編集，プログラムによる処理などを行う．具体

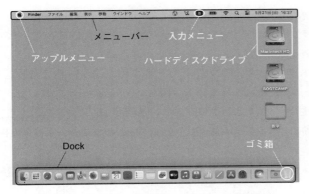

図 2・3　デスクトップ画面の一例（macOS の場合）

的には，マウスとキーボードを使ってデスクトップ上のアイコンを操作したり，メニュー（menu）を表示させて目的とする項目を選択したりする．

　デスクトップ環境におけるマウスを使ったアイコンの操作には，次のような方法がある．

● **クリック**: マウスの動きに同期して動く矢印（**ポインタ**）をアイコンに重ね，マウスの左ボタンを短く押す操作．アイコンの色が変化し，アイコンが選択された状態となる．

● **ダブルクリック**: ポインタをアイコンに重ね，マウスの左ボタンをすばやく 2 回押す操作．アイコンがアプリケーションを表す場合，アプリケーションが起動する．また，データを表すアイコン（ファイル）をダブルクリックした場合，そのファイルと結びついたアプリケーションが，ファイルを読み込んで起動する．

● **ドラッグ**: アイコンにポインタを重ね，左ボタンを押したまま，目的の場所までポインタを移動させる操作．アイコンを目的の場所に移動するときに行う．

● **ドロップ**: ドラッグして移動したアイコンをほかのアイコンに重ね，左ボタンを離す操作．アプリケーションを示すアイコンにデータを表すアイコン（ファイル）をドロップすることで，アプリケーションにデータを読み込ませて起動することができる．また，ゴミ箱アイコンにファイルをドロップすれば，ファイルを削除する準備が整う．

● **ポイント**: ポインタをアイコンに重ねる操作．アイコンの説明が表示されることがある．

　このほかにも，アイコンをマウスで右クリックすると，そのアイコン（ファイル）に関連したメニューが表示されるので，必要なメニューの場所がわからないときに大変便利である．

　またノートパソコンの場合，USB や Bluetooth などの入出力インターフェースを使えば，マウスをノートパソコンに接続して利用することができるが，多くのノートパソコンには，マウスの代わりとなる**トラックパッド**（trackpad）やタッチパッドとよばれる数センチメートル四方の板のような入力装置が付いている*．これに指を置いて動かせばポインタも同期して動き，叩けば（**タップ**すれば）マウスのボ

*　マウスやトラックパッドのような装置をポインティングデバイスとよぶ．

タンをクリックしたときと同様の動作となる．また，Windows のノートパソコンの場合はトラックパッドではなく**トラックボール**（trackball）など，異なる入力装置が付いている場合がある．

　Mac のデスクトップ画面には，その上部に**メニューバー**とよばれる Mac 特有のメニューの一群が表示されている（図2・3）．その一番左側には，**アップルメニュー** （図2・4）とよばれるメニューがあり，［システム設定...］や［スリープ］，［再起動...］，［システム終了...］など，Mac のシステム全体を操作・設定するようなメニューが並んでいる．そしてその右横には，操作中のアプリケーションに関するメニューが並ぶ．またメニューバーの右側には，macOS と連携しているアプリケーションの設定項目や文字入力（インプットメソッド，第3章参照）に関する**入力メニュー** ，，時計などが表示されている．

　一方，デスクトップ画面の下部には，**Dock**（ドック）とよばれるツールが配置されている．カレンダーやゴミ箱など，自分が毎日のように利用するアプリケーションやフォルダを登録してすばやく利用することができる．Windows では**タスクバー**（taskbar）がそれに相当する．

　このように macOS のデスクトップ画面では，ファイルの管理やアプリケーションの操作がマウスを使って容易に行えるように工夫されている．これらのデスクトップのサービスを提供しているプログラムは **Finder**（ファインダー）とよばれている．一方，Windows では，**エクスプローラー**（Explorer）がファイルの管理を行っている．Finder はデスクトップ画面が表示されると同時に起動し，macOS におけるファイルの管理や操作の支援を開始する．よって，ワープロやブラウザなど，一般的なアプリケーションが起動していない状態であっても，Finder はデスクトップの中で動き続けている．

図2・4　アップルメニュー

演習2・3 トラックパッドの操作をカスタマイズする

　トラックパッドを使いやすくするように，カスタマイズしなさい．

操作ガイド Mac の場合，アップルメニューをクリックすると，図2・4のような**プルダウンメニュー**（pull-down menu）*が表示される．ここで［システム設定...］を選択することで，macOS の動作に関するさまざまな設定を行うことができる．トラックパッドをカスタマイズするには，［システム設定...］を選択後，左側のメニューから［トラックパッド］を選択する．

　Windows の場合，タスクバーの［スタート］→［設定］（歯車のアイコン）から，システムのさまざまな設定を変更することができる．左側のメニューから［Bluetooth とデバイス］を選択し，［タッチパッド］を選択する．

*題字となる文字列の上にポインタを合わせてクリックすると，画面の上から下へ引き出されるようにメニューが表示される．これをプルダウンメニューとよぶ．

2・2・3　パソコンの電源の ON/OFF

　パソコンはスマホやタブレットと異なり，その中で動いているプログラムも複雑である．そのため，何日も何カ月も起動させ続けると，カーソルさえ動かなくなってしまうことがある．そこで，人間が毎日睡眠をとるように，パソコンも1日に1回は，電源を OFF にすることを勧める．

- **電源の ON**：パソコンに周辺機器（プリンター，外付けハードディスクドライブなど）が接続されているときは，周辺機器の電源を先に入れる．これはパソコンが起動するときに，周辺機器を認識するためである．多くのパソコンは本体に付いている**電源ボタン**（power button）を押して電源を入れるが，MacBook のように，最近のノートパソコンではモニタとキーボードを開くだけで起動するようになっているものもある．

- **電源の OFF**：Mac の場合，電源を落とすときは，メニューバーの“アップルメニュー”を選択し，そのなかから［システム終了...］を選択する．Windows の場合は，デスクトップ画面下の“スタート”をクリックし，［電源］を選択する．［シャットダウン］や［再起動］といった項目が出てくるので，［シャットダウン］を選択する．なお，古いパソコンの場合，［システム終了...］や［シャットダウン］を選択するとデスクトップ画面が終了して電源を落としてもよい状態となるので，その後に本体の電源ボタンを押して電源を切ることもある．

2・2・4　デスクトップ環境におけるファイルとフォルダ

パソコンで扱われるファイルは，デスクトップ画面に表示されているものだけではない．第 4 章で詳しく説明するとおり，パソコンの補助記憶装置（HDD や SSD）の中には，ファイルを仕分けするための入れ物である**フォルダ**（folder）が，複雑に入れ子構造を成して置かれている．そしてそれらのフォルダの中には，いくつものファイルが置かれている．それらをのぞいてみよう．

Mac の場合，そのためにはまず，macOS の補助記憶装置をデスクトップに表示させる．補助記憶装置は，macOS では **Macintosh HD** と命名されており，初期設定ではデスクトップから隠されている．そこで，Finder の設定を図 2・5 のように変更することで，Macintosh HD をデスクトップに表示しよう．

一方，Windows におけるファイルやフォルダの構造を調べるためには，タスクバーのなかにある［エクスプローラー］のアイコンをクリックして起動すればよい．たとえば，［エクスプローラー］のウインドウの左側には［PC］と書かれたアイコンが表示されており，その配下に［Windows（C:）］と書かれたアイコンがみえるであろう．これは **C ドライブ**（C drive）とよばれており，Windows のシステムが入った補助記憶装置を示すものである．

図 2・5　Finder の設定メニュー

（演習 2・4）デスクトップに Macintosh HD を表示する

1) デスクトップの背景をクリックし，メニューバーに Finder をアプリケーションとして表示させる．
2) アップルメニューの右隣の“Finder”をクリックし，プルダウンメニューを表示する．そのなかの［設定...］を選択し，Finder をカスタマイズするためのウインドウを表示させる．
3) ウインドウのなかの［一般］の項目（図 2・5）をクリックし，“デスクトップに表示する項目”の四つすべてにチェックを入れる．
4) デスクトップ上に Macintosh HD のアイコンが表示される．

　　さて，macOS のデスクトップで Macintosh HD のアイコンをダブルクリックすると，ファイルやフォルダを表示するための **Finder ウインドウ**が開く．そのなかには macOS が動作するための重要なフォルダが複数入っている（図 2・6）．

図 2・6　**Macintosh HD** の **Finder** ウインドウに表示されるフォルダ

- **アプリケーション**：ユーザが利用するアプリケーションのほとんどが，このフォルダに入っている．また，複数のユーザが Mac に登録されている場合，このフォルダに入っているアプリは，すべての登録ユーザが利用することができる．よって新たにインストールするアプリケーションは，通常，このフォルダの中に入れることが推奨される．また，"アプリケーション" フォルダの中にある "**ユーティリティ**" フォルダの中には，Mac の管理用アプリが数多く入っている．
- **システム**：macOS に関連したファイルが入っている特殊なフォルダである．利用する機会はあまりないが，"システム"→"ライブラリ"→"CoreServices" や，その中にある "Applications" フォルダの中には，ネットワーク上の離れた Mac のデスクトップを遠隔で操作できる **VNC**（Virtual Network Computing）**クライアント**である "**画面共有**" など，利用価値のあるアプリケーションも入っている．
- **ユーザ**：管理者を含め，Mac に登録されたユーザの**ホームフォルダ**（一般的には**ホームディレクトリ**，2・3・2 項参照）が置かれているフォルダである．ユーザが作成したファイルのほとんどは，自分のホームフォルダ内に作成される．また，この中には "**共有**" という名称のフォルダがあり，すべての登録ユーザが自由に自分のファイルを置いて，ほかのユーザと共有できる．
- **ライブラリ**："システム" フォルダと同じく，macOS に関連したファイルが入っている．

演習2・5　フォルダを使ったファイルの整理 ━━━━━

　　パソコンでさまざまなアプリケーションを使い込んでいくと，それに関連したさまざまな**データファイル**（data file）があちこちに作成される．パソコンのアプリケーションで生成されるファイルは，スマホやタブレットの場合と異なり，アプリケーションと完全に切離して扱うことができ，活用の自由度も大きい（4・1 節参照）．しかし一方，作成されたファイルを自分自身で整理する必要性も生じる．そこで，ファイルの整理のためにフォルダを活用することを推奨する．

操作ガイド　Mac では，Finder メニューの［ファイル］から［新規フォルダ］を選択すれば（図 2・7），デスクトップ上に "名称未設定フォルダ" という名前のフォルダが生成される．このフォルダの名前を変更し，ファイルの整理に役立てよう．

図 2・7　新規フォルダの作成

　Windows では，デスクトップの任意の場所を右クリックして表示されるメニューから，［新規作成］→［フォルダー］を選択することで生成される．

演習2・6　目的のファイルを検索する

　フォルダでファイルを整理しても，"あの内容のファイルはどこにあるのだろう?"，"あのアプリはどこ?"といったファイルの管理上の悩みは尽きない．そのようなときは，ファイルを探す機能である**検索**（file search）を利用する．

操作ガイド　Mac の場合，Finder メニューの［ファイル］から［検索］または［新規スマートフォルダ］を選び，目的のキーワードを右上の検索欄に入力して［return］キーを押す．キーワードを含むファイル名からファイルを探すことができるだけでなく，ファイルの中に書かれた文字列をキーワードにして検索することもできる．

　Windows の場合，画面下部のタスクバーにある検索欄にキーワードを入力して［Enter］キーを押す．

2・2・5　ファイル名と拡張子

　拡張子とは，ファイル名の末尾に付けられた，ファイルの種類を識別するための文字列である．ファイル名の本体と拡張子は "."（ピリオド）で区切られている．よく目にする拡張子として，表2・1のものがある．

表 2・1　データファイルの種類と対応する拡張子の例

ファイルの種類	拡張子（例）
テキストファイル HTML ファイル	txt, html
ワープロデータファイル	doc, docx, odt
表計算データファイル	xls, xlsx, csv
プレゼンテーションファイル	ppt, pptx, key
PDF ファイル	pdf
画像ファイル	png, bmp, jpeg
音楽ファイル	wav, aiff, mp3
動画ファイル	mp4, mov, avi
データ圧縮ファイル	zip, lzh, rar
プログラムソースコードファイル	c, py, pl, php

　拡張子は，従来の慣習で3文字以内であることが多かったが，最近は4文字以上のものも増えてきている．拡張子はユーザがファイルの種類を識別するだけでなく，OS がファイルの種類を判別する際にも用いられることがある．また，ファイルのアイコンをダブルクリックしたとき，ファイルの拡張子から，そのファイルと関連の深いアプリケーションを判断し，起動させることができる．

*1 パソコンにおいてファイル
に拡張子を付けることは必須で
はないが, ターミナル（第4章
参照）でファイル操作やプログ
ラミングを行う際には, 非常に
役に立つ.

*2 セキュリティの定義につい
ては, 2・3・3項で説明する.

しかし, 見た目を気にしてか, Windows や macOS のデスクトップ環境では, 拡張子を省略したファイル名がアイコンに表示されている場合がある. これではどのような種類のファイルを示したアイコンであるか, 一目で判別がつかない[*1]. くわえて, コンピュータウイルス（7・3節参照）であることを隠す目的で実行（クリック）を催促するような拡張子がファイル名に付けられている場合, それがウイルスであることに気付くことができなくなってしまう.

よって, パソコンの安全性, すなわち**セキュリティ**（security）[*2]を確保するためにも, アイコンの名前には拡張子を表示するように設定すべきである.

演習2・7 アイコンのファイル名に拡張子を表示する

【Mac の場合】
1) Finder メニューから［設定...］を選択し, Finder をカスタマイズするためのウインドウを表示させる.
2) ウインドウの中の［詳細］の項目（図2・8）をクリックし, "すべてのファイル名拡張子を表示"にチェックを入れる.
3) デスクトップ環境に表示されるアイコンの名前に, 拡張子が表示されるようになる.

【Windows の場合】
Windows の場合も, セキュリティのためにファイル名の拡張子を表示させることは重要である. 方法は次のとおり.
1) タスクバーからエクスプローラーを起動し, Windows 10 では左上の"表示"と書かれたタブを, Windows 11 では上部メニューの［…］（もっと見る）を選択する. そして"オプション"をクリックする.
2) "フォルダーオプション"と書かれたダイアログが開くので, そこで［表示］タブを選択する. 下の方の"登録されている拡張子は表示しない"という項目にチェックが入っているので, それを外して［適用］をクリックする.

図2・8 拡張子を表示させる

*3 **操作ガイド** macOS でスク
リーンショットを撮るには,
［⌘］（コマンド）キーを押しな
がら［#］（シャープ）キーを押
す. しばらくすると, デスク
トップ全体の画面が PNG 形式
の画像ファイル（拡張子は
png）としてデスクトップに保
存される. また範囲を指定して
撮りたい場合は, ［⌘］キーを
押しながら［$］（ドル）キーを
押す.
Windows でスクリーン
ショットを撮りたい場合は,
キーボードにある［Windows］
キーを押して検索ウインドウに
"Snipping Tool"と入力し, 検
索する. この Snipping Tool を
使うと, スクリーンショットを
PNG ファイルとして保存する
ことができる.

2・2・6 画面のスクリーンショットとプレビュー

パソコンのデスクトップ画面の**スクリーンショット**（screenshot）を撮影し, それをファイルとして保存しておくと, さまざまな場面で活用することができる[*3]. 保存されたスクリーンショットのファイル名は, "スクリーンショット 2024-04-01 09.10.00.png"のように, 撮影した年月日と時刻が付く. ファイル名を変更したい場合はアイコンを右クリックし, 表示されたメニューから"名前を変更"を選択し, 新しい名前を記入する.

生成したスクリーンショットファイルをダブルクリックすると, Mac では macOS の標準アプリケーションである"プレビュー .app"が, Windows では"フォト"アプリが自動的に立ち上がり, スクリーンショットを表示してくれる. この"プレビュー .app"というアプリは macOS では非常によく使われ, さまざまな画像ファイルを表示・加工することができる. また, 多くの Windows ユーザがインストールして利用している"Acrobat Reader"のように, PDF ファイルを表示することもできる.

2・3 パソコンにおけるユーザの管理

2・3・1 コンピュータの歴史とアカウント

ここですこし，コンピュータの歴史に目を向けてみよう．歯車などを使って加減乗除を自動的に行うことのできる計算機〔**機械式計算機**（mechanical calculator）〕は，フランスの科学者であり哲学者であったブレーズ・パスカル（1623〜1662）が発明したパスカリーヌ（Pascaline，図2・9）が現存する最古のものであるといわれている[*1]．この計算機は0〜9の数字が記された歯車を回転させることで，誰でも正確に計算を行うことができる．そのため，機械式計算機はその後も改良が重ねられ，操作技術を必要とするそろばんなどとは別に，第二次世界大戦後も盛んに利用されていた[*2]．

一方，同じく第二次世界大戦後の1946年，リレーや真空管などの電子部品を使って高速に計算を行う**電子計算機**である**ENIAC**（electronic numerical integrator and calculator）が米国で開発された[*3]．ENIACは10万個もの部品から構成されており，総重量30 t，占有床面積74 m^{2}という，机の上に乗るようなそれまでの計算機などと比べると，非常に大規模な計算機であった．その後，計算のプログラムをデータと一緒に記憶する方式の計算機〔**ノイマン型**（von Neumann architecture）〕[*4] へと発展し，図2・1で示したような，今日のコンピュータの原型が完成した．またこのころから，電子計算機はコンピュータとよばれるようになった．

さて，リレーや真空管でつくられた電子計算機の時代（第1世代）から，より小さな部品であるトランジスタやIC，LSIを使ってつくられたコンピュータの時代（第2〜4世代）へと移っていった．それでも当時は大規模な組織に導入される大型の汎用コンピュータ，すなわち**メインフレーム**（mainframe）の需要も多く，そのため複数の利用者が同時に計算機を利用できる**タイムシェアリングシステム**（**TSS**: time sharing system）[*5] といった仕組みが開発され，利用された．これは1台のコンピュータを複数の利用者が同時，または交代で利用できるという**マルチユーザ**（multi-user，第4章参照）の考え方の発端である．そして利用者を識別し，それぞれにコンピュータを利用する権利，すなわち**アカウント**（account）[*6] を割り当てるという仕組みも登場した．

一方，プロセッサの進歩により，**ミニコン**（mini computer）や**オフコン**（office computer），**ワークステーション**（workstation），パソコンなど，サイズの小さなコンピュータも普及していった．特にパソコンは1970年代に登場し[*7]，特殊な仕事もしくは趣味の道具として，家庭やごく一部の職場に徐々に普及していった．当時のパソコンは電源を入れるだけで誰でも利用することができた．またパソコンを利用する者も限られており，利用者に対するアカウントの概念も希薄であった[*8]．よって名実共にパソコンは"パーソナルコンピュータ"の略称であった．しかし，1995年にMicrosoft社のOSであるWindows 95が発売され，Webブラウザ（第8章参照）を通じてインターネットの利便性が広く知られるようになると，インターネットを利用するためにパソコンを購入する家庭も増えていった．その結果，1台のパソコンを学校や家庭のなかで共用する状況がしばしばみられるようになり，アカウントの重要性が再確認されるようになった[*9]．

現在は2・2・2項で説明したとおり，ユーザがパソコンの電源を入れた直後にロ

図2・9 パスカルが1640年代に作成した機械式計算機パスカリーヌ〔David.Monniaux（https://commons.wikimedia.org/w/index.php?curid=186079）による〕

[*1] 設計図だけであれば，シッカルト（1592〜1635）が友人のケプラーのために作成した"シッカルトの計算機"が世界で最初の自動計算機といわれている．

[*2] 日本では，大正時代に開発された手回し式の"タイガー計算器"が，第二次世界大戦後も永らく使われていた．

[*3] そのため1946年はコンピュータ元年とよばれる．

[*4] ノイマン型計算機は，物理学者であったフォン・ノイマン（1903〜1957）らが，EDVAC計画のなかで開発を開始したが，1951年，ケンブリッジ大学でEDSACとよばれる同型の計算機が先に完成した．

[*5] 実際にはコンピュータのもつ処理時間を短い時間に分割し，それらを複数の利用者やプログラムに割り当てることで同時に実行しているようにみせている．

[*6] 後述のIDとパスワードをまとめてアカウントとよぶ場合もある．

[*7] 世界で最初のパソコンは1974年，米国のMITS社が開発・販売したAltair 8800といわれている．

[*8] 携帯電話や電子書籍リーダーの延長であるスマートフォンやタブレットの利用においても，パーソナルな小型機器であるが故に，アカウントに対する意識が希薄になりがちである．

[*9] パソコンにおけるアカウントの重要性は，2・3・3項で説明するように，今日ではセキュリティに由来することが多い．

グイン画面が表示され，ユーザ名とパスワードを入力することで自分のアカウントをパソコンに認証させ，自分だけの環境でパソコンを利用できるようになった．このユーザ名に相当する文字列は一般に **ID**（identity）とよばれ，アカウントを文字列として具現化したものといえる．また次項で述べるように，1 台のパソコンに複数のアカウントを登録し，役割や用途に応じて利用することもできる．

2・3・2 パソコンにおける管理者と一般ユーザ

パソコンにユーザを登録すると，**ホームディレクトリ**（home directory）とよばれる各ユーザ専用の領域が補助記憶装置につくられる．macOS の場合，ホームディレクトリは "ユーザ" というフォルダの中に，Windows の場合は "ユーザー" というフォルダの中に作成され，各ユーザが作成したファイルだけでなく，ユーザ固有のアプリケーションの設定情報なども記録される．また，登録ユーザ間のプライバシーを守るため，"書類" や "ピクチャ" など，最初から配置されているフォルダについては，その中身をみることができないように設定されている．

ユーザには "管理者" という特別な権限をもつユーザが存在する．管理者は新規ユーザの登録や OS のアップデート，新しいアプリケーションのインストールやアップデート，ユーザの登録や削除など，パソコン全体の管理を行う権限をもつ．いわば，パソコンのメンテナンス（お世話）をするためのユーザである．これに対し，単にパソコンを仕事や趣味のために利用するユーザは "一般ユーザ" とよばれる．

ここで注意すべきことは，管理者はパソコンのシステムに関わるファイルの変更や削除を一般ユーザよりも強い権限で実行できるため，誤った操作を行った場合，OS を壊してしまうこともありえるということである．よって，パソコンを日常的な目的で利用するのであれば，一般ユーザの権限をもつアカウントを管理者とは別に作成し，それにログインして使うべきである．そして管理者としてログインするのは，メンテナンスなどパソコンの管理に関わる作業を行うときのみに限定すべきである．

演習2・8 普段使う一般ユーザのアカウントを登録する ─────────

【macOS の場合】
1) アップルメニューから［システム設定...］を選択する．
2) 表示された左側メニューの［ユーザとグループ］をクリックする．
3) 右側のウインドウの右下方にある［アカウントを追加...］をクリックする．すると図 2・10(a) のような新しいウインドウが開くので，macOS の管理者のユーザ名とパスワードを入力する．
4) "新規アカウント" は "通常" を選択し，"フルネーム" と "アカウント名" を入力する．アカウント名は英数字で指定する（図 2・10b）．
5) "パスワード" と "確認" の欄に新しいパスワードを入力する．
6) ［ユーザを作成］をクリックして登録を完了する．
7) アップルメニューの一番下に表示される［○○○をログアウト］を選択し，デスクトップ画面からログアウトする．表示される画面（ログインウインドウ）に，作成した一般ユーザが存在することを確認する．

【Windows の場合】

1) ［スタート］→［設定］→［アカウント］をクリックする．"ローカルアカウント"と記載された文字列の下に"管理者"と書いてあることを確認する．

2) ［家族とその他のユーザー］，もしくは［他のユーザー］を選択し，［その他のユーザーをこの PC に追加］，または［アカウントの追加］をクリックする．"このユーザーはどのようにサインインしますか?"と書かれたウインドウが表示されたら，"このユーザーのサインイン情報がありません"をクリックする．

3) "アカウントの作成"と書かれたダイアログが表示されるので，［Microsoft アカウントを持たないユーザーを追加する］をクリックする．

4) "ユーザー名"と"パスワード"，そして"秘密の質問"を入力して［次へ］のボタンをクリックすると，管理者権限のない一般ユーザがつくられる．

5) ［スタート］→［(自分の名前が書いてある選択肢)］→［サインアウト］を選択し，デスクトップ画面からサインアウトする．表示されるサインイン画面に，作成した一般ユーザが存在することを確認する．

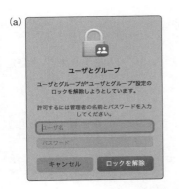
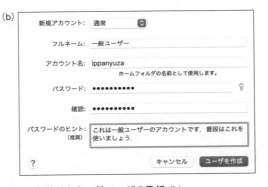

図 2・10　設定変更のロック解除 (a) と一般ユーザの登録 (b)

2・3・3　情報セキュリティの三要素

現代社会には，パソコンやスマホといった情報通信機器があふれている．その補助記憶装置の中には，ユーザにとって重要度の低いものから高いものまで，さまざまな情報が格納されている．しかし，その重要度（格付け）や価値は，それを所有する，もしくは利用する主体（人）によって変化するであろう．それゆえ安易に情報を他人に開示したり，好きに変更させたりすることは，予想外の**インシデント**(incident)*をひき起こす危険性がある．このようなデリケートな存在である"情報"を，次の三つの要素に基づいて維持していくことを**情報セキュリティ**という．

● **機密性:** 情報にアクセスできる権利をもつ人だけが，その情報にアクセスできるようにしておくこと．

● **完全性:** 情報を変更する権利をもつ人以外が，その情報を変更できないようにしておくこと．

● **可用性:** 情報にアクセスできる権利をもつ人が，必要なときにいつでも情報にアクセスできるようにしておくこと．

*　インシデントとは，サービスの質の低下や中断をひき起こすような，本来のサービスには想定されていないようなイベントのこと．

　前項の演習 2・8 では，管理者のアカウントとは別に，仕事や趣味の目的でパソコンを利用するための一般ユーザのアカウントを作成した．これら二つのアカウントに対しては，それぞれ別個に**機密性**（confidentiality）と**完全性**（integrity）と**可用性**（availability）を維持することが必要である．なぜならこれらのアカウントは利用目的によって使い分けられており，ユーザ本人もその目的に応じて必要な操作を演じる必要があるからだ．つまり，アカウントが異なるのであれば，操作における気の引き締め具合も切替わり，不本意な操作を行わないで済むような効果があると期待される．

演習 2・9 スクリーンセーバとスクリーンロックの設定 ────────

　パソコンで作業をしている途中で，そのまま離席しなければならないことがある．そのようなとき，"スクリーンセーバ"を設定していれば，好みの画面を表示しつつ，液晶画面を保護することができる．同時に"スクリーンロック"を設定すれば，他人にパソコンを勝手に操作されることはない．

【macOS の場合】

1）アップルメニューから［システム設定...］を選択する．
2）左側メニューの［ロック画面］をクリックする．
3）右側のウインドウで［スクリーンセーバの開始後または…パスワードを要求］の設定で［すぐに］を選択する．

【Windows の場合】

1）デスクトップの任意の場所を右クリックして表示されるメニューから，［個人用設定］を選択する．
2）そのなかの［ロック画面］を選択し，［スクリーンセーバー］をクリックすると，"スクリーンセーバーの設定"ウインドウが開く．
3）プルダウンメニューから"なし"以外を選択する．

デジタル化と文字の表現　3

本章では，コンピュータにおけるデータのデジタル化と文字の表現について学ぶ．最初に，文字入力に関する基礎的事柄を確認する．ついで，コンピュータによってデータがどのように扱われるかを概観し，データのデジタル化と文字の符号化について理解を深める．最後に，現在のコンピュータ環境におけるテキストファイルの特殊な位置づけを確認する．

3・1　文字入力の基礎

3・1・1　キー配列とタッチタイピング

コンピュータに対する文字入力では，一般にキーボードが用いられる．効率的な文字入力を可能にするキー配列は，本来は言語に依存するが，言語の多様性に比べれば，キー配列の多様性はきわめて低い．現在，世界中で使われているキーボードの多くは，いわゆる **QWERTY 配列**（QWERTY layout）[*1] のキーボードである（図3・1）．ほかのキー配列に比べてこの配列が特に優れているわけではないが，歴史的経緯からこれが "事実上の標準"[*2] となっている．

どんなキー配列であれ，キーボードをみずにキーをタイプする**タッチタイピング**（touch-typing）ができれば，コンピュータに対する文字入力の効率は劇的に上がる．それなりに練習は必要だが，世界中のキーボードの多くが QWERTY 配列であるならば，一度これに慣れてしまえばタイピングのスキルは広く長く通用する可能性が高い．キー配列が理不尽なほど世界的に固定化している要因は，この点にあると

[*1] "QWERTY" という言葉に特別な意味はない．由来はキー配列自体をよく眺めればわかるだろう．

[*2] 公的に定められているわけではないが事実上の標準となっている仕様や規格は，"デファクトスタンダード"（de facto standard）" とよばれる．

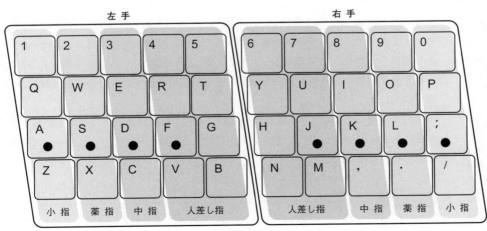

●印がホームポジション

図 3・1　QWERTY 配列とホームポジション

いってよい*1. よほど大きな技術的ないし社会的な変革がない限り, この状況は変わらないと見込まれるため, コンピュータをこれから使いはじめる人も QWERTY 配列のタッチタイピングに習熟することを目指すのが合理的だろう.

QWERTY 配列のキーボードには, ［F］と［J］のキーに触覚的な印がつけられていることが多い. これを手がかりに, ［F］の上に左手の人差し指を, ［J］の上に右手の人差し指を置くと, ［A］［S］［D］［F］の上に左手の各指が, ［J］［K］［L］［;］の上に右手の各指が乗ることになる. これが**ホームポジション**（home position）とよばれるタッチタイピングに有効な基本の指配置である（図 3・1）.

各キーの打鍵はホームポジションを基点として行う. ホームポジションに置いた各指は, それぞれの上下に位置するキーも担当する. 人差し指だけは 2 列分をカバーする. すでに独自の仕方でタイピングする癖がついていることもあるかもしれないが, いずれ速度に限界を感じることが多いため, 早めにこの標準的なタイピング法に修正しておくとよい.

3・1・2　半角英数字の入力

コンピュータで用いられる文字の基本は, **半角文字**（half-width character）のアルファベットと数字〔合わせて**英数字**（alphanumeric）とよぶ〕である. 漢字のように 1 字の縦と横の長さの比がほぼ 1 対 1 の文字を**全角文字**（full-width character）というが, 半角文字は横幅がその半分の文字である*2.

全角文字　　　ａｂｃＡＢＣ１２３アイウ

半角文字　　aabbccAABBCC112233ｱｲｳ

後で述べるように, 半角英数字をコンピュータ内で表現するために必要な情報量は, 原則として 1 バイトであり, ほかの文字よりも小さい. 半角英数字がコンピュータにおける文字の基本であるのは, このためである. 上述のような半角, 全角の区別は, 文字の見た目の違いに依拠しているが, より重要なのは, こうしたコンピュータ内部における表現の違いである.

なお, 文字種としての全角, 半角と, アルファベットの大文字, 小文字は混同されがちだが, まったく関係がない. 全角の小文字もあるし, 半角の大文字もある. 押さえておくべきは, 英数字の基本は半角であり, 全角の英数字はコンピュータにとってはやや特殊な文字であるということである. 反対に, 日本語の半角文字としては半角片仮名（半角カナ）があるが, 歴史的理由から一般にその使用は推奨されない傾向にある*3.

入力文字種の切替は OS により異なるが, 通常, 初期設定は半角英数字である*4. 多くの場合, 文字の入力は, カーソルが点滅する縦棒（キャレット）になっているときに行うことができる.

演習 3・1

1) 文字入力が可能な任意のアプリケーションソフト*5 を起動し, ホームポジションを意識して, 半角アルファベットを a から z まで順にタイプしなさい. キー配列と使用する指に慣れるまで, これを繰返しなさい.

2) 半角英数モードでの以下のキーの機能を確認しなさい．なお，機種によってキーボード上の印字が異なる場合があるので，同じキーに相当するものを列挙して示す[*1]．また，[fn]＋[delete] のような指示は，[fn] キー[*2] を押しながら [delete] キーを押すという動作を表している．

- [space]，[　　　　　　　　]（何も書かれていない横長のキー）
- [tab]，[→|]，[|⇆|]
- [shift]＋任意の英数キー，[⇧]＋任意の英数キー
- [caps lock] や [caps] を押した後に任意のアルファベットキー
- 【Mac】：[return]　　　　　　　　【Windows】：[enter]，[←]
- 【Mac】：[delete]，[←]，[⌫]　　【Windows】：[backspace]
- 【Mac】：[fn]＋[delete]　　　　　【Windows】：[delete]

3) アルファベット以外の半角文字（数字や記号）をすべて入力しなさい．[shift] や [option]，[alt][*3] などのキーを押しながらタイプすると別の文字が入力できるキーもある．

*1 [操作ガイド] 同じ QWERTY 配列のキーボードでも，英数キー以外のキーの数や配置，印字は異なることが多い．Mac の [⌘]（コマンド）キーや Windows の Windows キー（Windows のロゴマークが描かれたキー）など，それぞれに特有のキーもある．

*2 fn は "機能" という意味の function の略で，ファンクションと読む．

*3 alt は "別の"，"代わりの" といった意味の alternative の略で，オルトやオールトと読む．

3・1・3　日本語の入力

使用される文字数が多い日本語や中国語のような言語では，文字数の分だけ物理的なキーを用意することは困難であり，用意できたとしても入力の効率が非常に悪くなる．そこで必要とされるのが，限られたキーで多くの文字の入力を可能にする**インプットメソッド**（input method）とよばれるソフトウェアである．

インプットメソッドは，現在の多くの OS に標準的に搭載されている[*4]．日本語のインプットメソッドとしては，OS 標準のもの以外に "Google 日本語入力" やジャストシステム社の "ATOK" などもある．

日本語の入力環境は，このインプットメソッドの設定に依存する．一般に，日本語の入力方法としては "ローマ字入力" か "かな入力" の選択が可能である．"かな入力" の方が入力効率はよいが，"ローマ字入力" であれば QWERTY 配列に慣れることもできるため，基本的には "ローマ字入力" 設定にしておき，余裕ができたら "かな入力" にも挑戦してみるのがよいだろう．

また，最近の日本語インプットメソッドには，ユーザが指定する前に自動的に漢字などの文字変換を行ってくれる機能が用意されていることがある[*5]．これは好き嫌いの別れる機能であり，使用するかどうかは個人の自由だが，使用するにしても基本的な文字変換の方法は一度学んでおくとよいだろう．したがって，以下の演習では，この機能が設定されている場合はいったん外すよう指示している．

*4 macOS では "入力プログラム"，Windows では "Microsoft IME" とよばれている．なお，IME は input method editor の略である．

*5 この自動的な文字変換の機能は，macOS の日本語入力プログラムでは "ライブ変換"，Windows の Microsoft IME では "予測入力"，ATOK では "自動変換" とよばれている．

[演習3・2]

自分のパソコンの日本語インプットメソッドの設定を確認し，入力方法を "ローマ字入力" にしなさい．また，自動的な文字変換機能が有効になっている場合は，それを無効化しなさい．

[操作ガイド] 日本語インプットメソッドの設定は，macOS ではメニューバー右側の［入力メニュー］の日本語環境設定で，Windows ではタスクバー右側の入力モードのアイコンで行うことができる[*6]．

*6 P.30 の側注*4も参照．

*1 **操作ガイド** 日本語の入力は,macOS では画面一番上のメニューバーの右側に［あ］というアイコンが表示されているときに行うことができる.［A］や［ア］と表示されている場合は,そこをクリックして表示される［入力メニュー］で［あ］を選択するか,キーボードの［かな］で切替える.Windowsの場合は,画面一番下のタスクバーの右側にある同様のアイコンで設定するか,キーボードの［半角/全角］キーで切替える.

*2 ここでは前述の自動的な文字変換の機能が無効化されていることを前提としている.

*3 **操作ガイド** Macでは［return］キー,Windowsでは［enter］キー.

日本語の入力には,まず入力文字種の切替操作が必要である*1.

日本語の文章は,平仮名,片仮名,漢字が混在する.これらを書き分ける必要があるため,日本語の入力直後は適切な文字種や漢字を選択できる状態になっている*2.逆に言えば,入力しただけで文字種や漢字を確定させなければ,文字を入力したことにならない場合があるので注意が必要である.一般に,文字の確定は［return］キー*3で,変換候補の表示は［space］キーや上下の矢印（［↑］［↓］）キーで行う.

変換候補として適切なものが現れない場合は,**文節区切りの変更**を行う必要がある.インプットメソッドの種類や設定にもよるが,これは［shift］＋左右の矢印（［←］［→］）キーで行えることが多い.たとえば"今日は医者に行く"と書きたいときに,"今日歯医者に行く"と変換されるなら,"今日"という文節の変換候補が表示されているときに［shift］キーを押しながら［→］キーを押し,文節区切りを"きょう"ではなく"きょうは"に変更する.同様に"きょうは"という文節を"きょう"に直したいなら,［shift］キーを押しながら［←］キーを押す.

演習3・3

1) 文字入力が可能な任意のアプリケーションソフトを起動し,ホームポジションを意識して,平仮名の"あ"から"ん"まで順に入力しなさい.キー配列と使用する指に慣れるまで,これを繰返しなさい.

2) 日本語の入力時,文字の確定前に以下のキーを押すと,どのように文字が変換されるか確認しなさい*4.環境によって異なる場合があるので,同等の操作を行えるキーは同じ行に列挙した.［control］＋［J］のような指示は,［control］キーを押しながら［J］キーを押すという動作を表している*5.

*4 このようなキー操作も,厳密にはインプットメソッドの種類や設定に依存する.

*5 **操作ガイド** macOS で半角カナ入力（ここでは半角カナ変換）を有効にするには,［環境設定］の［入力ソース］で［半角カタカナ］にチェックを入れておく必要がある.

- 【Mac】：［control］＋［J］,［fn］＋［F6］　【Windows】：［F6］,［fn］＋［F6］
- 【Mac】：［control］＋［K］,［fn］＋［F7］　【Windows】：［F7］,［fn］＋［F7］
- 【Mac】：［control］＋［L］,［fn］＋［F9］　【Windows】：［F9］,［fn］＋［F9］
- 【Mac】：［control］＋［;］,［fn］＋［F8］　【Windows】：［F8］,［fn］＋［F8］
- 【Mac】：［control］＋［:］,［fn］＋［F10］　【Windows】：［F10］,［fn］＋［F10］

3) "きょうはいしゃにいく"と入力し,文節区切りの変更によって以下の二つの文を書き分けなさい.

今日は医者に行く　　　今日歯医者に行く

*6 "ヴェ"は"VE"で,"じ"は"JI"や"ZI","ぢ"は"DI"で入力できる.促音（っ）や拗音（ゃゅょ）の表現に用いられる小さな文字を単独で入力するには,小さくしたい文字の前で［L］や［X］を入力する.

4) 以下の文を書きなさい*6.

ヴェネツィアでウォシュレットを使う.

地震で鼻血が出た.

貴社の記者は汽車で帰社して喜捨した.

みんな走っていたことをみんなは知っていた.

*7 記号類は"きごう"と書いて変換したり,その記号の名前と思われる言葉を書いて変換したりする.［「］［」］［<］［1］といったキーを入力後に変換で出すことのできる記号もある.

5) 以下の記号類を書きなさい*7.

○ ● ◎ □ △ × ☆ → ↑ ⇒ ⇔ 〒 々 〆 ※「」『』【】 < ≦

*8 ローマ数字の"Ⅰ"や"ⅰ"はアルファベットの"I"や"i"にみえるが,コンピュータ内部での表現は異なる.

6) 以下の記号類を書きなさい.ただし,これらは**機種依存文字**（platform dependent character）や環境依存文字とよばれ,異なる処理系では同じ文字として表現される保証のない文字であるため,原則として使用は避けるべきである*8.

① ② ③ ❶ ❷ ❸ Ⅰ Ⅱ Ⅲ ⅰ ⅱ ⅲ ⇐ ⇨ ➡

　多くの日本語インプットメソッドには，**ユーザ辞書**（user dictionary）とよばれるユーザ独自の文字変換候補を記録しておく機能がある．よく使う特殊な単語やフレーズは，ユーザ辞書に登録しておくと便利である*．

* たとえば，自分の名前が特殊な読みである場合，読みに対応する漢字を登録しておくとよい．この機能を使って，"じゅうしょ"と入力し，変換したときに実際の住所が出力されるようにしたり，"お"の変換で"お疲れ様です"というフレーズが現れるようにしたりすることもできる．

演習3・4

　自分のパソコンの日本語インプットメソッドのユーザ辞書に，よく使う特殊な単語やフレーズを登録し，実際に文字変換候補に現れるか確認しなさい．

操作ガイド　ユーザ辞書の設定は，macOSではメニューバー右側の［入力メニュー］の［ユーザ辞書を編集］で，Windowsではタスクバー右側の入力モードのアイコンを右クリックして表示される［単語の登録］や［ユーザー辞書ツール］で行うことができる．

3・2　デジタル化と符号化
3・2・1　アナログデータのデジタル化

　第1章で確認したように，現在のコンピュータは情報を2進数で表現し，その計算処理を行うマシンである．コンピュータにとって，最小単位としての情報は0か1かのどちらかであり，この意味で離散的な値，言い換えれば，**デジタル**（digital）なデータしか扱うことができない．

　しかし，自然界などの観測で得られるデータには，連続的なデータ，すなわち**アナログ**（analog）なデータが多い．録音，写真，映像など，現在はデジタルデータとして扱われることが多いものも，もともとはアナログデータである．それらをコンピュータで扱うには，そのデジタル化が不可欠となる．

　アナログデータのデジタル化は，標本化，量子化，符号化という三つのプロセスによって理解される（図3・2）．

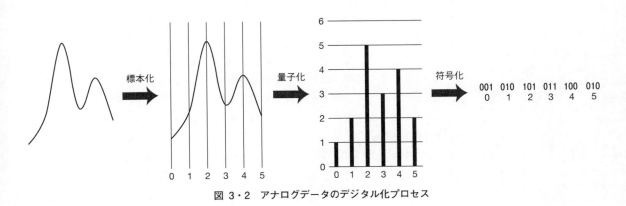

図 3・2　アナログデータのデジタル化プロセス

　標本化（sampling）とは，アナログデータを一定の間隔で切断，つまり離散化して，そのそれぞれをデータの標本（sample）として抽出することである．たとえば，アナログ音声データは時間的に連続的なデータであるから，これを一定の時間間隔で区切ってそのそれぞれを個々のデータとして標本化する．同様に，アナログ写真は空間的（平面的）に連続的なデータであるから，縦横に格子状に切断して画

素（pixel）とよばれる単位として標本化する.

こうして標本化したデータは, 今度はそのそれぞれの量という点でとびとびの値にして（quantize）, 離散化する. これが**量子化**（quantization）である. アナログ音声データの量子化なら, 各時点の音量を整数値として表現する処理に相当する. たとえば音量 2.3 は音量 2 に, 音量 2.6 は音量 3 に合わせるような処理である. 画像の場合は, 各画素の色情報や輝度を特定のレベルで表現する処理に相当する. たとえば同じ青とよばれる色でも, その微妙な色合いの違いを区別できるようなレベルを設定することもできるし, 逆に黒と白のどちらに近いかという基準だけで量子化することもできる.

最後の**符号化**（encoding）は, 量子化によって得られた値を特定の規則に基づく符号（code）に変換することである. 各時点の音量や, 各画素の色情報をコンピュータ内の 2 進数表現に変換する処理に相当する.

こうしてみると, アナログデータのデジタル化には, 注意すべき点があることがわかる. 標本化は, 元のデータの適切な標本（サンプル）をとることができるように, 適切な間隔で行わなければならない. 基本的に標本化の間隔が狭いほど元のデータの性質は保持されるが, その分, 最終的な符号化の際に必要な情報量は多くなる. 同様に, 量子化としてのデータの段階化が大雑把すぎれば, 本来の値とのズレが大きくなり, 量子化誤差とよばれるひずみが大きくなってしまう. 量子化としてのデータの段階化も細かいほど元のデータの性質は保持されるが, その分, 最終的な情報量は多くなる.

3・2・2　文字の符号化

では, 本章の主題である文字は, アナログデータだろうか. 書き手による文字の形の違いに注目するなら, アナログデータであるといってもよいが, 文字の第一義的な価値は, 誰が書いた "あ" でも基本的には同じ "あ" として解釈できるという点にある. そして文字は並べて書かれていても, 基本的にその 1 文字 1 文字を区別することができる. さらに "あ" という文字を "あ" として解釈できるのは, それが "い" でも "う" でもなく, ほかのどの文字とも異なっているからである[*1]. つまり, 文字はすでに標本化と量子化がなされているといってよく, そもそも離散的であるから, デジタルデータとみなすことができる.

したがって, 文字をコンピュータで扱う際に必要となるのは, 符号化のプロセスだけである. "あ" や "い", "う" といった各文字を, それぞれ固有の 2 進数に割り当ててやればよい. こうした文字と, それに対応するコンピュータ内部でのその数値表現との関係を定める規則が, **文字コード**（character code）である.

コンピュータにおける文字の基本である半角英数字は, **ASCII**（American Standard Code for Information Interchange）[*2] とよばれる文字コードによって符号化されている（図 3・3）. ASCII は 1 文字を 7 桁の 2 進数に割り当てる体系であり, 2 の 7 乗, つまり 128 個の文字を扱うことができる. アルファベットは A から Z まで 26 文字あり, 大文字と小文字を区別しても 52 文字であるが, これに 0 から 9 までのアラビア数字や, ピリオドやカンマといった記号類, さらに改行やタブのような制御文字を加えて, 全部で 128 文字の体系となっている.

[*1] 厳密には, どんな文字集合のなかの文字としてそれをみるかによって捉え方は変わる. たとえば "レ" という文字は片仮名であるが, アルファベットを想定している人には "V" にもみえる. この意味で, 特定の文字集合を想定することを, 量子化として捉えることも可能である. 実際, 文字コードは特定の文字集合とその符号化方式の組合わせによって成り立っている.

[*2] ASCII は "アスキー" と読む. なお, ASCII の C は Code の略であるため, "ASCII コード" と言うと, 二重に "コード" と言っていることになってしまう.

このように ASCII は厳密には 7 ビットの文字コードだが，現代のコンピュータでは 8 ビット（オクテット）をまとめて 1 バイトという基本単位で扱うことが多いため，通常は 8 桁目を使用しない 1 バイトの文字コードとして扱われる．ドイツ語やフランス語など，ヨーロッパの諸言語はアルファベットに補助的な記号を添えた文字も使用するため[*1]，実際に ASCII を 8 ビットに拡張した文字コードが使用されている．同様に日本語の半角カナも ASCII を 8 ビットに拡張して割り当てている．こうした 1 文字を 1 バイトで扱う文字コードやその文字は，**1 バイト文字**（SBCS: single-byte character set）[*2] とよばれる．

*1 ドイツ語のウムラウト（äやö）や，フランス語のアクサン・シルコンフレクス（âやô）など．

*2 1 バイト文字は基本的に半角文字である．

```
The hexadecimal set:

00 nul   01 soh   02 stx   03 etx   04 eot   05 enq   06 ack   07 bel
08 bs    09 ht    0a nl    0b vt    0c np    0d cr    0e so    0f si
10 dle   11 dc1   12 dc2   13 dc3   14 dc4   15 nak   16 syn   17 etb
18 can   19 em    1a sub   1b esc   1c fs    1d gs    1e rs    1f us
20 sp    21 !     22 "     23 #     24 $     25 %     26 &     27 '
28 (     29 )     2a *     2b +     2c ,     2d -     2e .     2f /
30 0     31 1     32 2     33 3     34 4     35 5     36 6     37 7
38 8     39 9     3a :     3b ;     3c <     3d =     3e >     3f ?
40 @     41 A     42 B     43 C     44 D     45 E     46 F     47 G
48 H     49 I     4a J     4b K     4c L     4d M     4e N     4f O
50 P     51 Q     52 R     53 S     54 T     55 U     56 V     57 W
58 X     59 Y     5a Z     5b [     5c \     5d ]     5e ^     5f _
60 `     61 a     62 b     63 c     64 d     65 e     66 f     67 g
68 h     69 i     6a j     6b k     6c l     6d m     6e n     6f o
70 p     71 q     72 r     73 s     74 t     75 u     76 v     77 w
78 x     79 y     7a z     7b {     7c |     7d }     7e ~     7f del
```

図 3・3　16 進数で表現された ASCII

なお，8 桁の 2 進数は，2 桁の 16 進数によって表現できる[*3]．図 3・3 の各左列は，8 桁の 2 進数を 2 桁の 16 進数で表現したものであり，この数値によってその右隣に示された文字が符号化されることを表している．

*3 2 進数と 16 進数については，第 1 章を参照．

例 1）16 進数で <u>41</u> ＝ 2 進数で <u>01000001</u> ↔ <u>A</u> という文字

例 2）16 進数で <u>61</u> ＝ 2 進数で <u>01100001</u> ↔ <u>a</u> という文字

演習 3・5

"Ascii" という文字列は ASCII でどのように符号化されるか．図 3・3 を参考に，16 進数表記と 2 進数表記で示しなさい．

3・2・3　日本語の文字コード

1 バイトでは最大 256 文字しか割り当てられないため[*4]，平仮名，片仮名，漢字を使用する日本語では足りない．日本語や中国語など，非アルファベット系の文字の多くは，2 バイト以上を使用する**マルチバイト文字**（MBCS: multi-byte character set）[*5] として表現される．

日本語の文字コードとして現在よく用いられているのは，**Shift_JIS**（シフトジス）と **UTF-8**（ユーティーエフエイト）である．Shift_JIS は，最大 65,536 文字を扱うことのできる 2 バイト文字[*6] で，Windows が日本語文字コードの標準として

*4 1 バイト
　＝ 8 ビット
　＝ 2^8 通り
　＝ 256 文字

*5 マルチバイト文字 ≒ 全角文字と考えてよい．特に日本語の文字についてはそうである．

*6 2 バイト
　＝ 16 ビット
　＝ 2^{16} 通り
　＝ 65,536 文字

採用してきたため，広く用いられるようになった（図3・4）．かつての Mac も Shift_JIS を拡張した文字コードを標準としていたが，2023年現在の macOS は UTF-8 を採用している．UTF-8 は，1文字を1バイトから6バイトに割り当てる可変長の文字コードで，世界中のさまざまな文字を統一的に扱う符号化方式として現在最も普及している文字コードである[*1].

*1 世界中の文字を一つの文字集合として定め，それぞれに固有の番号を与えているのが Unicode である．UTF-8 はそれを符号化する方式の一つで，同様のものに UTF-16 や UTF-32 などがある．

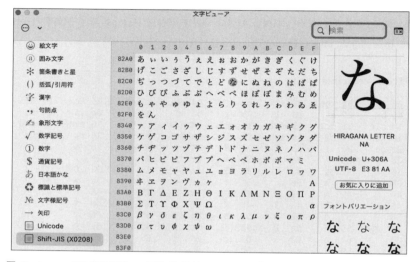

図3・4 macOS "文字ビューア" の Shift_JIS コード表　　Shift_JIS は2バイト文字であるため，4桁の16進数で表現できる．"な" は左3桁が "82C"，最後の1桁が "8" で，"82C8" である．

　日本語の表示でしばしば問題となる**文字化け**は，記述のために実際に使用されている文字コードと，それを表示する側で想定する文字コードが異なるときに生じる．たとえば Shift_JIS で記述された Web ページをみるとき，それを表示する側の Web ブラウザが Shift_JIS を前提として処理〔**復号**（decoding）[*2]〕しなければ文字化けが生じる[*3]．前節で述べた機種依存文字を電子メールなどで用いるべきでないのも，基本的には同じ理由である．文字の符号化方式は一つではないため，特に日本語を扱う場合は文字コードに注意しなければならない．

*2 復号化とよぶ場合もある．

*3 文字化けの原因には，ほかに，その文字を表示するためのフォントがないという場合もある．

演習3・6

　文字コード表で Shift_JIS コードを表示し，"大" という文字がどのように符号化されているか確認しなさい．

操作ガイド　文字コード表の表示は，macOS では次のように行う．まず，メニューバー右側の［入力メニュー］から［絵文字と記号の表示］を選択し，ウィンドウ右上のアイコンをクリックして "文字ビューア" を表示する．次に，左上の［リストをカスタマイズ］からコード表のリストを開き，Shift_JIS を選択する．Windows では，タスクバー右側の入力モードのアイコンから［IME パッド］を表示し，左側に縦に並んだアイコンの上から二つ目をクリックするか，画面下のスタートメニュー（Windows のアイコン）からアクセスできる［Windows アクセサリ］の中にある［文字コード表］で確認できる[*4].

*4 Windows 11 では，［Windows アクセサリ］はデフォルトでスタートメニューに表示されていない．タスクバーの検索ボックスで検索することでアクセスできる．

演習 3・7

　任意の Web ブラウザ[*1] を起動して任意の日本語 Web ページを表示した後，その Web ブラウザが表示に用いる文字コードを一時的に変更しなさい．

操作ガイド Safari であれば［表示］メニューの［テキストエンコーディング］で，Microsoft Edge であれば右側メニューボタン［…］の［拡張機能］で［charset］をインストールすることで変更できる．

*1 Web ブラウザとは，Safari, Microsoft Edge, Google Chrome, Firefox など，Web ページをみるためのアプリケーションソフトのことである．詳しくは第 8 章を参照．

3・3　テキストファイルとテキストエディタ

3・3・1　テキストファイルとバイナリファイル

　最後に，文字データとファイルの関係を確認しよう．第 2 章でみたように，コンピュータで扱われるデータはファイルとよばれる単位で管理される．一般に，文字データだけで構成されるファイルは**テキストファイル**（text file）とよばれ，それ以外のファイルとは区別して捉えられる．

　テキストファイル以外のファイルは，すべて**バイナリファイル**（binary file）とよばれる．バイナリとは 2 進数のことであり，コンピュータが扱うデータはすべて 2 進数で表現されるものであるから，本来，テキストファイルも含めてすべてのファイルがバイナリファイルである．しかし後述のように，コンピュータにとってテキストファイルは特別な意味をもつため，ほかのファイルとは一般に区別されている．

　なお，テキストファイルとは，あくまで文字データだけからなるファイルであり，Word のようなワープロソフトのデータファイルとは異なる．ワープロソフトは主としてテキスト（文章）を扱うとはいえ，そのファイルには文字データだけでなく，文字の形（フォント，5・2・2 項参照）や大きさ，色，行間，余白のほか，場合によっては表や図などのデータも含まれている．実際，Word ファイルをテキストファイルとみなして無理やり開いてみると[*2]，人間が直接解釈することのできない多くのデータが羅列されていることがわかる（図 3・5）．

*2 たとえば Mac では，後述する "mi" というアプリケーションソフトを用いると，Word ファイルをテキストファイルとして無理やり開くことができる．ただし，ファイルが壊れる可能性があるので壊れてもよいファイルで試すこと．

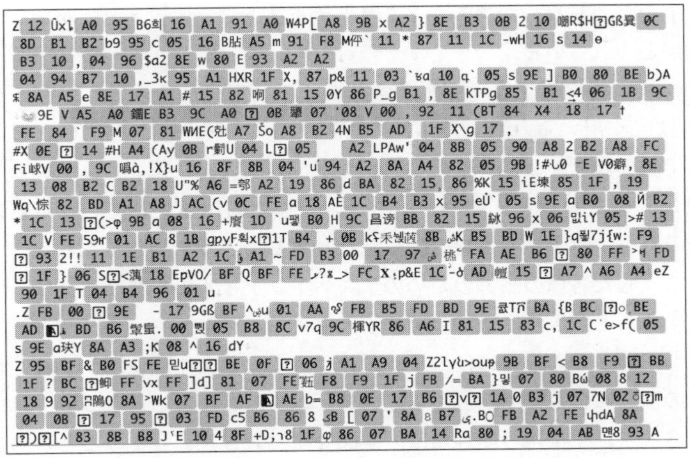

図 3・5　テキストファイルとみなして無理やり開いた Word ファイル[*3]

*3 現象としては文字化けにもみえるが，文字以外のデータも含まれているという点で文字化けとは異なる．

3・3・2　テキストファイルの汎用性

　テキストファイルの特徴は，現在のコンピュータ環境におけるその汎用性にある．特にコンピュータのさまざまな動作を制御するために，テキストファイルは広く用いられている（図3・6）．

(a)
```
#include <stdio.h>
#include <stdlib.h>
#include <unistd.h>
#include <time.h>

int main(void)
{
        int i;
        char str[100];

        printf("What is your favorite thing?\n");
        scanf("%s", str);

        printf("You like %s!?\n", str);

        for (i = 0; i < 3; i++) {
                printf(".\n");
                sleep(1);
        }

        srand(time(NULL));
        if (rand() % 2 == 0) {
                printf("I like it, too!!\n");
        } else {
                printf("I don't like such a thing!!\a\n");
        }

        return (0);
}
```

(b)
```
<!DOCTYPE html>
<html lang="ja">
<head>
        <meta charset="utf-8">
        <title>第 17 回の目次</title>
        <link rel="stylesheet" type="text/css" media="all"
href="indx17.css">
        <link rel="next" href="html/wicss.html">
</head>
<body>
<h1>第 17 回の目次</h1>
<header>
<nav>
<ul>
<li><a href="html/wicss.html">css について</a></li>
<li><a href="html/example.html">css の具体例</a></li>
</ul>
</nav>
</header>
<article>
<h2>css の validatorと採点方法について</h2>
<p>
        css についても validator(<a href="http://jigsaw.w3.org/
css-validator/">W3C CSS 検証サービス</a>) が存在します．基本的には
これを使って採点します．
</p>
```

図 3・6　テキストファイルの汎用性　C 言語プログラムのソースコード（a）と
　　　　　　HTML ファイル（b）

*1 プログラミングについては第 13 章を参照．

　たとえば，コンピュータに特定の動作をさせるためのプログラムは，通常，**ソースコード**（source code）とよばれるテキストファイルとして作成される[*1]．その具体的な書き方は使用するプログラミング言語によるが，いずれにしても各種の命令をテキストファイルに記述し，その後にそれをコンピュータが処理可能なバイナリ形式に変換するという手順をとるのが普通である．

　テキストデータはもちろん文書の内容ともなるが，ある種の文書では，その構造や見栄えを制御するためにもテキストが用いられる．たとえば Web ページの見出しや段落といった構造は，それ自体，テキストによって記述される．そのための統一書式が HTML であり，Web ページは HTML ファイルとして作成されるが，その実体はテキストファイルである[*2]．また，印刷文書に近い紙面レイアウトが可能ないわゆる組版[*3]システムとして，理工系の文書作成にしばしば利用される TeX（テフ，テックなどと読む）があるが，これもテキストファイルとして組版指示を記述する方法がとられている．

*2 HTML については第 8 章を参照．

*3 組版とは，本来は原稿に従って活字などを組合わせ，印刷用の版をつくることだが，電子化が進んだ現在では，印刷文書の紙面レイアウトをソフトウェア的に作成することもしばしば組版とよばれる．

　さらに，各種のプログラムを制御するための設定ファイルとしても，テキストファイルは広く用いられている．特に Web サーバやメールサーバなど，ネットワーク上で重要なサービスを提供するプログラムの設定に用いられていることが多い．普段はあまり意識されないが，これらが適切に記述されていなければ，Web ページをみたり，電子メールを送受信したりすることはできなくなる．

　なお，こうした各種の制御のためのテキストファイルの主要な部分は，半角英数字で記述することにも注意が必要である．文書の内容部分や“コメント”とよばれる人間のためのメモの部分には，日本語のような全角文字も使用することができるが，制御の部分に全角文字が混ざっているとエラーとなることが多い．特に全角の空白（スペース）や全角の記号類は，意図せず混入させてしまうことがあるので気を付ける必要がある．

3・3・3　いろいろなテキストエディタ

　テキストファイルを作成，編集するためのアプリケーションソフトを**テキストエディタ**（text editor）という．

　テキストエディタは，一般的なパソコン用の OS には最初からインストールされている[*1]．ただし，OS 標準のエディタには，純粋なテキスト形式である**プレーンテキスト**（plain text）という形式ではなく，文字の装飾のデータなどももつことのできる**リッチテキスト形式**（RTF: rich text format）のファイルを扱うものもある（図 3・7）[*2]．リッチテキスト形式のファイルは，文字データだけからなるという意味での本来のテキストファイルではない[*3]．

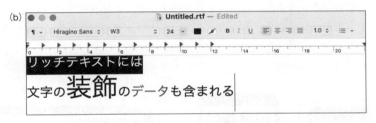

図 3・7　プレーンテキスト（a）とリッチテキスト（b）

　また，比較的単純なプログラムや Web ページの記述であれば OS 標準のテキストエディタでも事足りるが，もうすこし複雑なものを作成，編集する場合は，より高機能なテキストエディタを別途インストールして利用するとよい．高機能なテキストエディタには，色付け表示などで入力を補助するものや[*4]，プログラムや HTML の一部を自動作成するもの，ほかのソフトとの連携をスムーズにするものなどが存在する．日本語を含むテキストの場合に問題となりやすい文字コードを明示的に指定できるエディタも多い[*5]．

　高機能なテキストエディタとしては，Mac では"mi（エムアイ）"が，Windows では"TeraPad"や"秀丸エディタ"，"サクラエディタ"などが知られている．"Visual Studio Code"はプログラムのソースコードの編集に特化していて，初学者には使いにくい面もあるが，Mac にも Windows にも対応している．こうしたエディタには有料のものも無料のものもあるので，機能との兼ね合いで選択するとよい．

演習3・8

　自分のパソコンに任意の高機能テキストエディタをインストールしなさい．（2023 年現在，）無料のものとしては，Mac には"mi"が，Windows には"TeraPad"や"サクラエディタ"がある．

---

*1 **操作ガイド** macOS には"アプリケーション"フォルダの中に"テキストエディット"というテキストエディタが，Windows には画面下のスタートメニュー（Windows のアイコン）からアクセスできる"メモ帳"というテキストエディタが入っている．

*2 プレーンテキストファイルの拡張子は txt，リッチテキストファイルの拡張子は rtf である．

*3 macOS の"テキストエディット"はリッチテキスト形式が初期設定（デフォルト）となっており，プレーンテキストにするには設定を変更しなければならない．"テキストエディット"でプレーンテキストを作成するには，［フォーマット］メニューから［標準テキストにする］を選択する．デフォルト設定は［テキストエディット］メニューの［環境設定］で変更できる．一方，Windows の"メモ帳"はプレーンテキスト形式だが，リッチテキスト形式の"ワードパッド"というエディタもあるので注意が必要である．

*4 ここでいう色付けとは，あくまで画面表示用のものであって，データとして色データをもつわけではない．

*5 OS 標準のテキストエディタでも文字コード指定は可能だが，ややわかりにくい．

ファイルシステムと Unix

第2章では，ファイルが0と1からなるデータを格納するための形式であることを学んだ．本章では，コンピュータがファイルを利用してどのように動いているのかについて学習していく．

4・1　スマートフォンとコンピュータにおけるファイルの違い

われわれは何気なくスマートフォンやタブレットをコンピュータと同じように扱っている．しかし，両者では異なる OS を利用しており，普段気に留めないさまざまな場面で違いがみられる．その一つが，データをファイルとして扱うことである．ここで画像データを開く際，スマートフォンとコンピュータにおいてどのような違いがあるか考えてみる．われわれがスマートフォンで写真を開く場合，"写真"といったアプリケーションをタップし，目的の画像（写真）を探す．一方，コンピュータでは目的の画像ファイルをダブルクリックして開く（図4・1）．

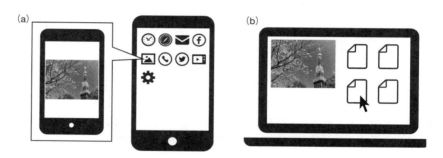

図 4・1　スマートフォン（a）とコンピュータ（b）におけるファイル展開の違い

両者は操作の対象に違いがある．スマートフォンにおける操作は"写真"とよばれるアプリケーションにひもづいた画像データを開いている．このとき，操作の直接の対象はあくまでもアプリケーションであり，ファイルはアプリケーションがもつ要素の一つでしかない．そのため，画像データを読み込むアプリケーションをユーザ側で指定することは基本的にできない．

一方，コンピュータの操作では，画像データを読み込むアプリケーションを指定して開く．しかし，実際の操作においては画像ファイルをダブルクリックして開いており，自身でアプリケーションを指定していないと思う人もいるだろう．これは，アプリケーションの選択が一部自動化されているからである．たとえば macOS の場合，PNG や JPEG のような画像ファイルであれば，自動的に"プレビュー"とよばれるアプリケーションでデータが読み込まれて画像が表示される．この場合，画像ファイル名の末尾に付いた"png"や"jpg"などの**拡張子**（filename extension）が，どのアプリケーションを使って開くかの選択に用いられている．

もちろん，これは自動的に推奨されるアプリケーションが呼び出されているだけであるため，ユーザがアプリケーションを指定して開くことも可能である．すなわち，コンピュータにおいて画像ファイルのようなデータを格納したファイルは，アプリケーションの一部ではなく独立している．そのため，ユーザはファイルをどのアプリケーションで開くか選択することができる．

このようにファイルはデータの格納や処理を行うための統一的な形式をもつが，データとファイルがひもづくことによるデータの操作や検索，保存を行うシステムを**ファイルシステム**（file system）とよぶ．したがって，コンピュータはファイルを扱うための装置であり，ファイルシステムの理解が重要である．

4・2　2種類のユーザインターフェース

コンピュータにおいてファイルがどのように表現されているかを説明する前に，コンピュータのデータにわれわれがどのようなかたちで接しているかに注目する．人間（ユーザ）とほかのシステム（コンピュータやそのほかの機器）とのやりとりを仲介する装置を**ユーザインターフェース**（**UI**: user interface）とよぶ．UI は，ユーザがシステムを操作する入力と，操作結果をシステムが表示する出力とから構成され，パソコンにおいては大きく二種類の UI が存在する（図4・2）．

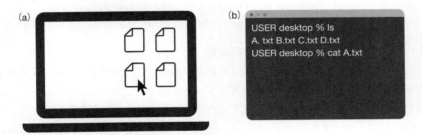

図 4・2　**GUI**（a）と **CUI**（b）

UI の一つである**グラフィカルユーザインターフェース**（**GUI**: graphical user interface）は，アイコンを用いて直感的で視覚的な操作を可能とする（図4・2a）．たとえば，システム操作にマウスなどのポインティングデバイスを用い，ファイルはアイコンで表現されている．われわれが普段利用しているコンピュータの操作は GUI で提供されているため，なじみ深い UI といえるであろう．スマートフォンやタブレットなどでも，手指を用いた操作を通じて視覚的な入出力が行われるため，同様に GUI といえる．

もう一つの UI は，**キャラクタユーザインターフェース**（**CUI**: character-based user interface）である（図4・2b）．CUI は GUI と異なり，文字（英数字）を中心とした UI で，システムの操作には英数字からなる命令（コマンド）を覚えて利用し，その結果が文字で出力される．初期の OS は基本的に CUI だけで操作していた．私たちの身のまわりにあふれている Windows も，その前身は MS-DOS とよばれる CUI のシステムであった．

このように聞くと CUI は古い UI で，新しい GUI よりも不便で劣っているように思うかもしれない．しかし，CUI は慣れると GUI よりも簡便で，高速な作業を

行うことができる．そのため，現在でも macOS や Windows では CUI を利用できる仕組みが用意されている．さらに，コンピュータを用いる仕事を深く掘り下げるために CUI による操作は必須であり，今後も変わらず求められる知識である．次節から，GUI と CUI それぞれの操作を通じ，コンピュータのファイルシステムについて学んでいく．

4・3　GUI によるファイル操作

本節では，GUI によるファイル操作について説明する．GUI は直感的に利用できるため，改めて説明する必要があるかと戸惑うかもしれない．しかし，これらの説明は 4・4 節で扱う CUI によるファイル操作を理解するための布石である．多くの人は，マウスを使った GUI による操作と，キーボードを使った CUI による操作がまったく別のものであるという印象を受けるであろう．しかし，どちらの方法もファイルを操作するという目的は共通しているため，過程は違えど結果は同じとなる．したがって，GUI と CUI の操作を関連づけながら学ぶことで，ファイルシステムをより深く理解できるだろう．

以降は主として macOS の例を用いて説明するが，Windows の場合についても簡単に解説を加えている．しかし，同じ OS であってもバージョンにより操作が異なる場合もあるため，各自で自身の OS の状況に応じて読み替えてほしい．

4・3・1　GUI によるファイル名の変更

macOS も Windows もコンピュータの画面があり，ここにフォルダやファイルが表示されている．この画面を**デスクトップ**（desktop）とよぶ．これは，コンピュータを仮想の机に見立てており，作業を行う場所という意味合いがある．

GUI では，ファイルやフォルダの名前を簡単に変更できるが[*1]，名前を変更する際，注意する点が三つある．

*1 **操作ガイド** GUI によりファイルやフォルダの名前を変更するには，対象のアイコンをクリックし，アイコンの名前の部分をさらにもう一度クリックする．そうすることで，名前の文字列が編集可能となる．編集後にデスクトップ上の別のどこかをクリックするか，［return］キーを押すと名前が確定される．名前の編集を確定する前であれば，編集中に［esc］キーを押すことで元の名前に戻すことができる．

- **ファイルの拡張子をむやみに変更してはいけない**：前述したように，拡張子はファイルの形式を示しており，ファイルを開くアプリケーションを自動選択するために重要な役割をもっている．そのため，拡張子を変更してしまうと，拡張子の種類がファイルの形式と一致せず，対応したアプリケーションを自動で選択できなくなる．たとえば，Microsoft Word のファイルを PDF に変換したいとしても，ファイルの形式を変換しないで docx 拡張子を pdf 拡張子へ書き換えてはいけない．

- **同じフォルダに存在するほかのファイルと同じ名前に変更してはいけない**：GUI では，ファイル名をほかと同一のものに変更しようとすると，変更できないことを警告するポップアップが表示される．しかし，CUI 操作では別のファイルに上書き保存されるなどの問題が発生することがある．そのため，CUI 操作時はもちろんであるが，GUI 操作時においても十分に気を配ることが望ましい．

- **特定の記号をファイル名に使用してはいけない**：macOS では，"．"（ピリオド）から始まるファイル名を GUI で設定できない．これは隠しファイル[*2] となってしまうためである．ただし，CUI では設定できる．また，Windows では，¥／：

*2 隠しファイルとは，デフォルトの設定では表示されないファイルのことである．

＊ ? " ＜ ＞ | の九つの記号をファイル名に含めることはできない．どちらの OS
の場合も，GUI では注意を促すポップアップが表示される．

4・3・2　GUI におけるファイルの階層構造

ファイルを複数作成すると，その管理が大変である．ファイルの管理には**フォルダ**（folder）を用いる．フォルダのことを CUI では**ディレクトリ**（directory）とよぶ[*1]．ファイルがデータを記載した書類であるとすれば，フォルダは書類を入れる箱である．

新規フォルダを作成する方法はさまざまあるが[*2]，いずれの方法においても作成されたフォルダ自体に違いはない．

ファイル数がさらに多くなると，フォルダの中にフォルダを作成してファイルを管理する必要が出てくる．乱雑にファイルを管理するよりもフォルダによって整理する方がよい．このように，フォルダの中にフォルダが置かれデータが管理された状態を**階層構造**（hierarchy），または**階層的ファイル構成**（hierarchical file structure）とよぶ．図 4・3 の（a）は info1_GUI という名前のフォルダの内容を示しており，（b）は info1_GUI を第 1 階層とした場合のその階層構造を示している．info1_GUI には lec04A と lec04B と命名された 2 個のフォルダと test.txt ファイルがある．そして，lec04A には test1 フォルダと test.txt ファイルが，lec04B には test.txt ファイルが置かれている．

図 4・3 では異なるフォルダに同じ名前の test.txt ファイルが計三つ存在する．そのため，単純にファイル名だけで指定してしまうと，どのファイルを選択すべきかわからない．そこで，ファイルやフォルダを，名前だけではなく置かれている場所，言い換えれば階層構造における位置で示す必要がある．このような，ファイルやフォルダの階層構造上における所在を示す文字列を**パス**（path）とよぶ．

*1 ディレクトリとフォルダは，厳密には異なるものであるが，実質的な利用方法が同じであるので本書では区別しない．ただし，GUI の操作では "フォルダ"，CUI の操作では "ディレクトリ" と使い分ける．

*2 **操作ガイド** macOS における新規フォルダの作成方法には，メニューバーの左側に Finder と表示されている状態で，次の三つの方法がある．

● メニューバーの "ファイル"
→ "新規フォルダ" を選択
● デスクトップを右クリックして表示されるメニューから "新規フォルダ" を選択
● ［shift］＋［⌘］＋［N］キーを押す

Windows における新規フォルダの作成方法は次のとおりである．

● デスクトップを右クリックして表示されるメニューから "新規作成" → "フォルダー" を選択
● デスクトップのどこかをクリックしてから，［shift］＋［ctrl］＋［N］キーを押す

(a) 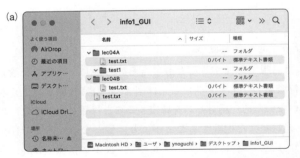　(b)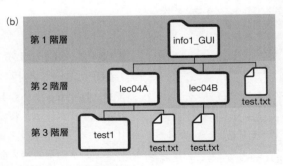

図 4・3　ファイル階層構造の GUI による確認（a）と概念図（b）

図 4・4 にはコンピュータ全体の階層構造を示している[*3]．今日の一般的なコンピュータは**ルートフォルダ**（root folder）を根本とした階層構造となっている．この階層構造の一つの要素に Desktop とよばれるフォルダがあり，このフォルダの中を画面に表示して操作するのが GUI である．

パスは 2 種類存在し，ルートフォルダからの所在を示す**絶対パス**（absolute path）[*4]と，現在地からの位置を示す**相対パス**（relative path）がある．たとえば，

*3 ただし，macOS では iCloud，Windows では OneDrive のようなクラウドシステムをデスクトップに表示するように設定されている場合がある．

*4 絶対パスのことをフルパス（full path）とよぶ場合もある．

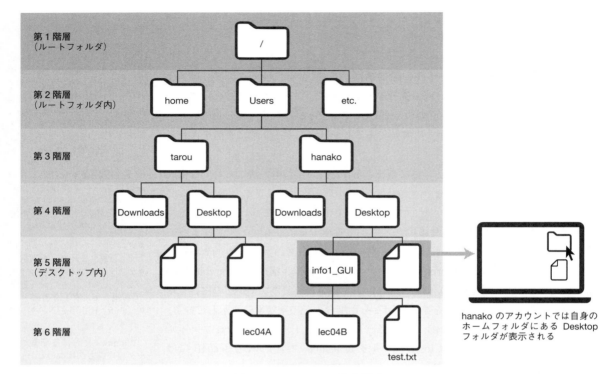

第1階層
（ルートフォルダ）

第2階層
（ルートフォルダ内）

第3階層

第4階層

第5階層
（デスクトップ内）

第6階層

hanako のアカウントでは自身の
ホームフォルダにある Desktop
フォルダが表示される

図 4・4　ファイルの階層構造

*1 エイリアスとは，ファイル
やフォルダ，アプリケーション
のショートカットのことで，
macOS における名称である．
Windows では単にショート
カットとよばれる．たとえば，
Mac の Dock に表示されている
のはアプリケーションのエイリ
アスである．アイコンをクリッ
クするとアプリケーションフォ
ルダにあるアプリケーションが
起動される．

*2 操作ガイド Macでは，まず
絶対パスを知りたいファイルや
フォルダのアイコンをクリック
し，メニューバーの左側にある
"Finder" から "ファイル" →
"情報を見る" を選択する．ま
た，アイコンを右クリックして
表示されるメニューから "情報
を見る" を選択するか，アイ
コンをクリックしてから［⌘］＋
［I］キーを押してもよい．Win-
dows の場合，アイコンを右ク
リックして表示されるメニュー
から "プロパティ" を選択する
と同様の情報を得ることができ
る．

*3 ドラッグは "引っ張る" の意
味である．薬を意味する drug
ではない．

lec04A フォルダを開いている際に lec04B フォルダの中身を確認したい場合，GUI
では "［戻る］アイコンをクリックしてから lec04B フォルダをクリックする" とい
う操作を行う．この操作は，相対パスを用いると "lec04A からみて 1 階層上の
info1_GUI の中にある lec04B に移動する操作" と説明できる．

4・3・3　GUI によるファイルの情報確認

　GUI において相対パスは目視で想像することもできる．しかし，一般的な設定
では，Desktop よりも上位階層のフォルダ（たとえば図 4・4 の第 3 階層以上）が
初期状態では表示されていないため，絶対パスを特定することは難しい．また，エ
イリアス*1 が存在すると絶対パスを把握することがより困難となる．そこで任意
のフォルダの絶対パスを知りたい場合には，ファイルやフォルダの情報（Windows
ではプロパティとよばれる）をみる必要がある*2．この際に表示される "場所" の
記載が，前述した絶対パスと同等である（図 4・5）．この情報には絶対パス以外に
もファイルサイズや作成日，変更日などの有益な情報が含まれている．

　GUI においてファイルやフォルダを移動させるには，まず，対象のアイコンに
マウスカーソルを重ね（ポイント，マウスオーバー），マウスの左ボタンを押し続
けた状態でマウスを動かす．この操作を**ドラッグ**（drag）*3 とよぶ．次に，ドラッ
グした状態で移動先のフォルダの上にアイコンを重ねてマウスの左ボタンを離す
と，ファイルやフォルダを移動することができる〔**ドロップ**（drop）〕．この一連の

操作を**ドラッグ & ドロップ**とよぶ．近年では，デスクトップ上の操作だけではなく，メールのファイル添付や Web サイトにおける画像アップロードなどでも，この操作が頻繁に行われる．

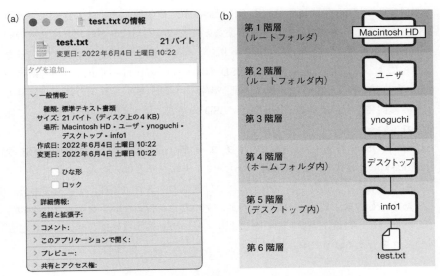

図 4・5　macOS における情報の表示（a）とそれに対応する絶対パス（b）

演習 4・1 **GUI によるファイル操作** ────────────

　次の操作を行いなさい．

1) デスクトップ画面で新規フォルダを作成する．

2) 作成した新規フォルダの名前を info1_GUI に変更する．

3) 作成した info1_GUI を開く．

4) info1_GUI フォルダ内に 2 個の新規フォルダを作成する．

5) 1 個の新規フォルダの名前を lec04A に変更する．

6) もう 1 個の新規フォルダの名前を lec04A に変更することを試みる．同一名のフォルダは作成できないことを警告するポップアップの表示を確認する．

7) 変更できなかったフォルダの名前を lec04B に変更する．

8) デスクトップに戻り，1 個の新規フォルダを作成する．

9) 作成した新規フォルダの名前を lec04A に変更する．

10) info1_GUI の中にある lec04A と，デスクトップ上にある lec04A の情報をそれぞれ表示する．

11) 表示された情報において，"場所"の内容が異なることを確認する．

12) デスクトップ上の lec04A を info1_GUI フォルダにドラッグ & ドロップする．Mac では同一名のフォルダを置き換えるか聞かれるので中止する．Windows ではフォルダが統合されるので，もう一度デスクトップに新規フォルダ lec04A を作成する．

13) info1_GUI の中にある lec04A を開く．

14) デスクトップ上の lec04A を info1_GUI の中にある lec04A にドラッグ & ドロップする．

4・4 CUI によるファイル操作

4・4・1 Unix

*1 1960 年代, Unix に先立ち, Multics というマルチタスク OS が開発された. 一方, 開発当初の Unix はシングルタスク OS であったため, Multics の multi (複数の) を uni (単一の) へ変え, Unics と名付けられた. 年月が経ち, つづりが Unix へと変化した.

本節では, Unix（商標は UNIX）[1] とよばれる伝統的な OS を用いて, CUI によるコンピュータの操作を解説する. Unix（ユニックス）とは, 米国の AT & T 社のベル研究所が 1960 年代に開発した OS であるが, その後の開発は大きく二つの路線に分かれた. 一つはコンピュータ企業などによって商用開発された, 産業分野向けの System V 系列の Unix 系 OS であり, もう一つはカリフォルニア大学バークレー校によって開発・提供された, BSD（Berkeley Software Distribution）系列の Unix 系 OS である. 後者には無償提供が前提のものが多く, 有志のユーザが協力し合って開発を行っている. macOS も BSD の系列に属すが, Apple 社によって開発されている.

Unix 系 OS の特徴として, **マルチユーザ**（multi-user）と**マルチタスク**（multitasking）があげられる（図 4・6）. マルチユーザとは複数人でコンピュータを利用できることであり, マルチタスクとは複数のタスク（処理）を実行できることである. 昔のコンピュータは一つのタスクのみしか行えないシングルタスクのものであったが, 技術が進歩したことにより, 一つのタスクを処理している間にほかのタスクを行えるようになった.

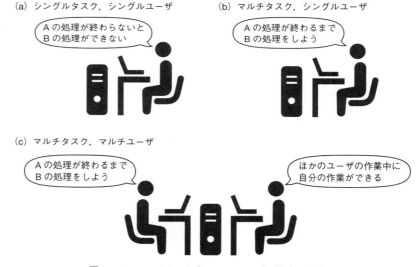

(a) シングルタスク, シングルユーザ
A の処理が終わらないと B の処理ができない

(b) マルチタスク, シングルユーザ
A の処理が終わるまで B の処理をしよう

(c) マルチタスク, マルチユーザ
A の処理が終わるまで B の処理をしよう
ほかのユーザの作業中に自分の作業ができる

図 4・6　マルチタスクとマルチユーザに関する模式図

*2 当時のコンピュータは人件費よりもはるかに高価であったため, 電機メーカはコンピュータを販売する際にメンテナンス用の人員をセットで販売した. これが日本におけるシステムエンジニア（SE）という業種につながるとされている.

一方, マルチユーザにどのような利点があるのか疑問に思うかもしれない. この利点の詳細を説明するために, まず 1960〜1970 年代におけるコンピュータについて簡単に説明する. 当時のコンピュータは非常に高価な機器で, 1 台で数千万円もした[2]. そのため, コンピュータを所有できる企業は限られており, 今日のような 1 人 1 台の利用はできなかった. 必然的に 1 台のコンピュータを複数のユーザが共同で利用する必要が生じ, マルチユーザという仕組みが求められた. さらにマルチユーザでは, ほかのユーザのタスクを処理している間に自分のタスクも処理しなけ

ればならないことが多くなるため，必然的にマルチタスクが求められた．

　このような課題に対し，複数人が同時に1台のコンピュータを利用できる仕組みをつくった Unix は，その後のコンピュータ開発の手本となった．現在，技術の進歩によりコンピュータを個人で使用することができるパーソナルコンピュータ（PC，パソコン）が普及したが，Unix はスーパーコンピュータや，Web サーバ，メールサーバなど多くのサーバコンピュータにおいて今も変わらず利用されている．

4・4・2　ターミナルの画面の見方

　それでは実際に CUI を用いて，コンピュータを操作してみよう．macOS の場合にはターミナル，Windows の場合には WSL（Windows Subsystem for Linux）[*1] を使用する．WSL のインストールに関しては付録 A・1 を参照すること．以降は macOS のターミナルを例に説明する．

　macOS における"ターミナル"は，"アプリケーション"フォルダの"ユーティリティ"フォルダに格納されている（図4・7）．このアプリケーションは端末エミュレータともよばれる．Unix ではコンピュータにおのおのが端末を接続して操作するが，それを模倣する（emulate）ソフトウェアである．ターミナルの起動時にシェルというアプリケーションも自動で起動し，Unix を利用できる CUI 環境を提供する．シェルに関しては第13章で詳しく説明する．

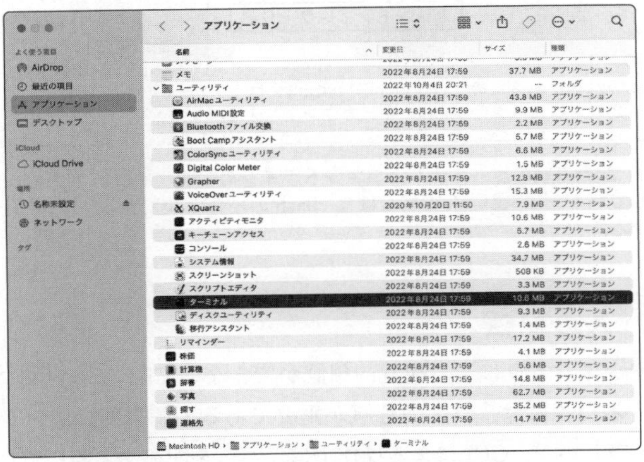

図4・7　ターミナルの格納場所

　ターミナルが起動すると図4・8のようなウインドウが表示される．1行目に出力されている文字列をコマンドラインとよぶ．使用している OS や設定によって書式には多少の違いがみられるが，コマンドラインに表示されている情報は大きく四つあり，これらを読み解くことが重要である．

　先頭の ynoguchi はターミナルを操作しているユーザのアカウントの名前（ユーザ名）を，@マークに続く tytpmc2 は起動しているコンピュータの名前（ホスト名）をそれぞれ示している（第7章参照）[*2]．これはほかのコンピュータにネットワークを通じて接続する際に必要な情報となる．

*1 Linux（リナックス）も Unix 系 OS の一種であり，WSL は Windows OS で Linux を実行するためのアプリケーションである．

*2 ynoguchi@tytpmc2 は，筆者の場合であるので読者とは一致しない．

次に，図4・8では"~"と記載されている部分を説明する．ここは，コンピュータの階層構造において，どこで作業しているかの現在地（パス）を示している．この現在地のことを，**カレントディレクトリ**（current directory）という[*1]．CUI の利用において，カレントディレクトリの把握は重要な情報である．

右端の"%"の記号は**プロンプト**（prompt）とよばれる．Windows では次の処理を促す > という記号だけの場合もあるが，macOS では使用しているシェルによってプロンプトを表す文字が異なる場合がある．表示される文字は異なっても，入力を促す記号としての意味は共通である．CUI による操作では，処理中であるか，処理が終了しているか，判断がつかない場合がある．もしプロンプトが表示されていなければ，直前に実行した処理が終わっておらず，次のコマンドを入力することはできない[*2]．万が一，直前の処理を強制的に終了させたい場合には，［control］＋［C］キーを押す．

*1 前述したとおりディレクトリとはフォルダと同義であり，フォルダと読み替えても差し支えはない．

*2 ただし，潜在的に処理を行うバックグラウンドジョブでは，処理中でもプロンプトが表示される．プロンプトが表示されているからといって，処理が行われていないとはいえない．

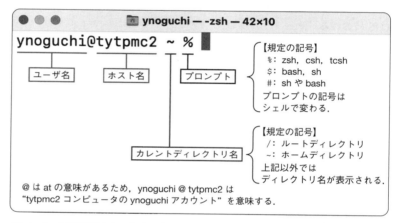

図4・8　起動直後のターミナルとコマンドラインの説明　　プロンプトの記号は，使用しているシェルが zsh の場合は %，bash の場合は $ である．本書は zsh を前提とする．

4・4・3　パスの記法

アイコンやウインドウによる視覚的確認ができない CUI においてファイル階層構造を把握するためには，パスの理解が重要である．基本的にディレクトリ名はフォルダ名と等しいが，CUI による操作上，パスを記述する際に特例として三つのディレクトリにそれぞれ記号が割り振られている．

*3 記号としては / はスラッシュであるが，文脈としてルートディレクトリを示す場合はルートと読むことがある．

*4 ~ の入力は［shift］＋［^］キーである．キーボードで ^（ハット）は数字の［0］の二つ右にある．また，~（波ダッシュ）とは別の文字であることに注意すること．

- **/（スラッシュ）[*3]: ルートディレクトリ**（root directory）を表す．これはコンピュータのファイルシステムにおいて，最も上位階層にあるディレクトリである．ルートディレクトリからの所在を示す絶対パスは必ず / から始まる．
- **~（チルダ）[*4]: ホームディレクトリ**（home directory）を表す．これは各ユーザのディレクトリ階層の中で最も上位にあるディレクトリである．ターミナルの起動時もしくはコンピュータのログイン時には，通常，ホームディレクトリがカレントディレクトリとなる．図4・8においてはカレントディレクトリがホームディレクトリであるため，~ が表示されている．コンピュータに複数のアカウン

トがある場合，それぞれのアカウントでホームディレクトリが作成され，ホームディレクトリ名はユーザ名と一致する．

● ．（ピリオド）：相対パスとしてカレントディレクトリを表す．そのため，この記号が示すディレクトリは常に同じとはならない．同一名のファイルが複数箇所に存在する場合，意図せずに別のファイルが参照されることがあるため，カレントディレクトリ内のファイルを指定する場合には，たとえば ./test.txt のようにファイルを指定する．ここで用いられている / はフォルダとファイルの区切りのために使用されている．

　特定のディレクトリではないが，**一つ上の階層**を示す場合にも特殊な表現が用いられ，"**..**"（ピリオド 2 個）と表す．この記号もカレントディレクトリからみたパス（相対パス）となるため，この記号が示すディレクトリが常に同じにはならないことに注意すること．

4・4・4　絶対パスと相対パス

　上記の特殊な表現を踏まえ，パスの記法について例を示して説明する．たとえば，図 4・9 においてユーザ tarou の Downloads ディレクトリの絶対パスは，/Users/tarou/Downloads と記載される．これは図中の黒の太い実線と一致する．絶対パスにおける先頭の / はルートディレクトリを示す記号である．それ以外の / はディレクトリ階層を区切るために使われている．

　また，図 4・9 において，カレントディレクトリが /Users/hanako/Desktop/info1 であるとしよう．このカレントディレクトリから相対パスでユーザ hanako の Downloads ディレクトリを示すには，./../../Downloads と

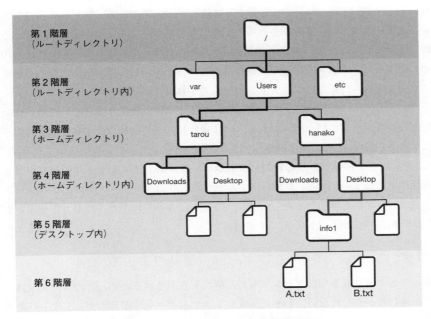

図 4・9　絶対パスと相対パスの記載の流れ

記載し，図中のグレーの太い実線と一致する．これはカレントディレクトリ（.）である第5階層の info1 から，1階層上に戻る .. を2回用いることで，2階層上にある第3階層の hanako ディレクトリに戻り，その中にある Downloads ディレクトリを示している．

演習4・2 GUI による絶対パスと相対パスの確認 ───────

以下のパスまたはフォルダが，演習4・1で作成したどのフォルダに相当するのか確認しなさい．

1) /Users/[ユーザ名]/Desktop/info1_GUI
2) ~/Desktop/info1_GUI/lec04A/lec04A
3) lec04B を参照するための相対パスが ./../lec04B となるフォルダ

4・4・5 ターミナルの操作

ターミナルにおける操作として，ターミナルでのコマンド入力，カレントディレクトリの絶対パス表示，カレントディレクトリの変更，ディレクトリ内の要素の確認の四つを説明する．これらは GUI におけるクリックでフォルダを開く操作とほとんど同じである．GUI の操作では造作もないことであるが，CUI の操作では初学者がつまずきやすいポイントであるため，ここで重点的に説明する．

a. ターミナルでのコマンド入力　　ターミナルからコマンドを実行する[*1]には，プロンプトが表示されている状態でキーボードからコマンドに相当する文字列を入力し，[return] または [Enter] キーを押せば処理される．正しい入力であれば目的のコマンドが実行され，誤った入力であればエラー文が表示される．

前提として理解してほしいことは，ターミナルのコマンド入力において，[return]キーを押してしまった場合，その入力内容は取消せないということである．そのため，入力ミスは [return] キーを押す前に修正する必要がある．スペルミスなどによる入力ミスでエラーが表示されると，これを取消そうとする初学者は多いが，それはできない．ただし，エラーが表示された際には何も処理されない場合が多いので，エラーによる障害が生じる可能性は少ない．そのため，落ち着いて出力されたエラー文を読み，正しいコマンドを再度入力すればよい[*2]．

このように，一度 [return] キーを押すと CUI 操作は後戻りできないため，削除などの処理は慎重に行うべきである．CUI 操作時に予期せぬ事故が起こらないようにする方法は第13章で取上げる．

b. カレントディレクトリの絶対パス表示　　カレントディレクトリの絶対パスを表示するには pwd コマンドを利用する[*3]．以下のようにターミナルにプロンプトが表示されている状態で pwd と入力し [return] キーを押すと，カレントディレクトリの絶対パスが表示される（図4・10）[*4]．

```
% pwd
```

カレントディレクトリはプロンプトの左側にも表示されるため，このコマンドは不要に感じるかもしれない．しかし，カレントディレクトリがどのディレクトリ階層に位置するものなのかを特定するために，pwd コマンドはきわめて重要なコマン

[*1] コマンドを入力し [return] キーを押すことによってコンピュータに処理をさせることを "コマンドを実行する" という．

[*2] 多くの場合，エラー文には問題点や対応が記載されている．黙殺されがちであるが最も重要なことが書かれているため読む習慣をつけることが好ましい．

[*3] pwd は作業ディレクトリの表示を意味する print working directory の略である．

[*4] 以降のコード例における % はプロンプトを示し，ターミナル上での入力を意味する．ただし，% はあくまでもプロンプトであるため入力しない．

ドである．たとえば，図4・10では，3行目のコマンドでlec04A というディレク
トリから同一名のディレクトリに移動している．この際，プロンプトの表記
（lec04A）は共通であるが，pwd コマンドを利用することで別の階層であること
がわかる．

```
● ● ●              📁 lec04A — -zsh — 64×7
(base) ynoguchi@tytpmc2 lec04A % pwd
/Users/ynoguchi/Desktop/info1_GUI/lec04A
(base) ynoguchi@tytpmc2 lec04A % cd lec04A
(base) ynoguchi@tytpmc2 lec04A % pwd
/Users/ynoguchi/Desktop/info1_GUI/lec04A/lec04A
(base) ynoguchi@tytpmc2 lec04A % █
```

図 4・10　pwd コマンドの実行

c. カレントディレクトリの変更　　カレントディレクトリの変更には cd コマンド
を利用する[*1]．カレントディレクトリを変更することは現在地を変更すること，すな
わち移動することと同義である．cd コマンドの利用は，以下のように入力する[*2]．

```
% cd <移動先のパス>
```

cd コマンドはコマンドだけではなく，移動先のパス（絶対パスでも相対パスでも
よい）の入力も通常は必要である．このようなコマンドやプログラムを実行する場
合に引き渡される値や文字列を**引数**（parameter, argument）とよぶ．Unix コマン
ドにおいては，コマンドと引数の間を半角スペースで区切る必要がある．cd コマ
ンドは移動先のパスを引数とするが[*3]，コマンドによってとることができる引数の
数や種類が決まっている（詳細は付録A・2を参照）．もし，引数が複数であれば，
それぞれの引数の間も半角スペースで区切る．また，pwd コマンドのように引数
をとらないコマンドもある．以下のコマンドを実行するとホームディレクトリ（~）
内にある Desktop ディレクトリに移動する（図4・11）．

```
% cd ~/Desktop
```

```
● ● ●              📁 デスクトップ — -zsh — 64×7
(base) ynoguchi@tytpmc2 lec04A % pwd
/Users/ynoguchi/Desktop/info1_GUI/lec04A
(base) ynoguchi@tytpmc2 lec04A % cd ~/Desktop
(base) ynoguchi@tytpmc2 Desktop % pwd
/Users/ynoguchi/Desktop
(base) ynoguchi@tytpmc2 Desktop % █
```

図 4・11　cd コマンドの実行

d. ディレクトリ内の要素の確認　　ディレクトリ内にあるファイルやディレクト
リを確認するには，ls コマンドを利用する[*4]．これはディレクトリに格納されて
いるファイルやディレクトリを一覧表示するコマンドである．

[*1] cd は change directory の略
である．ファイルやフォルダの
移動，名前変更をする mv コマ
ンドもあり，両者の混同がよく
あるため，注意が必要である．

[*2] 以降のコード例では，読者
によって異なる任意のパスや
ファイル名などは <> で囲って
いる．コードを試す際は適当な
文字列を入力すること．

[*3] cd コマンドは引数なしで
も実行可能である．この場合は
カレントディレクトリがホーム
ディレクトリに変更される．

[*4] ls は list segments の略で
ある．

```
% ls
```

図 4・12 では ls コマンドの出力結果が GUI での表示と一致することを示している. また, 作成した時間などファイルの詳細な情報が知りたい場合には以下のように入力する.

```
% ls -l
```

-l は "ls コマンドの出力を詳細に表示せよ (これを long 形式*という)" という指示である. このような, コマンドの実行に際して, 機能を付与するために追加される情報を**オプション** (option) とよび, ハイフン (-) の後にアルファベットが続いた形式で指定する. オプションの種類はコマンドによって異なる.

* ファイルやディレクトリの情報を詳細に表示する形式で, 通常の形式よりも多くの情報を得ることができる. 一般的には以下の情報が得られる.

- ●**ファイルタイプ**: ファイルタイプやディレクトリなどの種類.
- ●**アクセス権限**: 所有者や, 所有グループ, ほかのユーザに対する読取り (r), 書込み (w), 実行 (x) の権限の有無. ない場合は−と表示される.
- ●**ハードリンクの数**: 複数の場所で共有されているかを示す数字.
- ●**所有者**: 所有者のユーザ名.
- ●**所有グループ**: 所有グループの名前.
- ●**ファイルサイズ**: バイト単位で表示 (GB や MB 表記にする場合は -h オプション).
- ●**最終更新日時**: 最後に更新された日時 (時系列に並べる場合には -t オプション).
- ●**ファイル名・ディレクトリ名**

たとえば, 時系列順に並べてファイルサイズをみやすくしたい場合は以下のように実行する.

```
% ls -lth
```

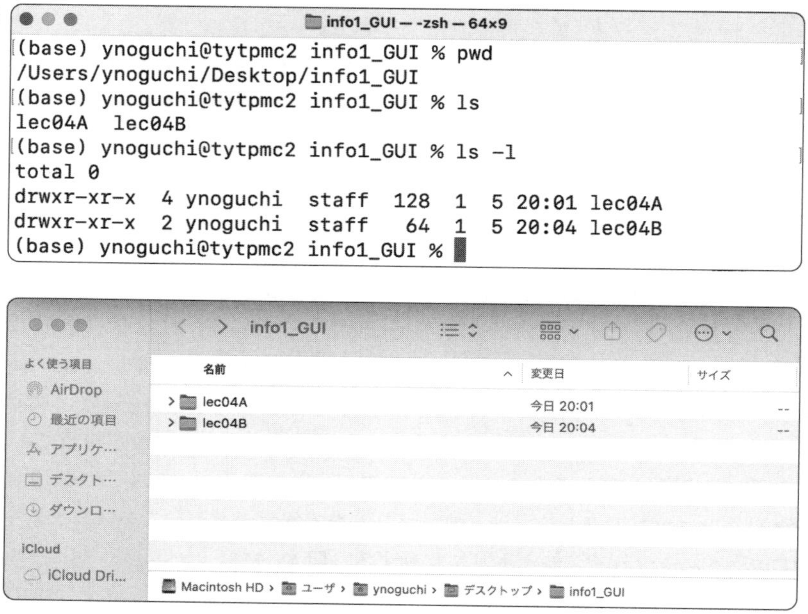

図 4・12　ls コマンドの実行

e. CUI の操作でよくある誤り　　cd コマンドでカレントディレクトリを変更することは, GUI においてクリックしてフォルダを開くことと同じである. そのため, cd コマンドを正しく利用できることが CUI によるコンピュータ操作の最初の一歩となる. しかし, コマンドの入力を間違えることは誰にでもあり, そのとき画面にはエラーメッセージが表示される (図 4・13). 初学者が cd コマンドを利用するときに頻出するエラーメッセージは, no such file or directory: XXXX である. XXXX には入力された任意の文字列が入り, "そのような名前のファイルやディレクトリは存在しない" と記載してある. たいていは, 移動先のディレクトリ名のスペルミスであり, ls コマンドなどを利用してファイル名の確認を行う必要がある.

　しかし, 実際に移動先のディレクトリが存在しないときもある. この場合, カレ

ントディレクトリのパスを誤認していることが多い．cd コマンド利用時は pwd コマンドを併用して，カレントディレクトリが自身の想定と一致しているのか常に確認することが重要である．

　また，command not found: XXXX というエラーもよくみられる．一般的にはコマンドのスペルミスで発生するが，引数やオプションを区切るための半角スペースを入力していない場合も多い．4・4・5a 項で説明したとおり，落ち着いてエラー文を読み，対応することが望ましい．

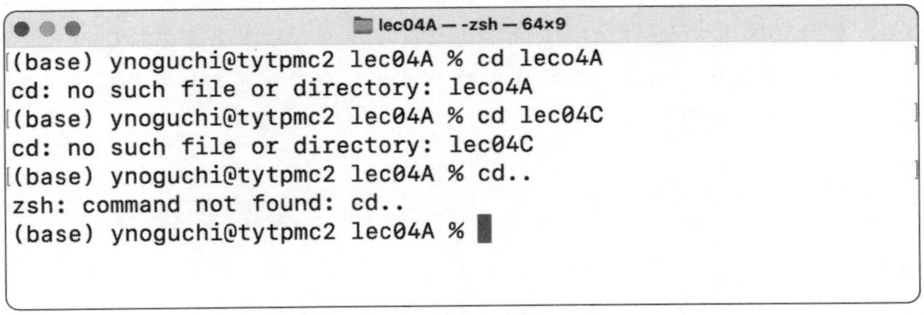

```
● ● ●                 📁 lec04A — -zsh — 64×9
(base) ynoguchi@tytpmc2 lec04A % cd leco4A
cd: no such file or directory: leco4A
(base) ynoguchi@tytpmc2 lec04A % cd lec04C
cd: no such file or directory: lec04C
(base) ynoguchi@tytpmc2 lec04A % cd..
zsh: command not found: cd..
(base) ynoguchi@tytpmc2 lec04A % █
```

図 4・13　頻出するエラーの例

演習 4・3 **CUI によるカレントディレクトリの移動** ─────────
　次の操作を行いなさい（ただし，エラーが出たときに最初からやり直す必要はない）．
1) ターミナルを起動し，pwd コマンドを実行する．
2) そのまま ls コマンドを実行し，Desktop が表示されることを確認する．
3) 以下のコマンドを実行し，カレントディレクトリを Desktop に変更する．ただし，% はプロンプトを示しているだけであり，入力は不要である．

```
% cd ~/Desktop
```

4) pwd コマンドを実行し，1) で出力された絶対パスに Desktop が付け足されていることを確認する．
5) ls コマンドを実行し，デスクトップと出力結果が一致するか確認する．また，info1_GUI というディレクトリがあるか確認する．
6) カレントディレクトリを info1_GUI に変更する．
7) pwd コマンドを実行し，4) で出力された絶対パスに info1_GUI が付け足されていることを確認する．
8) GUI の操作によって info1_GUI フォルダを開き，中身を表示する．
9) ls コマンドを実行し，出力結果がデスクトップに表示されている内容と一致するか確認する．

4・4・6　CUI によるファイルの管理

　本項では，ターミナルを利用したファイル管理の操作として，ディレクトリとファイルの作成，ファイルの複製，ファイルの移動・名前変更について説明する．
a. ディレクトリとファイルの作成　　カレントディレクトリへの新しいディレクトリの作成は mkdir コマンドで行う*．mkdir コマンドは，作成するディレクト

* mkdir は make directory の略である．

リの名前を引数にして実行する*1.

```
% mkdir <ディレクトリ名>
```

*1 例に沿って

```
% mkdir ディレクトリ名
```

を実行すると"ディレクトリ名"という名前のディレクトリが作成されるので注意すること.

たとえば, info1_CUI というディレクトリをつくる場合, 以下のようになる.

```
% mkdir info1_CUI
```

ただし, GUI と同様, 同じ場所に同一名のディレクトリは作成できないため, すでに同一名のディレクトリが存在する場合には File exists というエラーが表示され, 処理が終了する. なおこのとき, ディレクトリは上書きされない.

　また, 何も書かれていないテキストファイル（空ファイル）を作成する際は, touch コマンドを利用する.

```
% touch <ファイル名>
```

　touch コマンドも, ファイル名を引数として入力する. 空ファイルそれ自体は特にデータをもたないが, 第3章で扱ったテキストエディットやメモ帳などのテキストエディタと併用する場合がある.

*2 cp は copy の略である.

b. ファイルの複製　　ファイルの複製には cp コマンドを利用する*2.

```
% cp <複製元のファイル> <複製先のファイル>
```

*3 cp コマンドでは2個の引数を入力しない場合はエラーとなる. しかし, cat コマンド（詳細は付録 A・2 参照）などは, 引数の入力が不十分でも処理は始まるが終了しない. その場合には, 4・4・2 項で示した強制終了を行う.

本コマンドで注意しなければならないのは, 複製元と複製先の2個の引数が必要となることである*3. たとえば, test.txt から test2.txt を複製する場合には,

```
% cp test.txt test2.txt
```

となり, どちらも省略することはできない. また, ディレクトリの複製には -r オプションを利用する*4.

*4 -r オプションの r は recursive の意味がある.

```
% cp -r <複製元のディレクトリ> <複製先のディレクトリ>
```

この場合, ディレクトリ内にあるファイルやディレクトリもすべて複製される.

c. ファイルの移動・名前変更　　GUI では, ファイルの移動はドラッグ＆ドロップ, 名前変更はアイコンのクリックで行った. CUI では, これらの操作は共通して mv コマンドという一種類のコマンドで行う*5. mv コマンドも2個の引数を必要とするコマンドである. mv コマンドを使う際, 二つ目の引数がすでに存在するディレクトリであれば, 一つ目のファイル, またはディレクトリはそこに移動する.

*5 mv は move の略である.

```
% mv <移動するファイル・ディレクトリ> <移動先のディレクトリ>
```

一方, 二つ目の引数が存在しない名前であったり, ディレクトリではない場合, mv コマンドは名前変更として機能する.

```
% mv <名前変更したいファイル・ディレクトリ> <変更後の名前>
```

移動と名前変更が同じコマンドで実行されることを不思議に思うかもしれないが，処理の内容をみれば理解できる．移動では，別のディレクトリに同名のファイルが複製され，元のファイルが削除される．一方，名前変更では，変更後の名前でファイルが複製され，元のファイルが削除される．どちらも同じ二つの処理（ファイルの複製と削除）が行われるが，複製先のディレクトリが元と異なるか同一かの違いである．

演習4・4 **CUIによるファイル操作** ──────────

次の操作を行いなさい（ただし，エラーが出たときに最初からやり直す必要はない）．
1) ターミナルを起動し，カレントディレクトリをデスクトップに変更する．
2) デスクトップに info1_CUI という名前のディレクトリを作成する．
3) カレントディレクトリを info1_CUI に変更する．
4) info1_CUI に lec04A という名前のディレクトリを作成する．
5) info1_CUI に lec04A という名前のディレクトリを再度作成することを試み，File exists エラーが発生し，ディレクトリが作成されないことを確認する．
6) lec04A の複製として lec04B を作成する．
7) カレントディレクトリを lec04A に変更する．
8) カレントディレクトリの絶対パスを表示する．
9) 相対パスを使ってカレントディレクトリをデスクトップに変更する．
10) デスクトップに lec04A という名前のディレクトリを作成する．
11) カレントディレクトリをデスクトップにある lec04A に変更する．
12) カレントディレクトリの絶対パスを表示し，8) との違いを確認する．
13) 相対パスを使ってカレントディレクトリをデスクトップに変更する．
14) デスクトップ上の lec04A を info1_CUI 内の lec04A の中に移動する．
15) GUIで，デスクトップにある info1_CUI フォルダを開き，その内容が info1_GUI と同じであるか確認する．

5 オフィススイートとその利用

本章では，Microsoft Office を例に，オフィススイートとよばれる一連のソフトウェアの概略と，その基本的な使用方法を学ぶ[*1]．ワープロソフトの Word，プレゼンテーションソフトの PowerPoint，表計算ソフトの Excel を順に取上げる．また，5・2 節と 5・3 節では，ソフトウェアの機能についてだけでなく，文章やプレゼンテーションの作成上の注意点やコツについてふれ，ソフトウェアの機能をどのように活用すればよいかについても述べる．

5・1 オフィススイート

オフィススイート（office suite）[*2] とは，一般的なオフィス業務で必要とされるアプリケーションソフトをひとまとめにしたソフトウェア群のことである．ワープロソフト，表計算ソフト，プレゼンテーションソフトのほかに，電子メールソフトやデータベースソフトなどを含めていう場合もある．さまざまなオフィススイートが開発されているものの，Microsoft 社の Microsoft Office が長らくデファクトスタンダードとなっている[*3]．

一般に，同一のオフィススイートに含まれるソフトウェアはデータの連携が容易で，操作性もおおむね統一されている．Word を例に，現在の Microsoft Office で採用されている画面構成を図 5・1 に示す．Microsoft Office の操作は，主として"リボン"とよばれる領域に配置された命令（コマンド）で行う[*4~6]．リボンは"リボンタブ"で切替えることができる[*7]．

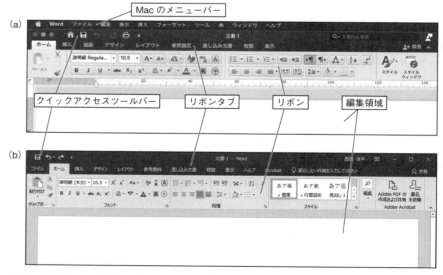

図 5・1 **Microsoft Office（Word）の画面構成** Word for Mac（a）と Windows 版 Word（b）

---

† Microsoft サポート: https://support.microsoft.com/ ja-jp

[*1] Microsoft Office 以外のオフィススイートにもおおむね同等の機能があるので，ほかのオフィススイートを使用する場合は適宜読み替えてほしい．

[*2] スイート（suite）とは"ひとそろい"という意味である．

[*3] デファクトスタンダードとは，事実上の標準という意味である（第 3 章参照）．なお，Microsoft Office 以外のオフィススイートとしては，Apple 社の iWork，ジャストシステム社の JUST Office，フリーウェアの LibreOffice，Google 社の Google Workspace（Google ドキュメント，Google スプレッドシートなど）などがある．

[*4] Mac では画面一番上に常にメニューバーがあり，選択中のアプリケーションソフトに応じたメニューがそこに表示されている．リボンに配置されたコマンドと同等の操作は，このメニューバーから行うこともできる．

[*5] 同じ Word でも，リボンの構成やそこに配置されるコマンドは Mac と Windows でやや異なり，バージョンによっても異なる．特定のコマンド実行時に出現するリボンもあり，ある程度自分でカスタマイズすることも可能である．したがってどこにどんなコマンドがあるかを覚えるよりも，必要に応じて探し出せるようになるとよい．

[*6] リボン内に表示されるコマンドはウィンドウの大きさによっても変化する．たとえ表示されていなくても，適切な場所をクリックすると表示される．

[*7] Microsoft Office の基本的な使い方や作業の効率化のためのヒントは，Microsoft の公式サイト[†]でも得ることができる．

5・2　ワープロソフト

　Microsoft 社のオフィススイートである Microsoft Office には，ワープロソフトとして **Word** が含まれている．

　ワープロソフト（word processing software）とは，文書を作成するためのアプリケーションソフトである．テキストデータの操作を主たる目的としているという点では，第3章で取上げたテキストエディタと似ているが，単に文字を扱うというよりも，**文書**（document）を作成するためのソフトウェアである．

　一般に文書とは，ページという一定範囲の二次元平面上に，文字を主体とした事柄をそのデザインなども考慮して記載したものである．文書では，文字の形や大きさ，色などのデザインのほか，行間や上下左右の余白の取り方など，ページ内でのレイアウトも考慮される．また，文字だけでなく，表や図などの埋込みがなされることも少なくない．

　コンピュータ上でこうした文書のデザインやレイアウトを行い，従来の活字印刷物に近い水準の文書を作成することのできるソフトウェアを **DTP ソフト**（desktop publishing software）とよぶ．出版社などが使用する DTP 専用のソフトウェアも存在するが，ワープロソフトでもかなり細かい設定は可能であり，事実上，現在のワープロソフトは DTP ソフトとしての機能も備えているといえる．

　一方，文書の主たる内容となる文の連なり，すなわち文章の構成を補助するツールとして，**アウトラインプロセッサ**（outline processor）がある．これは逆にページという制約から逃れて，アイデアの論理的な関係性をツリー構造*1 によって整理し，一つの文章として全体を組立てるために役立つ．やはりこの機能に特化したソフトウェアも存在するが，最近のワープロソフトにも搭載されていることの多い機能である．

　Word も，アウトラインプロセッサとしての機能と DTP ソフトとしての機能を備えている．そこで以下では Word を例に，現在のワープロソフトの具体的な機能と，論文やレポートのような文書作成におけるその活用方法をみていく．

▌演習 5・1

1) Word を起動し，白紙の文書を新規作成しなさい*2．
2) ［ファイル］メニューないし［ファイル］タブから，［保存］または［名前を付けて保存］を選択し，ファイル形式を［Word 文書（.docx）］として，任意の名前で任意の場所に保存しなさい．
3) 以降の演習はこのファイルで行い，適宜，上書き保存しなさい．上書き保存には，クイックアクセスツールバーの保存アイコンや，保存のためのキーボードショートカット（Mac では［⌘］+［S］キー，Windows では［ctrl］+［S］キー）*3 を使用するとよい．

5・2・1　アウトラインプロセッサとしての機能

　文章を書く際に，いきなり初めから一文一文を書いていくと，全体として何を言いたいのかわからなくなることが多い．特に論文やレポートとして著される文章で

*1 ツリー構造とは，図書でいえば，章，節，項といった言葉によって整理される以下のような階層構造のことである（10・1・2項の木構造も参照）．
　・第1章
　・・第1節
　・・・第1項
　・・第2節
　・第2章
　・・第1節

*2 操作ガイド　Word ファイルの新規作成は Word の起動直後に可能だが，［ファイル］メニューないし［ファイル］タブからも行うことができる．

*3 操作ガイド　キーボードショートカットとは，マウスを使わずに簡単なキー操作でソフトウェアを操作するための機能である．ショートカットキーともよばれる．多くのアプリケーションソフトで共通に使える次のようなキーボードショートカットは，覚えておくと便利である．
［⌘］+［S］：保存
［⌘］+［W］：閉じる
［⌘］+［Q］：終了（Mac のみ）
［⌘］+［C］：コピー
［⌘］+［V］：ペースト（貼付け）
［⌘］+［X］：カット（切取り）
［⌘］+［Z］：元に戻す
［⌘］+［A］：すべてを選択
［⌘］+［F］：検索
なお，Windows では［⌘］（コマンド）キーの代わりに［ctrl］（control）キーを使う．

は，まず全体の大まかな構成，すなわち**アウトライン**（outline）を決めるとよい.

　論文やレポートで示されるべき事柄は，最も単純にいえば，問いとそれに対する答えである. そして，この両者をいかに説得的につなぐかが鍵となる. よって，文章全体の構成としては，以下のような形式となることが多い.

- 問題提起 → 前提となる事実の提示 → 論理展開 → 結論
- 問題提起 → 結論 → 前提となる事実の提示 → 論理展開（→ 結論）

　すでにある程度明確な主張をもっている場合は，問題提起と結論の間をつなぐ要素に注力すればよい. たとえば，"脳死は人の死だ"という主張を行うには，脳死とはどういうものかという事実を示したあと，それが通常の死と同じであるということを論理的に示していく. 論争的な主張の場合には，自らの主張に対して想定される反論を考慮し，それに反論しておくことも考えるとよい.

　一方，明確な主張が最初にない場合は，テーマに関連して思いつく事柄をとりあえず何でもあげていくとよい. 単語，フレーズ，疑問など，その良し悪しや要不要といった判断はせずに，ひとまず何でも書いていく. そしてひととおり出たら，類似のものをまとめたり，前後関係のあるものを順番にしたりして，項目を整理していく. 重要と感じる疑問点については別途調べてみるとよい. すると次第に主張したい事柄がみえてくるので，先の全体構成を意識しつつ，さらに項目を整理する.

　どちらの場合も紙と鉛筆でこの作業を行うこともできるが，ワープロソフトのアウトラインプロセッサの機能を活用することもできる. Word では［表示］リボンで［アウトライン］を選択することで，この機能を利用することができる[*1].

*1 リボン上のコマンドはアイコンで表現されているが，ポインタを重ねてすこし待つと文字での説明も表示されるので，操作の際のヒントにするとよい.

*2 これは文字列にレベルをつけて階層化することで，文章全体の構成を整えていく作業である.

演習 5・2

演習 5・1 で作成した Word ファイルを用いて，以下の操作を行いなさい.

1) Word のアウトラインプロセッサの機能で，以下のアウトラインを作成しなさい[*2].

【設定レベル】	【入力文字列】
レベル 1	問題提起
レベル 1	結論
標準文字列（本文）	クジラは哺乳類である。
レベル 1	一般的な哺乳類の特徴
レベル 2	胎生であること
レベル 2	母乳で子を育てること
レベル 1	アリストテレスによる観察
レベル 1	生活型と分類学
標準文字列（本文）	クジラは多くの魚類と同じく、生活型はネクトン、すなわち遊泳力の強い水生生物である。しかし、このような生活型は生物学的な種とは関係がない。

*3 アウトラインプロセッサの機能で項目の順番も容易に入替えることができる.

2) レベル 1 だけの表示にし，"結論"の行にカーソルを置いてリボンの ▼（下へ移動）を 3 回クリックして"結論"を一番下に移動させなさい[*3].

3) 表示をすべてのレベルに戻しなさい.

4) [アウトライン表示を閉じる]をクリックし,印刷レイアウトに戻しなさい[*1].

5・2・2　DTP ソフトとしての機能

　アウトラインが整ったら,印刷レイアウトに戻して編集していく.この段階から重要となってくるのが,DTP ソフトとしての機能である.

　Word では,用紙サイズや**余白**(margin)の設定といった文書の大まかな体裁を決めるコマンドは,[レイアウト]リボンに配置されている.

　一方,文字の大きさや**フォント**(font)[*2],色などの書式や,文字列の右寄せや中央寄せ,行間指定といった段落単位の設定の多くは,[ホーム]リボンで行うことができる.文字や段落の体裁変更は,変更したい部分を先にドラッグして選択してから行う.[ホーム]リボンには,本来はみえないが編集の都合上,みえると便利なもの〔空白やタブ,**改ページ**(page break)[*3]など〕を記号表示する[編集記号の表示/非表示]というコマンドもある.

　なお,Word にはフォントや行間などの書式をセットにした"スタイル"とよばれるものも用意されている.アウトラインで"レベル 1"や"レベル 2"といった設定を行った文字列は,"見出し 1"や"見出し 2"というスタイルとひもづけられるため,自動的にほかの文字列とは書式が異なるものとなる.スタイルの変更や,スタイル自体の設定変更[*4]も[ホーム]リボンで行うことができる.

　[挿入]リボンでは,表,画像[*5],**テキストボックス**(text box)[*6]のほか,改ページやコメントなどの挿入ができる.ページ上部の余白部分に相当する**ヘッダー**(header)や,ページ下部の余白部分に相当する**フッター**(footer)の設定,ページ番号の挿入や設定なども,[挿入]リボンで可能である.

　目次は,先のレベルに関するスタイルが設定されていれば,[参照設定]リボンないし[参考資料]リボンのなかのコマンドで自動作成することができる.

演習 5・3

　演習 5・2 につづいて,以下の操作を行いなさい.[レイアウト]リボン,[挿入]リボン,[ホーム]リボンなどから相当するコマンドを探すこと.

1) 用紙サイズを A4 にしなさい.

2) 余白の上を 25 mm,その他(下と左右)を 20 mm に設定しなさい.

3) 文書の最初にカーソルを置き,改ページを挿入しなさい.

4) 編集記号を表示し,3)で挿入した改ページの前で 6 行ほど改行して,"クジラは哺乳類か"という文字列を入力しなさい[*7].

5) さらに改行して,自分の氏名を入力しなさい.

6) 4)で入力した"クジラは哺乳類か"という文字列を任意のゴシック体フォントに変更し,フォントサイズを 22 にして中央揃えにしなさい.

7) 氏名のフォントサイズを 16 にして中央揃えにしなさい.

8) 文書全体を選択し[*8],行間を 1.5 行にしなさい.

9) フッター中央部にページ番号を挿入しなさい.ただし,最初のページ(表紙)には挿入しない設定にすること.

*1 レベルをつけた文字列は,印刷レイアウト表示では左側に黒い点がつく.これは"レベルがついている"という単なる印で,文書中に実際に黒い点がつけられているわけではない.

*2 フォントとは書体のことである.日本語文字のフォントは明朝体とゴシック体に大別できる.前者は縦線が太く横線が細い筆で書いたような書体で,後者はすべての線がほぼ同じ太さの書体である.アルファベットのフォントでは,前者はセリフ(飾りつき)系,後者はサンセリフ(飾りなし)系に相当する.

*3 "改行"が行を改めることであるように,"改ページ"とはページを改めることである.

*4 スタイル自体の設定変更については,付録 B・1 を参照.

*5 画像と文章の位置関係の設定についても,付録 B・1 を参照.

*6 テキストボックスとは,テキストを箱型にまとめて,画像のように任意の場所に置くことのできる機能である.

*7 Word にはさまざまな表紙サンプルが用意されているが,ここでは自分で作成する.

*8 文書全体の選択はドラッグで行ってもよいが,キーボードショートカット(Mac では[⌘]+[A]キー,Windows では[ctrl]+[A]キー)も活用できる.

10) 2ページ目の冒頭に自動作成の目次を入れなさい.

11) "問題提起" という文字列の前（目次の次の行）にカーソルを置き，そこに改ページを挿入しなさい.

12) 改ページを挿入したことで，目次で案内されるページ番号がずれてしまっている. 目次を更新して，これを正しくしなさい.

5・2・3 著作権と引用

説得的な文章に欠かせないのは，結論へと至る論理それ自体の強さだけではない. 自らの主張の補助となるような資料を引用することも大切である[*1].

引用（citation）には，他者の著作物の一部を引用符などで明確にしたうえで直接用いる方法と，自分の言葉に置き換えたり，要約したりして示す方法とがある. どちらの場合でも，著作権には注意しなければならない.

日本を含む現代の多くの国で，**著作権**（copyright）は，著作物を創作することによって自然に発生する権利として考えられている[*2]. copyright という名のとおり，基本的には著作者以外による複製（copy）を制限することのできる権利（right）だが，どんな場合でも複製を禁止していては人類の文化の発展を阻害することになりかねない[*3]. そこで，著作権には一定の制限が認められている. その一つが引用であり，適切な引用であれば，他者の著作物の一部を無断で複製利用（自らの著作物に掲載）することができる.

適切な引用であるために必要な事項をまとめると，次のようになる.

1. 引用箇所は明確にすること
2. 著者名，資料名，URI[*4] など，出典を明記すること
3. 引用箇所は原文のまま手を加えないこと
4. 引用の必然性があること
5. 本文がメイン（主）であり，引用部分がサブ（従）であること

特に 1 や 2 の事項をおろそかにした場合は **剽窃**（ひょうせつ）（plagiarism）とよばれ，社会的な信用に傷がつくだけでなく厳しく処分されることもあるので，注意が必要である[*5,6]. ほかに，原典にあたらずに引用の引用（孫引き）をしない，匿名の Web サイトや記述の信憑性（しんぴょう）を判断するのが困難な Wikipedia などの引用は控えるといった一般的なマナーもある.

引用箇所を明確にする方法の基本は，引用符で囲むことである. 日本語の場合は，一重かぎかっこ（「 」）を用いるのが一般的である. 引用文の一部を省略するときは "（中略）" や "…" といったかたちで明示するとよい. 元の引用文に誤字や脱字があっても原則としてそのまま引用し，"原文ママ" といった言葉を併記する. なお，長い引用の場合は，かぎかっこの代わりに前後 1 行空けたうえで，引用部分を字下げ（インデント）によって示す方法もある[*7].

出典（source）として明記すべきは，情報源を特定するための情報である. 以下に示すように，情報源のタイプによって異なる部分はあるが，基本的には，誰が，どこで，いつそれを言ったのかを明らかにする情報である.

---

*1 さらにいえば，特に学問の場においては先行研究の引用も必須のこととなっている. 学術研究は先人の成果の上に積上げられていくものだからである.

*2 著作権を得るのに何も手続きがいらないという意味で，無方式主義とよばれる.

*3 実際，日本の著作権法の第一条には，この法律の究極的な目的は "文化の発展に寄与すること" にあると明記されている.

*4 URI については第 8 章を参照. ここでは URL と捉えて差支えない.

*5 いわゆる "コピペ" の学生レポートも例外ではない. 剽窃の "窃" は窃盗の "窃" と同じである.

*6 とはいえ，失敗を恐れて創作を躊躇（ちゅうちょ）してしまっては本末転倒である. 自らの著作物もまた著作権保護の対象となるということを意識するとよい.

*7 インデントの設定については，付録 B・1 を参照.

- **図書**: 著者名，『書名』，版，出版者(社)，出版年，ページ番号など
- **論文・記事**: 著者名，「タイトル」，『掲載誌名』，巻号，刊行年，ページ番号など
- **Web ページ**: 著者名，「タイトル」，サイト名，URI，作成日，参照年月日[*1] など

Web ページの場合は著者や作成日が不明な場合も少なくないが，それはその分，その情報源の信頼性が低いということである．すくなくとも URI と参照年月日（自分が閲覧するために実際にアクセスした日）は明確にすべきである．

　出典の掲載場所は，文中，当該ページの**脚注**（footnote），**文末脚注**（endnote），本文後の**参考文献**（reference）欄など，いくつか可能性がある．脚注などは，Word では［参照設定］リボンないし［参考資料］リボンで設定することができる．

> *1 図書や論文の内容は，読者が閲覧したタイミングで変化することは通常ないが，Web ページの内容は変化する可能性があるため，自分が実際にアクセスして閲覧した年月日もあわせて記録する必要がある．

演習5・4

演習 5・3 につづいて，以下の操作を行いなさい．
1) "しかし，このような生活型は生物学的な種とは関係がない。" という文の後ろにカーソルを置き，その後に "ネクトンは「水生生物に見られる多様な生活様式を類型化する場合に把握される生態群で，生物の種を類別する概念ではない」のである。" と入力しなさい[*2]．
2) "「水生生物に見られる……概念ではない」" の後（引用の終わりかぎかっこの直後）にカーソルを置き，脚注（文末脚注ではない）を挿入しなさい[*3]．
3) 脚注欄（ページ下部に挿入された脚注番号の右側）に "八杉龍一 ほか 編，『岩波生物学辞典』，第 4 版，岩波書店，1996，p.1055." と入力しなさい．

> *2 "水生生物に見られる多様な生活様式を類型化する場合に把握される生態群で，生物の種を類別する概念ではない" の部分が引用箇所である．

> *3 出典明記のための脚注は，通常，引用の終わりかぎかっこの直後に挿入する．

5・2・4　レポート作成のためのヒント

　本節の最後に，レポート作成のためのその他のヒントを述べておく．

　文章の書き方については多くの書籍が出版されているので，自分に合いそうなものを探して一冊でも読んでおくとよい．よく指摘される小さなコツとしては，一文を長くしすぎない，一段落一アイデアで書く，事実と意見を区別する，自分の意見と他人の意見を峻別する，接続詞を適切に使う，などがある．

　レポートでは文字数の目安が指定されていることが多いが，Word では文書全体の文字数がウインドウ左下に常時表示されている．任意の範囲の文字数をカウントするには，カウントしたい範囲をドラッグして選択すればよい．さらに詳細な文字カウントは，［校閲］リボンの［文字カウント］で行うことができる．

　文書を電子的に提出する際は，［名前を付けて保存］でファイル形式を［PDF］に変換するとよい．**PDF**（portable document format）は，異なる環境でも再現性があり，かつ編集もされにくいファイル形式である．Word 文書を紙に印刷したのと同様の状態を，電子的に保持することができる．

演習5・5

演習 5・1〜5・4 を通じて作成した Word ファイルを PDF ファイルに変換しなさい．

5・3 プレゼンテーションソフト

　プレゼンテーションソフト（presentation software）とは，プレゼンテーションで使用する資料を作成，表示するためのアプリケーションソフトである．

　現代のプレゼンテーションは，プレゼンターとなる人が資料を用意し，それをプロジェクターで投影したり，大型のモニタに表示したりしながら発表する形式が一般的である．この投影ないし表示させる資料一画面分に相当するのが**スライド**（slide）で，それを複数枚用意して紙芝居のように順次表示させることを**スライドショー**（slideshow）とよぶ．一般にプレゼンテーションソフトは，スライド形式の資料を作成する機能と，それをスライドショーとして表示する機能をもつ．

　Microsoft Office には，プレゼンテーションソフトとして **PowerPoint** が含まれている．

5・3・1 プレゼンテーションの原則

　プレゼンテーション，略してプレゼンは，現代人にとってますます身近なものとなってきている[*1]．プレゼンのための心構えやプレゼンの基本的方法についての情報源も，書籍，動画，Web サイトなど，すでにさまざま存在している．

　とはいえプレゼンは，それを行う場や聴衆によってその成否が大きく左右される行為でもあるため，一般的な正解を示すのは容易ではない[*2]．よってここでは，プレゼンのあくまで原則的な部分に絞って要点を確認しておこう．手がかりとするのは，日本の学問界において早々にプレゼンの重要性を指摘した松田卓也氏による"プレゼン道入門"[*3] である．

　これによれば，プレゼンとは聴衆の前でただ漫然と話すことではない．自分の意見や主張を聴衆に納得させることであり，ひいては自分自身の売込みをはかることである．そのようなよいプレゼンであるためには，以下のような原則を意識する必要があるとされる[*4]．

- プレゼンは重要であると認識すること
- 聴衆の立場ですべてを考えること
- 結論は先に，理由は後で述べること
- スライドは簡潔に，字は大きくして，図や写真を多用すること
- アイコンタクトを意識して，聴衆の方を向いて話すこと
- 時間超過をしないこと

　これらはすべて，聴衆に納得感を与えるためにあるという点に注意しよう．プレゼンでは，話の内容それ自体を正しく理解してもらう必要は必ずしもない．その場限りであったとしても，聴衆を納得させられれば成功である．これは論理性が重視され，必要に応じて繰返し読まれるような文書とはまったく異なっている．華やかなプレゼンがもてはやされる時代であるからこそ，その否定的な側面にも自覚的である必要がある．

[*1] 世界的に有名なプレゼンイベントとして，米国の非営利団体が主催する TED（テッド）がある．

[*2] したがって，プレゼンのスキル向上に最も役立つのは経験であるといえるだろう．

[*3] 松田卓也，「プレゼン道入門：よりよい科学的プレゼンテーションを目指して」，『素粒子論研究』，99 巻，2 号，1999，p. B10-B17.
https://doi.org/10.24532/soken.99.2_B10

[*4] これは要約であり，一部を抜粋，時代に合わせて改変している．

5・3・2　スライド作成の原則

　一方，スライド作成に限ってみれば，以下のような原則が提示されている[*1].

● 大きな字で書くこと
● 文を書くより簡潔な語句にまとめること
● 表は項目を精査してみやすくすること
● グラフや図，写真を効果的に使うこと
● 適切な色使いをすること

　重要な点は，スライドはあくまでプレゼンを補助するツールであって，メインはプレゼンターの語りであるという点である．スライドはなるべく簡潔に，みやすく，わかりやすいデザインにしなければならない．

　PowerPoint の［デザイン］リボンには，すべてのスライドに統一感をもたせるため，特定のフォントや色，背景などをセットにした"テーマ"とよばれるパターンが用意されている[*2]．視覚的に統一されることでスライドは基本的にみやすくなるが，デフォルトのフォントサイズが小さめであったり，背景の色と字の色が区別しづらいものであったりすることもあるので，注意が必要である．

　PowerPoint では，1枚目のスライドは自動的に"タイトルスライド"というレイアウトに，2枚目以降は"タイトルとコンテンツ"というレイアウトに設定される．これは［ホーム］リボンの［レイアウト］コマンドで変更することができる．たとえば，"一般的な哺乳類の特徴"というタイトルをつけたスライドを"2つのコンテンツ"というレイアウトに変更すると，二つのコンテンツを横に並べて示すレイアウトにすることができる（図5・2）．

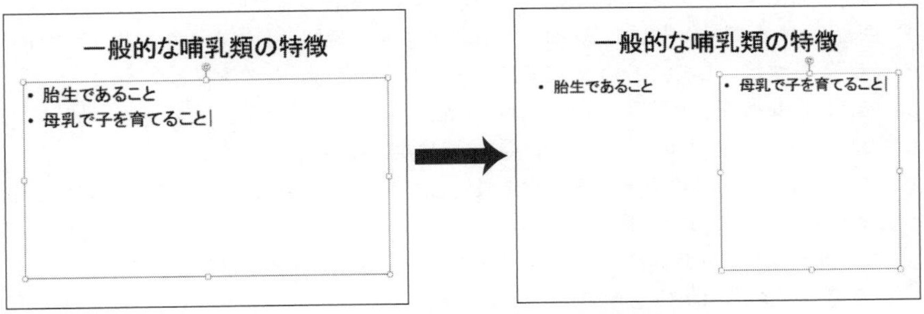

図 5・2　スライドのレイアウト変更[*3]

　スライド内で示すテキストは，レイアウトの中で"テキストを入力"などと表示されている箇所をクリックすれば，そのまま入力できる．ただし，通常の文をそのまま入力することは避けなければならない．スライドでは"文を書くより簡潔な語句にまとめる"べきだからである．引用文はむやみに改変することはできないが，前後を省略するなどして，より簡潔に示すとよい（図5・3）．

　テキストの位置を自由に決めたい場合は，テキストボックスとして独立させる．テキストボックスは［挿入］リボンで選択し，挿入したい箇所でドラッグして作成する[*4]．［挿入］リボンでは［スライド番号］を挿入することもできる．

---

*1 これも要約であり，一部を抜粋，時代に合わせて改変している．"プレゼン道入門"は，透明の OHP（overhead projector）シート（トランスペアレンシー）を OHP で投影してプレゼンしていた時代に書かれている．

*2 テーマを後から変更すると，フォントサイズやコンテンツの配置などの調整をやり直さなければならないことが多いので，一度決めたテーマはなるべく変えない方がよい．

*3 スライドサイズのデフォルトは［ワイド画面（16：9）］だが，ここでは［標準（4：3）］にしている．スライドのサイズは［デザイン］リボンで変更できる．

*4 テキストボックスを削除する場合は，テキストボックスの枠の部分をクリックして［delete］キーを押す．

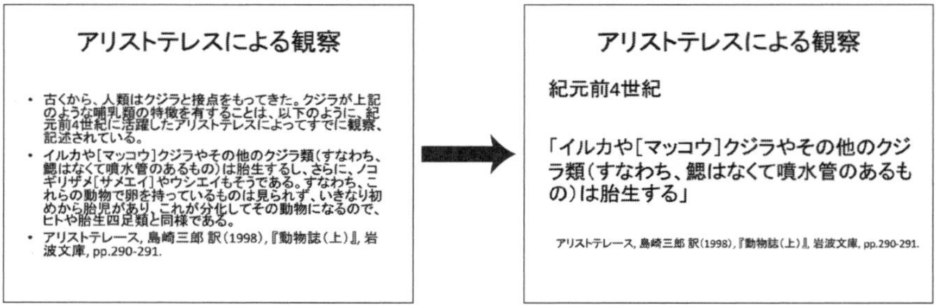

図 5・3　文を書くより簡潔な語句にまとめる

一般に，スライド1枚当たりの説明時間は1分程度が適切といわれている．内容によってはもっと時間をかけることもあるが，なるべく簡潔にするという意味でも，一つのスライドで示す内容は絞った方がよい[*1]．いずれにしても事前によく練習をして，持ち時間に合ったスライド枚数にしておく．

スライドショーは，［スライドショー］リボンで実行することができる[*2]．途中でやめたい場合は［esc］キーを押す．戻るのに便利なのは，左矢印［←］キーである．

*1 一つのスライドの内容を二つのスライドに分割する場合は，おのおののスライドに固有なタイトルをつけた方がよい．まったく同じタイトルのスライドが複数枚あると，わかりにくくなるからである．

*2 ［スライドショー］リボンには［リハーサル］コマンドもあるが，リハーサル後にタイミングを記録すると，本番でもそのタイミングで自動的に次のスライドへと進んでしまうため，気を付けた方がよい．

*3 ファイルの保存の仕方はWordと同じである．

演習 5・6

1）PowerPoint を起動し，新しいプレゼンテーションファイルを新規作成しなさい．
2）ファイル形式を［PowerPoint プレゼンテーション（.pptx）］として，任意の名前で任意の場所に保存しなさい[*3]．以降の演習はこのファイルで行い，適宜，上書き保存しなさい．
3）［表示］リボンから［アウトライン表示］を選択し，ウインドウの左側に表示される 1▨ の右側に“クジラは哺乳類か”と入力して，改行しなさい．
4）演習5・4までで作成した Word ファイルを開き，最初のレベル1の見出し（“問題提起”）をコピーして，2▨ の右側にペースト（貼付け）して改行しなさい．
5）同様に，レベル1の見出しを順にコピー＆ペーストして改行しなさい．
6）“結論”までペーストしたら，［標準］表示に戻しなさい．
7）［デザイン］リボンで任意のテーマを設定しなさい．必要に応じて，リボン右側から任意のバリエーションを選びなさい．
8）“一般的な哺乳類の特徴”というスライドを“2つのコンテンツ”というレイアウトに変更しなさい（図5・2参照）．
9）“生活型と分類学”というスライドのコンテンツ部分に Word の該当箇所の文章をコピー＆ペーストし，それを簡潔なかたちに直しなさい（図5・3を参考にするとよい）．
10）スライド番号をすべてのスライドに挿入しなさい．
11）スライドショー機能で全体を確認しなさい．

5・3・3　視覚的表現のためのヒント

本節の最後に，視覚的表現のためのその他のヒントを述べておく．

プレゼンでは，文字だけでなくグラフや図，写真といった視覚的にわかりやすい

表現が推奨される. PowerPoint に限らず Word や Excel のような Microsoft Office のアプリケーションには, 矢印や星形などの "図形" や, 図示を助ける "SmartArt" などが共通して用意されている. これらは [挿入] リボンで選択し, 挿入したい箇所でドラッグして作成, 利用することができる.

　次節で説明する Excel の表やグラフは, PowerPoint スライドに直接コピー & ペーストで挿入することもできる. 写真やイラストなどの画像もコピー & ペーストで挿入できるし, 画像ファイルであればドラッグ & ドロップで挿入することもできる[*1].

　また, スライド中のテキストや図には, [アニメーション] リボンでアニメーションをつけることができる. 単に動かすというよりも, 最初は隠しておき, 説明に合わせて表示させていくという使い方がよくされている. アニメーションは使い方によっては有効だが, 多用しすぎると視覚的にうるさく感じることもあるので注意したい. アニメーションに類似した機能として, スライドの切替えに独特の効果をつける [画面切り替え] もある[*2].

*1 オンライン画像の挿入や Web 検索を通じた画像の入手については, 付録 B・2 を参照.

*2 アニメーションと画面切替えの設定についても, 付録 B・2 を参照.

5・4　表計算ソフト

　表計算ソフト (spreadsheet software) とは, 作表, 計算, データ分析などに用いられるアプリケーションソフトである. その編集領域には**セル** (cell) とよばれるマス目が縦横に並んでおり, 各セルに数値や文字列, 数式や関数などを入力できるようになっている. 数式や関数を入力すると, 自動的に計算されてその結果が返される.

　セルの横の集まりは**行** (row), 縦の集まりは**列** (column) とよばれる. またその全体は, **スプレッドシート** (spreadsheet), または単にシートという.

　Excel は, Microsoft Office に含まれている表計算ソフトである. Excel では, グラフの作成や比較的高度な統計分析も行うことができる. 本書では紙幅の都合上, 取上げることができないが, **VBA** (Visual Basic for Applications) とよばれる言語を用いたマクロプログラミングによる自動化処理も可能である.

5・4・1　スプレッドシートとデータ構造

　ところで, 単なる計算ソフトではなく, なぜ "表" 計算ソフトなのだろうか. これについては, たとえば家計簿のようなものを想像してみるとよいだろう. 食費や光熱費, あるいは先月の出費, 今月の出費というように, 人間は生活上, 単一の数値よりも何らかのかたちで系列化された数値を用いることの方が多い. 系列化された数値は, 縦や横に並べて管理すると都合がよい. そもそもスプレッドシート (spreadsheet) とは, 直訳すると "広がった紙" である. 紙のように縦横二次元に並んだセルを使ってメモをしながら計算するイメージである.

　Excel では, 行とよばれる横方向のセル集合には 1, 2, 3, … という行番号が, 列とよばれる縦方向のセル集合には A, B, C, … という列番号が振られている. これによって A 列の 1 行目のセルは A1 セル, B 列の 2 行目のセルは B2 セルというように, 個々のセルを一意に特定できるようになっている. A1 や B2 といったセル

の場所を特定する番号は，**セル番地**（cell address）とよばれる．

　ちなみに，このような計算ソフトの基本形が縦と横だけの二次元であるということについては，純粋に論理的な理由はないというべきだろう[*1]．実際，データ構造としては三次元以上のデータも少なくない．食費や光熱費のようなカテゴリーの軸に，先月や今月といった時間軸，さらにAさん，Bさん，Cさんのような各人の軸を加えればすでに三次元である．表計算ソフトでこのようなデータを扱うときは，複数の表に分けるなど，二次元で表現する工夫が必要となる．

演習5・7

1) Excel を起動し，空白のブック[*2]を新規作成しなさい．
2) ファイル形式を［Excel ブック（.xlsx）］として，任意の名前で任意の場所に保存しなさい．以降の演習はこのファイルで行い，適宜，上書き保存しなさい．
3) B1 セルに"授業料"と入力して［return］キーを押しなさい[*3]．
4) つづいて，以下のように各セルに文字列または数字を入力しなさい．数字は半角で入力すること[*4]．

	A	B	C	D
1		授業料	入学料	施設設備費
2	1年次	930943	245951	180186
3	2年次	930943	0	180186
4	3年次	930943	0	180186
5	4年次	930943	0	180186

5) B2 セルから D5 セルまでをドラッグして選択し，［ホーム］リボンでこれらのセルの書式設定（表示形式）を桁区切り（,）を使用したかたちに変更しなさい[*5]．
6) A1 セルから D5 セルまでをドラッグして選択し，［ホーム］リボンでこれらの範囲に格子状の罫線をつけなさい[*6]．

5・4・2　数式と関数

　Excel では，**数式**（formula）は必ず＝（半角のイコール）で始める．加法は＋，減法は－，乗法は＊，除法は /，べき乗は ^ で表す．優先させたい演算は（）でくくる．いずれも数字と同じく半角で入力する．

　数式は，"＝1＋2"のように直接数字で表現することもできるし，"＝A1＋B2"のようにセル番地で表現することもできる．後者のように数式のなかでセル番地を指定することを，**セル参照**（cell reference）とよぶ[*7]．この場合，セル番地によって指定されているセルの値が参照されたうえで計算される．たとえば，A1 セルに"1"が，B2 セルに"2"が入っていれば，"＝1＋2"として処理される[*8]．

　通常，セル参照を行っている数式をコピーしてほかのセルにペーストすると，コピー元のセルを基準とした参照先のセルの相対的な位置がペーストされる．たとえば，B6 セルにおける"＝B2＋B3＋B4＋B5"という数式をコピーして C6 セルにペーストすると，"＝C2＋C3＋C4＋C5"という数式に自動的に変換される（図5・4）．これはコピー元である B6 セルを基準とした参照先のセルの相対的な位置（自

分自身の直上に 4 連続で存在するセル番地）がペーストされたということである．
このような相対的なセル参照の形式を**相対参照**（relative reference）とよぶ．

	A	B	C	D
1		授業料	入学料	施設設備費
2	1年次	930,943	245,951	180,186
3	2年次	930,943	-	180,186
4	3年次	930,943	-	180,186
5	4年次	930,943	-	180,186
6	合計	=B2+B3+B4+B5		

B6 セルをコピーして
C6 セルにペースト

	A	B	C	D
1		授業料	入学料	施設設備費
2	1年次	930,943	245,951	180,186
3	2年次	930,943	-	180,186
4	3年次	930,943	-	180,186
5	4年次	930,943	-	180,186
6	合計	3,723,772	=C2+C3+C4+C5	

図 5・4　相 対 参 照

　これに対して絶対的なセル参照の形式は，**絶対参照**（absolute reference）とよばれる．Excel では，列番号と行番号の前に ＄（半角のドル記号）をつけることで，絶対参照にすることができる．たとえば “＝B2” といったかたちである．これはどこにコピー & ペーストしても “＝B2” のままとなり，参照先は常に（絶対的に）B2 セルとなる．なお，列番号だけを固定する “＝$B2” や，行番号だけを固定する “＝B$2” といった参照形式も可能で，これは**複合参照**（mixed reference）とよばれている[*1]．

　数式には，**関数**（function）を指定することもできる．表計算ソフトにおける関数とは，**引数**（argument, parameter）とよばれる特定の値を使用して，特定の処理を行う式である．数学ではしばしば $y=f(x)$ というかたちで関数を表現するが，表計算ソフトにおける関数の仕組みもこれと同じで，x のような入力値として引数を与えて，y のような出力値として特定の処理結果を得ることができる．f に相当するのが関数名で，どんな引数をどれくらいとるかはその関数によって異なる．

　Excel における関数の一般的な書式を表現すると，以下のようになる．

$$＝関数名（引数 1, 引数 2, \cdots, 引数 n）$$

関数は数式の一部でもあるので，数式と同じく ＝ で始める．その後に関数名，左かっこ，引数，引数を複数与える場合はカンマ区切りで次の引数と続き，最後に右かっこで閉じる[*2]．関数名や記号類は原則としてすべて半角で入力する．

　簡単な関数として，たとえば引数の合計（和）を返す関数 SUM や，引数の平均値を返す関数 AVERAGE などがある．SUM や AVERAGE が関数名で，引数は数値や数値が入力されているセル番地（セル参照），あるいはセル範囲とする．**セル範囲**（range of cells）とは，連続する一定範囲のセルのまとまりで，その最初と最後

*1 **操作ガイド** セル参照にカーソルがある状態で，Mac では［⌘］＋［T］キーを，Windows では ［F4］キーを繰返し押すと，相対参照から絶対参照へ，絶対参照から複合参照へと切替えることができる．

*2 π（円周率）の値を返す PI 関数のように引数が不要な関数もあるが，その場合でも “＝ PI()” のようにかっこは必要である．

*1 "＝SUM(B2:D2)"は，カンマ区切りで"＝SUM(B2, C2, D2)"とするのと同じである．

*2 関数の引数として文字列を与えたり，数式の一部に文字列を含めたりするには，文字列をダブルクォーテーションで囲む（例："りんご"）．

*3 付録B・3では，頻度分布として複数の結果を返す関数や，関数の入れ子構造によって成績を自動判定する方法を紹介している．

*4 数式バーが表示されているとセル内の数式の確認がしやすい．

*5 セル参照したセルをダブルクリックすると，参照先のセルが色付き表示される．変更を加えずに元に戻るには[esc]キーを押す．

*6 B6, C6, D6を交互に選択して数式バーに表示される数式を見比べ，相対参照の意味を確認してほしい．図5・4も参照．

*7 ここでも相対参照となることを数式バーで確認してほしい．

*8 右記の値は，2016年秋に行われた全国の大学生約5,000人を対象としたインターネット調査の結果（平均値）である（ベネッセ教育総合研究所"第3回大学生の学習・生活実態調査"速報版より）．秋の調査であるため本来は後期の値のみだが，ここでは前期も同じ値とした．これらはすべて，自分の過去あるいは現在の履修科目数や，将来の予想値に置き換えてみるとよい．

*9 ここでは1科目当たりの授業回数を14回と想定している．

*10 変更後の式のように絶対参照にすると先の問題はなくなる．なお，本来は2年前期以降の値はその年次の授業料を参照すべきだが，同じ数値であるためここでは省力化している．

のセル番地を：（コロン）で区切って指定したものである．たとえば，B2セルからD2セルの範囲に入力されている数値の合計を出したい場合は，"＝SUM(B2:D2)"と入力する[1]．

関数を使うと，単純な数値計算だけでなく，さまざまな複雑な処理を行うこともできる．Excelのすべての関数は［数式］リボンで確認できる．標準偏差や相関係数を求めるような統計関係の関数や，利息計算のような財務関係の関数，文字列を操作するための関数などもある[2,3]．

演習5・8

演習5・7で作成したファイルを用いて，以下の操作を行いなさい．

1) ［表示］リボンで［数式バー］にチェックがついていることを確認しなさい．ついていなければチェックしなさい[4]．

2) A6セルに"合計"と入力し，B6セルに"＝B2+B3+B4+B5"と入力しなさい[5]．

3) B6セルをコピーした後，C6セルとD6セルをドラッグして選択し，ペーストしなさい[6]．

4) E1セルに"合計"と入力し，E2セルに，B2セルからD2セルの範囲の数値の合計（和）が表示されるような関数を入力しなさい．なお，引数はセル範囲とすること．

5) E2セルをコピーした後，E3セルからE6セルまでをドラッグして選択し，ペーストしなさい[7]．

6) A8からB14の各セルに，右のように入力しなさい[8]．

7) C8セルに"1回当たりの授業料"と入力し，C9セルに"＝B2/(B9*14)"と入力しなさい[9]．

	A	B
8		履修科目数
9	1年前期	13.3
10	1年後期	13.3
11	2年前期	12.2
12	2年後期	12.2
13	3年前期	9.4
14	3年後期	9.4

8) C9セルをコピーした後，C10セルからC14セルまでをドラッグして選択し，ペーストしなさい．このペーストでは，C13セルは極端な値に，C14セルは値なし，もしくは0になる．なぜそうなったのか，参照先のセルを確認して理解すること．

9) C9セルの式を"＝B2/(B9*14)"に変更し，再びコピーしてC10セルからC14セルにペーストしなさい[10]．

10) A15セルに"平均"と入力し，B15セルに，B9セルからB14セルの範囲の数値の平均値が表示されるような関数を入力しなさい．

11) B15セルをコピーし，C15セルにペーストしなさい．

5・4・3 データの作成と分析

表計算ソフトは入力されたデータを系列化して扱うことに長けているが，何らかの規則性に基づく連続データを表計算ソフト上で作成することもできる．Excelには，これを簡単に行うための**オートフィル**（auto fill）とよばれる機能がある．

例として，1行目に0から100まで，10刻みの連続データを作成することを考えよう．まず，A1セルに"0"を，B1セルに"10"を入力する．そして，A1セルとB1セルをドラッグして選択した後，その右下の角にポインタを重ねる．すると，

ポインタが黒い十字に変わるので，その状態でマウスをプレスし（押したままにし），横方向に K1 セルまでドラッグして完成である（図 5・5）[*1].

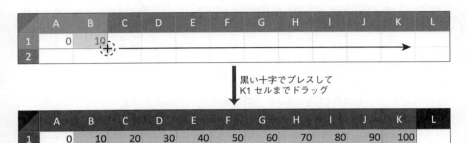

図 5・5　オートフィル

どのような連続データとなるかは，最初の二つのセルへの入力値から自動的に判断される[*2]．列方向に作成することも可能である．たとえば，A1 セルに "1" を，A2 セルに "2" を入力すれば，列方向に 1, 2, 3, 4, … という連続データを作成できる．A1 セルに "1"，A2 セルに "3" なら，1, 3, 5, 7, … となる．

連続データを活用すれば，Excel 上で簡単に数値シミュレーションを行うことができる[*3]．たとえば，ある時間における何らかの値を式で表すことができるのならば，連続データとして時間を作成し，相対参照で時間を参照する式を一つだけつくって，あとはコピー＆ペーストすればよい．

そうして作成したデータはある値の時間的推移を表しているから，グラフ化してその傾向を分析できる．Excel ではさまざまなタイプの**グラフ**（chart）を作成することができる．グラフ化したいデータを選択し，［挿入］リボンでグラフの種類を決めるだけである．細かい設定は，グラフを選択しているときに出現するリボンを使うか，グラフの中の編集したい部分をダブルクリックすればよい．

演習5・9

演習 5・8 につづいて，以下の操作を行いなさい．

	A	B	C
1		条件1	条件2
2	初期個体数 x0	100	1
3	増殖率 m	1	2

1) ウインドウ下方の ＋ 印をクリックして新しいシートを作成しなさい．
2) 新しいシートの A1 から C3 の各セルに，上のように入力しなさい．
3) E1 セルに "時刻 t" と入力しなさい．
4) E2 セル以降の E 列に，0 から 6 まで，0.05 刻みの連続データを作成しなさい．
5) F1 セルに "個体数の変化（条件 1）"，G1 セルに "個体数の変化（条件 2）" と入力しなさい．
6) F2 セルに "＝B$2＊" と入力し，そのまま確定せずに続けて［数式］リボンの［数学/三角］の中の［EXP］を選択しなさい[*4]．
7) EXP 関数の引数として，"B$3＊$E2" を入力し，確定しなさい[*5]．
8) F2 セルを F122 セルまで下方向にコピー＆ペーストしなさい．

[*1] ［ホーム］リボンの［フィル］に［連続データの作成］コマンドがあり，ここでデータの作成範囲や加算，乗算などの連続データの種類，停止値などを設定して利用することもできる．

[*2] 一つのセルだけを選択した状態でドラッグすると，その値のただのコピー＆ペーストになる．

[*3] 次の演習 5・9 では，以下のような生物の単純増殖モデルを例に，数値シミュレーションを行う．

細菌であれネズミであれ，一般に生物の増殖速度は個体数に比例する．これは以下の微分方程式で表せる．

$$\frac{dx(t)}{dt} = mx(t)$$

ここで t は時刻，$x(t)$ は時刻 t における個体数，m は個体当たりの増殖率（マルサス係数）である．これを変数分離法とよばれる数学的方法で解くと，次の式が得られる．

$$x(t) = x_0 e^{mt}$$

x_0 は時刻 0 における個体数（初期個体数）であり，定数である．この式は，特定の時刻における個体数を表しているので，これを時刻への相対参照形式で記述し，時刻を連続データとして作成すれば，個体数の時間的推移を数値的に算出することができる．

[*4] このようにして［数式］リボンから関数を探すことができる．EXP は e を底とする，べき乗を求める関数である．

[*5] B$2 や B$3 は，列は相対参照で行は絶対参照という複合参照である．同様に $E2 は，列は絶対参照で行は相対参照という複合参照である．これは以下の手順にあるようにコピー＆ペーストでほかの値を作成するために指定している．

9) F列からのコピー＆ペーストでG列に値を入力しなさい.

10) E1セルからF122セルまでをドラッグして選択し, [散布図 (平滑線)] というタイプのグラフを作成しなさい.

11) 作成したグラフの水平方向軸をダブルクリックして, 目盛の最大値を6に変更しなさい.

12) グラフ選択中に出現する [グラフのデザイン] リボンで, 横軸と縦軸のラベルという [グラフ要素を追加] し, それぞれ "時刻t", "個体数x" としなさい.

13) 条件1と条件2の個体数変化を比較できる一つのグラフを作成しなさい[*1].

14) パラメータ (B2, B3, C2, C3セルの値) をいろいろ変えて, グラフの変化を確認しなさい[*2].

*1 E1セルからG122セルまでを選択してグラフ化すればよい.

*2 F列, G列の式はセル参照を用いて書いているため, 参照先のセルの値が変われば再計算され, グラフも再描画される.

5・4・4　外部データの利用

最後に, 外部に存在するデータを表計算ソフトに取込んで利用する方法について解説する.

データの表現形式にはいろいろあるが, データをカンマ (,) で区切って並べただけの **CSV** (comma separated values) とよばれる形式は, 単純で汎用性があり, 広く用いられている. したがって, CSVファイルはExcelで直接開くこともできるようになっている[*3]. しかし, CSVファイルの実体はテキストファイルであるため, そのままではExcelの機能で加工した部分は保持されない. [名前を付けて保存] で, ファイル形式を [Excelブック (.xlsx)] に改める必要がある.

*3 Macの場合, CSVファイルはデフォルトでiWorkに含まれる表計算ソフトNumbersで開くようになっている. Excelで開く場合は, ファイルを右クリックして指定する.

既存のExcelファイルにCSVなどの外部データを**インポート** (import) して利用することも可能である. この方法では, カンマ以外の区切り記号が使われている場合や, 文字コードの指定などにも対応できる. インポート関連のコマンドは [データ] リボンにある.

一つのシートに大量にデータがある場合は, それらを確認するだけでも大変である. そこでExcelには, シートの特定の部分を固定表示したまま, 残りの部分をスクロールできるようにする**ウィンドウ枠の固定** (freeze panes) という機能がある. これは [表示] リボンで設定でき, 上側や左側によくある見出し部分だけいつでもみえるようにする, といった使い方ができる.

また, 指定する条件に該当するデータのみに絞り込んで表示する**フィルター** (filter) 機能も活用できる. データが存在する任意のセルを選択した状態で [データ] リボンの [フィルター] コマンドをクリックすると, 表の見出し部分がドロップダウンリストボックスに変化し, 選択肢から絞り込み対象とするデータを選べるようになる. フィルターの機能でデータの**並べ替え** (sort) も可能である[*4]. 並べ替えには, 小さい値から大きい値に向かう (アルファベットであればAからZに向かう) **昇順** (ascending order) と, その逆の**降順** (descending order) の2種類がある.

*4 並べ替えは, フィルターを用いなくても [データ] リボンや [ホーム] リボンのコマンドで別途実行することもできる. 並べ替えについては付録B・3も参照.

[ホーム] リボンにある**条件付き書式** (conditional formatting) は, フィルターと類似した機能で, データを簡単に分析したいときなどに重宝する. 指定した条件に応じて, 各セルの書式が自動的に変更されるよう設定することができる.

演習 5・10

1) 気象庁の Web ページ[†]から，二酸化炭素濃度の月平均値のデータファイル（CSV 形式）を探してダウンロードしなさい[*1].

2) ［データ］リボンから適切なコマンドを探し，ダウンロードした CSV ファイルを新しいシート（新しいブックではない）にインポートしなさい．区切り記号は "カンマ（コンマ）" とし，文字化けしないような文字コードを選択すること．

3) C2 セルを選択した状態で，ウィンドウ枠を固定しなさい[*2].

4) 下方向にスクロールして，2011 年 4 月のデータが欠損していることを確認しなさい．

5) フィルターを設定し，1 月のデータのみを表示させなさい．

6) フィルターを使って，二酸化炭素濃度の月平均値を降順にしなさい．

7) 条件付き書式を使って，二酸化炭素濃度の月平均値が 400 以上のセルの書式を赤く目立たせなさい．

*1 Web ブラウザによっては，ダウンロードされずにブラウザ上で表示されるかもしれない．その場合は一度前のページに戻り，データファイルのリンクを右クリックしてファイル保存を選択するとよい．

*2 選択箇所（この場合は C2 セル）の上側と左側が固定される．

[†]　気象庁 "大気中二酸化炭素濃度の観測結果"：https://ds.data.jma.go.jp/ghg/kanshi/obs/co2_monthave_ryo.html

6 インターネットの仕組み

前章までは，コンピュータ単体の仕組みやデータの処理について学んだ．しかし，インターネットの発達した現代社会では，コンピュータどうしを接続したネットワーク（コンピュータネットワーク）をつくって，互いにデータのやりとりを行うことは当たり前となっている．この章では，コンピュータネットワークにおけるデータ通信の基礎について学び，"ネットワークのネットワーク"とよばれるインターネットの仕組みについて理解を深める．

6・1　コンピュータにおける情報の伝達
6・1・1　コンピュータにおけるデータ通信と通信プロトコル

われわれ人間は，視覚や聴覚，また触覚や嗅覚といった，生まれたときから身体に付属する受容器を用いて，他者から送られる音声，画像，映像，匂いなどのさまざまな情報を受取っている（図6・1）．それらは物理学の法則に従う波動や粒子などを通じて伝達されるが，その多くは一つの型にはまることはない，アナログなものである．また，言語のようにその使い方を後天的に習得する場合もあるが，それらは時代や地域によって変わり，変化していくものである．

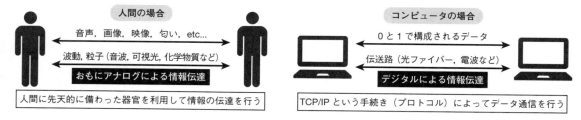

図 6・1　人間とコンピュータにおける情報伝達の対比

一方，コンピュータどうしはデジタル（0と1）でデータのやりとりを行う．これを**データ通信**（data communication）といい，さまざまな規格の通信ケーブル〔**有線**（wire）〕や電波〔**無線**（wireless）〕などの**通信媒体**（transmission medium）[*1] を用いて行われる．また，USB メモリや SD カードなどの**記憶媒体**（storage medium）にデータを記録し，それをコンピュータ間でやりとりすることでデータの伝達を行うことも，データ通信の一つの方法である．しかし，いずれの場合であっても，データのやりとりを行うためには，複数の取り決めや手順があらかじめ必要となる．それらは**通信プロトコル**（communication protocol）とよばれる[*2]．通信プロトコルは，ソフトウェアやハードウェアによって**実装**（implementation）され，機能する．たとえば，Web ブラウザを使って Web ページを閲覧する場合には，ソフ

[*1] 通信媒体は**伝送路**（communication channel）や伝送メディアとよばれることもある．

[*2] 通信プロトコルとは，平易にいえば，通信に関する規約もしくは規格のことである．

トウェアとして実装された **HTTP** （hypertext transfer protocol）*1 とよばれる通信プロトコルを用いる．また，USB ケーブルはパソコンをプリンタに接続するときに使うハードウェアであるが，その規格も，印刷データを伝達するための通信プロトコルである．すなわち，通信プロトコルは，コンピュータどうしが通信するためのさまざまな約束事（規格）のことである．人間が意志疎通のために使う言語に対応するだけでなく，それを発声する口や聴き取るための耳の仕組みにも対応しているといえる．

　通信プロトコルは，通信ケーブルなどの通信の基盤に実装される下層の規格から，Web ページを閲覧するためのアプリケーションに組込まれた上層の規格まで，さまざまな階層に分類できる．この分類の方法として **OSI 参照モデル**（open systems interconnection reference model）が広く知られており，そこでは通信プロトコルを七つの階層に分類している*2．

6・1・2　コンピュータとネットワーク

　複数のコンピュータの間でデータ通信を行うために，互いを伝送メディアで接続したシステム全体を**コンピュータネットワーク**（computer network），または単に**ネットワーク**（network）とよぶ．このネットワークの末端に接続され，データの送受信と処理を主体に行うコンピュータなどの機器は**データ端末装置**（data terminal equipment），あるいは単に**端末**（terminal）とよばれる．端末の数が増えてネットワークが大きくなると，データ通信を仕分けする機器や別のメディアに中継するための機器が必要となる．これらの機器は**データ通信装置**（data communication equipment）とよばれ，たとえば通信ケーブルを用いて複数の端末を放射状（スター型）に接続するための集線装置として**ハブ**（hub）がある（図6・2）．ハブにおける通信上の欠点*3 を改善したものは**スイッチングハブ**（switching hub）とよばれ，企業や学校などの建物内に敷設される**ネットワーク**（**LAN**：local area network）において多く用いられている．データ端末装置やデータ通信装置は

*1 HTTP については，第 8 章で詳しく説明する．

*2 OSI 参照モデルによれば，通信プロトコルは次の7階層に分類される．
[上層]
第 7 層：アプリケーション層
第 6 層：プレゼンテーション層
第 5 層：セッション層
第 4 層：トランスポート層
第 3 層：ネットワーク層
第 2 層：データリンク層
第 1 層：物理層
[下層]

*3 単なるハブの場合，そこに接続されたすべての端末に同じデータが流れてしまい，通信の効率がよくない．一方，スイッチングハブでは，過去にどの端末とどの端末が通信を行っているかを記憶し，必要な端末間の通信のみを行うことができる．

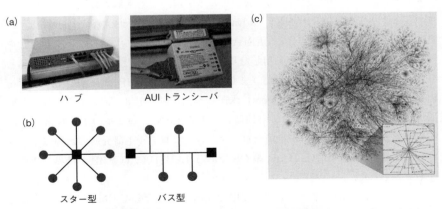

図 6・2　データ通信装置の例（a）とネットワークの接続形態のイメージ（b），およびインターネットの概念図（c）　　ネットワークの接続形態には，現在主流のスター型のほか，バス型，リング型，フルメッシュ型など，さまざまな形（トポロジー）が存在する．〔（c）インターネットの概念図：The Opte Projectbkrqayd232@gmail.com（https://en.wikipedia.org/wiki/File：Internet_map_1024.jpg）〕

*1 ノードとは"節"や"結び目"を意味するが，伝送路どうしを結びつける"節"だけでなく，伝送路の"末端"についても広くノードとよぶ.

*2 パケットは本来，"小包"を意味し，情報通信における伝送の単位を表す.

ネットワークにおける接点に接続されるため，一般に**ノード**（node）とよばれる*1.

　ノード間で行われるデータ通信において，データは**パケット**（packet）*2 とよばれる単位に小分けにして伝送される. これにより，特定のノードから送信された大きなデータが，伝送メディア，すなわち通信回線を長時間に渡って占有することを防ぐことができる.

6・2　インターネットと TCP/IP

　ここで普段，われわれがスマートフォンやパソコンを使って利用しているインターネットとは何であるか，あらためて考えてみる. **インターネット**（Internet）とは，広義には"コンピュータネットワークのネットワーク"である. すなわちインターネットとは，大学や研究機関，企業などの内部で運用される数多くの LAN を，地域や国家を越えて互いに接続したネットワークであり，それによって新しい地球規模の情報システムが構築されていると考えることもできる. そのためインターネットという言葉は，唯一の国際的な通信ネットワークを示す固有名詞"The Internet"の意味として，しばしば使われる.

　一方，技術的側面からは，インターネットは**TCP/IP**（Transmission Control Protocol/Internet Protocol）とよばれる通信プロトコルの集まり（**インターネットプロトコルスイート**）で通信を行うコンピュータネットワークとして定義される. ここで，IP とは OSI 参照モデルにおける第 3 層（ネットワーク層）で定義される通信プロトコルであり，TCP はその一つ上の第 4 層（トランスポート層）に属する通信プロトコルである. TCP/IP という世界共通の通信プロトコルのセットをネットワーク上の各ノードに実装することによって，われわれインターネットのユーザは，伝送メディアの違いを意識せずに相互の通信が可能となっている. 実際，ほぼすべてのスマートフォンやパソコンに，この TCP/IP が実装されている. このようなインターネットのもつ拡張性と多様性が，地球規模でのコンピュータネットワークの構築を可能にしていると考えられる.

　インターネットの歴史は古く，1969 年の米国国防総省主導の分散ネットワークプロジェクトである **ARPANET**（Advanced Research Projects Agency network）にその源流をたどることができる. ARPANET では米国各地のコンピュータどうしをつなぎ，コンピュータを遠隔利用したり，データを共有したり，ファイルをやりとりするための技術が研究された. また 1974 年に，TCP/IP が IEEE（Institute of Electrical and Electronics Engineers；米国に本部を置く電気・情報工学分野の学術研究団体）において公開されると同時に，有線 LAN ケーブルの主流規格である**イーサネット**（Ethernet）が米国ゼロックス社のパロアルト研究所において発明された. そして 1983 年には，**Unix 系 OS** である **4.2BSD** に TCP/IP が世界で初めて標準実装された.

　このように，1980 年代前半に TCP/IP と Ethernet，そして Unix が結びつくことで，現在のインターネットにおける情報技術基盤が誕生したのである. なお，日本におけるインターネットの誕生は，1984 年に慶應義塾大学，東京工業大学，東京大学の三大学が電話回線を使ってデータ転送を行ったネットワーク実験に源流をたどることができる*3. その後，他の大学や企業の研究部門，政府系研究機関が参加

*3 最初に慶應義塾大学と東京工業大学が接続され（9 月），10 月に東京大学が接続された.

し，規模が拡大した結果，**JUNET** が結成された．JUNET では，その後の日本の
インターネットの基盤となるさまざまな技術や仕組みが実験・研究され，1991 年
にその役割を終えた．

6・3 IP アドレスとネットワークの仕組み

　人が互いを名前で識別し合うのと同様に，インターネットに接続された端末は
TCP/IP という通信プロトコルを使って互いを番号で識別している．インターネッ
トに接続された端末，正確には端末をネットワークに接続するための**ネットワーク
インターフェース**（network interface）[*1] には，**IP アドレス**（IP address），または
インターネットアドレス（internet address）とよばれる番号が付与されている．
この IP アドレスは，端末がインターネット上のどこに接続されているかを示す住
所のようなものである．そのため，二つの端末が互いの IP アドレスを知らなけれ
ば，通信を継続することはできない．また，スイッチングハブのようなデータ通信
機器に関しても，必要に応じて IP アドレスを割り振ることがある．つまり，イン
ターネット上の多くのノードに，IP アドレスが割り振られていると考えてよい．
この節では，IP アドレスとそれに基づくネットワークの仕組みについて説明する．

6・3・1 IPv4 と IPv6 の表記方法

　現在，インターネットで使われている IP アドレスには，二つのバージョンが存
在する．一つは **IPv4 アドレス**とよばれるバージョンで，32 ビット（4 オクテット
に相当）の数値によって表現する．ここで，**オクテット**（octet）とは通信の世界
でよく使われる単位で，8 ビットの数値のことである[*2]．もう一つは **IPv6 アドレ
ス**とよばれるバージョンで，128 ビットの数値を使って表現する．よって，IPv4 で
は $2^{32} = 4{,}294{,}967{,}296 \fallingdotseq$ 約 43 億個の IP アドレスが利用できるが，IPv6 ではそれを
はるかに上回る $2^{128} \fallingdotseq 3.4 \times 10^{38} =$ 約 340 澗個の IP アドレスを使うことができる．

　IPv4 における IP アドレスの表記は，各オクテットを 10 進数表記したものを "."
（ピリオド）で区切って並べる[*3]．インターネット上のすべての端末は，IPv4 であ
ればたとえば "202.253.252.101" のように 32 ビットの IP アドレスが割り振
られており，通信をする双方の端末のアドレスが決まると，複雑で巨大なネット
ワークであっても，経路さえ確保できれば双方にデータを送れるようになる．ただ
し，付与されるこれらの IP アドレスは，基本的に重複は許されない．

　インターネットが登場してからしばらくの間は，必要なノードに対して重複する
ことなく IP アドレスを割り当てることができていた．しかし，インターネットが
急速に普及してくると，IPv4 アドレスが数的に枯渇する危険性が生じた[*4]．この
問題を根本的に解決するために，先に述べた IPv6（128 ビット）が登場し，1990
年代から世界的に普及が進められている．IPv6 アドレスも IPv4 アドレスと同じく，
機器のもつネットワークインターフェースに付与される．しかし，IPv4 と異なり，
一つの IPv6 アドレスを複数のインターフェースに付与したり，複数の IPv6 アド
レスを一つのインターフェースに付与したりすることができるというメリットもも
つ．

[*1] ネットワークインター
フェースとして，端末を LAN
に接続するためのイーサネット
ケーブルのアダプタや，無線
LAN 接続を行うための Wi-Fi
モジュールなどがある．

[*2] バイト（byte）も 8 ビット
（bit）を示す単位であるが，確
実に 8 ビットである場合はオク
テットという用語を使うことが
ある．

[*3] IPv4 アドレスの数値を区切
る点を "ドット" とよぶ場合が
多いが，ここでは JPNIC（日
本ネットワークインフォメー
ションセンター）の表記に従
い，"ピリオド" とよぶ．

[*4] 約 43 億個の IPv4 アドレス
は，次の五つのグループ（アド
レスクラス）に分けられる．
- クラス A
  0.0.0.0〜
  　　　127.255.255.255
- クラス B
  128.0.0.0〜
  　　　191.255.255.255
- クラス C
  192.0.0.0〜
  　　　223.255.255.255
- クラス D
  224.0.0.0〜
  　　　239.255.255.255
- クラス E
  240.0.0.0〜
  　　　255.255.255.255

クラス A, B, C はそれぞれ 8,
16, 24 ビットのネットワーク部
（6・3・3 項参照）をもち，ホ
スト部の大きさが異なる．また
クラス D は **IP マルチキャスト**
（IP multicast，1 対多または多
対多の通信を行うための仕組
み）のために，クラス E は将
来における利用のために，それ
ぞれ定義されている．

　　IPv6 アドレスは 128 ビットで構成され，16 ビットずつ，八つの 16 進数を "："
（コロン）でつなげて，次のように表記される．

例 1）A00E:0D58:0000:0000:0000:0800:200C:478D
例 2）A00E:D58:0:0:0:800:200C:478D
例 3）A00E:D58::800:200C:478D

　　例 1 は，省略せずにすべてを表記した例である．これを，各 16 ビットの先頭が
0 から始まる連続した 0 を省略して例 2 のように表記することができる．また，16
ビットの 0 が複数連続している箇所を "：：" を使うことによって省略し，例 3 のよ
うに示すことができる．ただし，"：：" を使用できるのは 1 箇所のみである．

6・3・2　IPv4 と組織内のインターネット接続

　　ここでは IPv4 による TCP/IP ネットワークの仕組みについて，図 6・3 に示す具
体例を用いて説明する．図 6・3 には LAN が構築された［企業 A］や［D 大学］
などの組織と，それらを通信回線網で結んだ **WAN**〔広域通信網（wide area
network）〕が示されている．WAN では，インターネットへの接続サービスを提供
する組織である **ISP**（Internet service provider）*を含む多数の LAN が複雑につな
がっており，組織の LAN と合わせてインターネットをつくり上げている．
　　WAN では，長距離で通信できる伝送メディアが必要となるため，LAN ケーブル
など，組織内 LAN で使われている伝送メディアをそのまま延長して使うことはで

* ISP は一般にプロバイダとよ
ばれる．

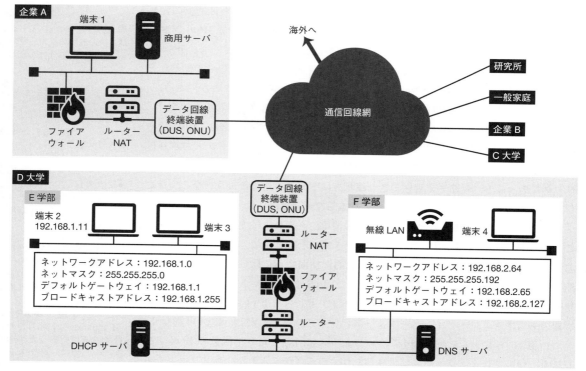

図 6・3　組織における LAN の形態とインターネット接続の例

きない．そこで DSU（digital service unit）や ONU（optical network unit）などの**データ回線終端装置**（data circuit-terminal equipment）を使い，広域で使われている電話回線や光回線で通信できるように伝送メディアの変換を行っている．

　［企業 A］の組織内の LAN には，組織の社員が利用する［端末 1］と顧客に対してサービスを行う［商用サーバ］のほか，多数の端末が設置されている．32 ビットで表現できる IPv4 アドレスは全世界で約 43 億個しかなく，［企業 A］がインターネット上で利用できる IPv4 アドレス（**グローバル IP アドレス**）は ISP を通じて数個しか貸与されていない．そこで［企業 A］の LAN では，インターネット上のノードとの直接の通信が禁止されている**プライベート IP アドレス**[*1] を各端末に割り振っている．そしてインターネット上のノードと通信を行う場合は，**ネットワークアドレス変換**（NAT: network address translation）装置を通して，それぞれのプライベート IP アドレスをグローバル IP アドレスに逐次変換して通信する．しかし，［企業 A］の LAN 内であれば，各端末はそれぞれのプライベート IP アドレスのまま互いに通信することができる．このような仕組みは，IPv4 アドレスにおける枯渇問題を軽減するだけでなく，組織内 LAN における情報の機密性[*2] の向上にも寄与する．

　さらに組織内 LAN の機密性を向上させるためには，組織外からの不正な接続や，その原因となる不審な通信を遮断する必要がある．そのために**ファイアウォール**〔防火壁（firewall）〕とよばれるデータ通信機器を設置し，［企業 A］や［D 大学］の LAN に出入りする通信を監視・制御している．

　最後に例として，図 6・3 の［一般家庭］から［企業 A］の［商用サーバ］にアクセスする状況を考えてみよう．［商用サーバ］のプライベート IP アドレスは，［企業 A］に設定された NAT によってグローバル IP アドレスに変換され，WAN からその存在を確認することができるようになる．一方，［一般家庭］内の端末も（図中には明示していないが）NAT によってグローバル IP アドレスを与えられてWAN に接続されている．しかし先に述べたように，WAN は多数の LAN が複雑につながって構成されているため，［一般家庭］内の端末と［商用サーバ］との間で通信を可能にするためには，通信の案内役が必要である．またそれ以前に，ネットワークとネットワークとの間の通信を行うための仕組みも必要となる．この役割を担う機器が**ルーター**（router）である．次項では，ルーターとネットワークの関係について，［D 大学］の LAN を例に説明する．

6・3・3　ネットワークセグメントとルーター

　［D 大学］のように大きな組織になると，通常は学部や学科，研究室ごとにそれぞれ "個別のネットワーク" が構築されており，それらをルーターとよばれる通信機器によって接続して，大学全体としてのネットワーク（**CAN**: campus area network）をつくり上げている（図 6・3）．ここでは，この "個別のネットワーク" を**ネットワークセグメント**（network segment）とよぶことにする[*3]．このネットワークセグメントに接続した端末が TCP/IP による通信を行えるようにするためには，端末に対してネットワークセグメントの特徴をどのように伝えればよいであろうか．図 6・3 の E 学部のネットワークに接続された［端末 2］を中心に，それら

*1 プライベート IP アドレスとして，
● クラス A
　10.0.0.0〜
　　　10.255.255.255
● クラス B
　172.16.0.0〜
　　　172.31.255.255
● クラス C
　192.168.0.0〜
　　　192.168.255.255
の 3 種類が利用できる．

*2 機密性とは，セキュリティの 3 要素の一つで，許可された者だけがデータにアクセスできることである．

*3 ネットワークセグメントを単にネットワークとよぶこともある．

の設定内容を吟味してみよう.

まず［端末2］で知るべき情報は,［端末2］のIPアドレスと,それが接続される E 学部のネットワークの**ネットマスク**（net mask）,または**サブネットマスク**である. この例では,［端末2］の IP アドレスは 192.168.1.11 であり,2 進数を使って表すと "11000000 10101000 00000001 00001011" である. また,E 学部のネットワークのネットマスクは 255.255.255.0（16 進数表記で ffffff00）と設定されているが,2 進数で表せば "11111111 11111111 11111111 00000000" である. ここで,ネットマスクにおいて 1 である桁に対応する IP アドレスの部分を**ネットワーク部**,0 である桁に対応する部分を**ホスト部**とよぶ（図6・4）. ネットワーク部は端末2などのノードが接続されている E 学部のネットワークセグメントを表し,ホスト部はそのネットワーク内に接続されている各ノードを区別するための番号となる. ネットマスクと IP アドレスの 2 進数表記に対して,桁ごとに論理積（AND）[*1]を計算すると "11000000 10101000 00000001 00000000" = 192.168.1.0 となる. これが E 学部のネットワークセグメントを表す**ネットワークアドレス**（network address）である. 一方,IP アドレスのホスト部をすべて1に置き換えたアドレスは,**ブロードキャストアドレス**（broadcast address）として定義され,ネットワーク内のすべてのノードに対して一斉にデータを送信するときに使われる. E 学部のネットワークでは 192.168.1.255 がブロードキャストアドレスである.

*1 論理積（AND）とは,論理演算の一つで,二つの命題が共に真（1）であれば真（1）,そうでなければ偽（0）の値を返す演算である.

	10 進数表記	2 進数表記			
		ネットワーク部			ホスト部
ネットマスク	255.255.255.0	11111111	11111111	11111111	00000000
		アドレスプレフィックス（/24）			
IP アドレス	192.168.1.11	11000000	10101000	00000001	00001011

図 6・4　ネットマスクと IP アドレス[*2]

*2 2 進数であることを明示して表記する場合は,0b11000000 や（11000000）₂ と書くが,ここでは見やすくするため,数値の表記のみとした.

また,［端末2］のネットワーク部の桁数である 24 を使って 192.168.1.11/24 と表記すれば,わざわざ IP アドレスとネットマスクを併記しなくても,［端末2］とその接続先のネットワークの設定を知ることができる. これを**プレフィックス**（prefix）**表記**,または **CIDR 表記**とよぶ[*3].

プレフィックス表記で与えられるネットワーク情報を［端末2］と［端末3］に設定すれば,この二つの端末は互いに通信することができるようになる. しかし別のネットワークセグメントに接続されている F 学部の［端末4］とは,通信を行うことができない. そこでまず,E 学部のネットワークの出口,すなわち E 学部と F 学部のネットワークを接続しているルーターの IP アドレスを［端末2］や［端末3］に周知し,F 学部のネットワークとの通信方法をルーターに問い合わせるようにしなければならない. このルーターの IP アドレスを**デフォルトゲートウェイ**（default gateway）とよび,インターネットを利用する端末であれば,必ず設定しなければならない.

*3 CIDR（Classless Inter-Domain Routing）は,それまでネットワーク部を 8, 16, 24 ビットに固定（クラス A〜C）して使っていた IP アドレスを,よりフレキシブルに利用できるように変更した仕組みである. **可変長サブネットマスク**（variable length subnet mask）ともよばれていた.

　以上より，E 学部のネットワークには，ネットワークアドレス（192.168.1.0）とブロードキャストアドレス（192.168.1.255），そしてデフォルトゲートウェイ（192.168.1.1）を除く，192.168.1.2 から 192.168.1.254 までの IP アドレスをもつ 253 個のノードを接続することができる．

演習6・1

　図 6・3 に記された F 学部のデフォルトゲートウェイをプレフィックス表記で書きなさい．また，ネットワークセグメントには何個のノードを接続することができるか．

6・4　パソコンにおける TCP/IP 接続の実装と確認

　前節で学んだことを基に，自分のパソコンが正しく TCP/IP によってネットワークに接続されているかどうか，GUI と CUI の両面から確認してみよう．

6・4・1　パソコンにおけるネットワークの設定

　図 6・5(a) には，TCP/IP 接続を行うネットワークインターフェースと関連する設定の一覧が示されている*．そのなかの［Ethernet］をクリックすると，図 6・5(b) のように Ethernet（有線 LAN）に関するネットワークインターフェースの設定情報が新しいウインドウに表示される．この画面から，この Mac の IP アドレスがユーザによって"手動"で設定されていることがわかる．おそらく，このユーザは接続先である有線 LAN の状況を熟知しているのだろう．この設定は，［詳細...］をクリックすると変更することができる（後述）．

*　**操作ガイド**　macOS の場合，TCP/IP 接続の設定は，アップルメニューの［システム設定］の［ネットワーク］で確認できる．
　Windows の場合，［スタート］→［設定］（歯車のアイコン）→［ネットワークとインターネット］において，パソコンとインターネットをつなぐ設定を確認・変更することができる．さらにそこから，Windows 10 では［状態］→［ネットワークのプロパティを表示］，Windows 11 では［ネットワークの詳細設定］→［ハードウェアと接続のプロパティ］で設定情報が一覧表示される．macOS と見た目はかなり異なるが，どちらも TCP/IP 接続のための設定であり，基本的には同じ内容となる．ただし，すべてのネットワークインターフェースの情報が表示されるので，そのなかから［状態: 操作可能］となっているものを探して確認する．

(a)
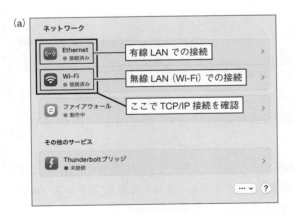

(b)
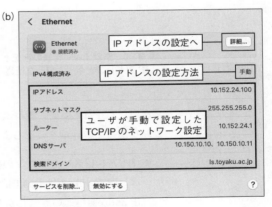

図 6・5　［ネットワーク］の画面 (a)，**有線 LAN 接続の状況** (b)

　一方，図 6・5(a) の［Wi-Fi］をクリックすると，図 6・6(a) のように，周辺環境に存在する Wi-Fi（無線 LAN）の情報が表示される．たとえば，現在接続中の無線 LAN のグループ名（**SSID**：service set identifier）は左上部に表示され（Phys-WiFi），下部には，周辺環境に存在する Wi-Fi の SSID が，その電波の強さと共に表示される．さらに［詳細...］ボタンをクリックすると，図 6・6(b) に示される

ように，無線 LAN 接続における IP アドレスの設定方法と詳細なネットワーク設定情報が示される．

図 6・6(c) の右上には，無線 LAN のインターフェースに割り当てられている **MAC アドレス**（media access control address）が示されている．これは**物理アドレス**（physical address）ともよばれ，ネットワークインターフェースに製造時から割り振られている識別番号である．f8:ff:c2:65:84:11 のように，8 ビットの 16 進数を 6 個，":"（コロン）でつなげた番号で表される．パソコン機器固有の番号であるため，セキュリティの調査の際によく用いられる．

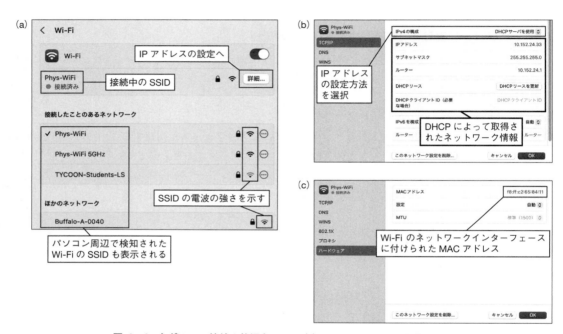

図 6・6　無線 LAN 接続の状況と SSID（a），**DHCP によって取得された IP アドレスとネットワーク情報**（b），**MAC アドレスの確認**（c）

次に，TCP/IP 接続に関わる重要な設定項目について，図 6・5(b) と図 6・6(b) をみながらその詳細を確認しよう．

● **IP アドレス**: パソコンの接続先となるネットワークの設定状態を熟知していれば，IP アドレスは手動で設定することができる．これを**固定 IP アドレス**（static IP address）という．しかし，ネットワーク環境が整備されていれば，パソコンをネットワークに接続するだけで，適切な IP アドレスが自動的に割り振られるであろう〔**動的 IP アドレス**（dynamic IP address）〕．IP アドレス（IPv4）の割り振りを行うサービスは **DHCP**（dynamic host configuration protocol）とよばれ，そのサービスを提供（serve）しているノードが **DHCP サーバ**である（図 6・3 の左下）．逆に DHCP のサービスを受けるノード（パソコン）は **DHCP クライアント**とよばれる．

　DHCP サーバから接続先のネットワーク情報を取得するには，図 6・6(b) に示

された［IPv4 の構成］の項目で "DHCP サーバを使用" を選択すればよい*1. この設定を行えば, DHCP クライアントは IP アドレス（IPv4）を取得できるだけでなく, 次のネットワーク情報も同時に取得できる*2.

- **サブネットマスク:** パソコンが接続されているネットワークのネットマスクの値である. この設定も DHCP によって提供される.

- **ルーター:** パソコンが接続されているネットワークのデフォルトゲートウェイのことである. ネットワークの出入り口を管理する機器はルーターとよばれるため, macOS ではこのような名前で表記される. また, パソコンが接続されているネットワークの外のネットワークへの通信経路についても情報を与える. この設定も DHCP によって提供される.

- **DNS サーバ:** 有線 LAN の場合は図 6・5(b) にすでに表示されているが, 無線 LAN の場合は図 6・6(b) または (c) の画面でサイドバーに示された［DNS］のタブをクリックすると, **DNS**（domain name system）に関する情報が表示される. DNS については次節で詳しく説明するが, DNS の情報を提供する DNS サーバの IP アドレスも, DHCP サーバから取得される.

*1 買ったばかりのパソコンやスマホでは, DHCP によって IP アドレスを取得するようにデフォルトで設定されている.

*2 IPv6 アドレスの取得には DHCP を使う必要はなく, IPv6 の仕様の一つである**ステートレスアドレス自動設定**（SLAAC）という仕組みが使われる.

6・4・2　CUI によるネットワークインターフェースの確認方法

前節のように, macOS の GUI を使ってネットワークインターフェースの設定を確認することもできるが, より一般的な方法として, ターミナルを使って, より詳細で高度な TCP/IP 接続情報を確認してみる.

まずターミナルを起動し, 次のコマンド,

```
% ifconfig -a
```

を実行すると, 今使っているパソコンのネットワークインターフェースを確認することができる. たとえば, 次のような結果が大量に表示される.

```
% ifconfig -a
lo0: flags=8049<UP,LOOPBACK,RUNNING,MULTICAST> mtu 16384
        options=1203<RXCSUM,TXCSUM,TXSTATUS,SW_TIMESTAMP>
        inet 127.0.0.1 netmask 0xff000000
        inet6 ::1 prefixlen 128
        inet6 fe80::1%lo0 prefixlen 64 scopeid 0x1
        nd6 options=201<PERFORMNUD,DAD>
gif0: flags=8010<POINTOPOINT,MULTICAST> mtu 1280
stf0: flags=0<> mtu 1280
en0: flags=8863<UP,BROADCAST,SMART,RUNNING,SIMPLEX,MULTICAST> mtu 1500
        options=567<RXCSUM,TXCSUM,VLAN_MTU,TSO4,TSO6,AV,CHANNEL_IO>
        ether d0:81:7a:dc:0a:7a
        inet6 fe80::1c98:7b08:bc94:d6fc%en0 prefixlen 64 secured scopeid 0x4
        inet 10.152.24.100 netmask 0xffffff00 broadcast 10.152.24.255
        nd6 options=201<PERFORMNUD,DAD>
        media: autoselect (1000baseT <full-duplex,flow-control>)
        status: active
en7: flags=8863<UP,BROADCAST,SMART,RUNNING,SIMPLEX,MULTICAST> mtu 1500
```

Windows の場合, まず次の準備が必要である.［コマンドプロンプト］を起動し, プロンプトに wsl と入力して［Enter］キーを押す. Unix コマンドを利用できる WSL が起動するが, 本章で利用する ifconfig のコマンドが入っていないので, パソコンがインターネットに接続されていることを確認後, 次のコマンドをそれぞ

れ実行してインストールする（パスワードを尋ねられたら，パソコンのパスワードを入力する）．

```
% sudo apt install net-tools
```

上記の結果のなかから，前項で調べた自分のパソコンの IP アドレスを含むものを探そう．たとえば，自分のパソコンの IP アドレスが 10.152.24.100 であったとき，次の出力結果がそれに相当する．

```
en0: flags=8863<UP,BROADCAST,SMART,RUNNING,SIMPLEX,MULTICAST> mtu 1500
        options=567<RXCSUM,TXCSUM,VLAN_MTU,TSO4,TSO6,AV,CHANNEL_IO>
        ether d0:81:7a:dc:0a:7a
        inet6 fe80::1c98:7b08:bc94:d6fc%en0 prefixlen 64 secured scopeid 0x4
        inet 10.152.24.100 netmask 0xffffff00 broadcast 10.152.24.255
        nd6 options=201<PERFORMNUD,DAD>
        media: autoselect (1000baseT <full-duplex,flow-control>)
        status: active
```

この出力結果の最初に示された en0（WSL では eth0）が，現在パソコンが通信に使っているネットワークインターフェースの名前である．また "ether" と書かれている部分は MAC アドレスに対応する．"netmask" はネットマスクに対応する数値で，16 進数で表記される（WSL では 10 進数）．"broadcast" はブロードキャストアドレスを示す．最後の行にある "status"* が active であれば，そのインターフェースは動いているということになる．もし inactive である場合，LAN ケーブルが接続口にきちんと差し込まれていなかったり，ケーブル自体が断線していたりする可能性がある．また，active であるにもかかわらず，IP アドレスがきちんと取得されていない場合は，ネットワークの設定に問題があると考えられる．

なお，ネットワークインターフェースの名前がわかっている場合（たとえば en0），

```
% ifconfig en0
```

と入力すれば，そのネットワークインターフェースの情報だけを得ることができる．

演習 6・2 使っているネットワークインターフェースの確認 ————————
　前述の Unix のコマンドを使って，自分のパソコンのネットワークインターフェースの名前を調べなさい．そして，それが active であることを確認しなさい．

6・4・3 ping を使ったネットワーク通信の確認方法

　先に述べたように，"status" が active であっても，通信ができるとは限らない．その場合は，自分の端末と同じネットワーク内に存在すると思われるノードとの間で，通信が可能であるかどうかを確認する．そのための Unix のコマンドとして，ping が一般的に用いられる．ping コマンドの使用例として，IP アドレス

* WSL の最初のバージョンである WSL1 では，Windows に設定されたネットワーク情報をそのまま使っていたが，バージョン 2 である WSL2 からは，Windows と WSL が別々のネットワークセグメントに別れたため，ネットワーク設定も異なるようになってしまった．そのため，WSL で ifconfig コマンドを使って IP アドレスを調べると，Windows とは異なるクラス B のプライベート IP アドレス（172.25.208.102 など）が表示される．また，WSL のネットワークセグメントは仮想的につくられており，パソコン機器のネットワークインターフェースと直接結びついていない．よって，ifconfig コマンドを使っても status の項目は表示されない．

10.102.10.10 をもつノードへ通信パケットを五つ送信するためには，次のコマンドを実行すればよい．

```
% ping -c 5 10.102.10.10
```

ここで "-c" は ping コマンドのオプションで，通信パケットを五つ送信することを指定している．それに続く IP アドレスは，パケットを送信する対象となる．

```
% ping -c 5 10.102.10.10
PING 10.102.10.10 (10.102.10.10): 56 data bytes
64 bytes from 10.102.10.10: icmp_seq=0 ttl=62 time=0.321 ms
64 bytes from 10.102.10.10: icmp_seq=1 ttl=62 time=0.300 ms
64 bytes from 10.102.10.10: icmp_seq=2 ttl=62 time=0.380 ms
64 bytes from 10.102.10.10: icmp_seq=3 ttl=62 time=0.371 ms
64 bytes from 10.102.10.10: icmp_seq=4 ttl=62 time=0.385 ms

--- 10.102.10.10 ping statistics ---
5 packets transmitted, 5 packets received, 0.0% packet loss
round-trip min/avg/max/stddev = 0.300/0.351/0.385/0.034 ms
```

　ping コマンドでは，インターネットの通信におけるデータ処理の情報や誤りの通知を行う **ICMP**（Internet Control Message Protocol）を使って相手のノードに通信パケットを送信し，それが返ってくるまでの時間や応答率を測定する．相互の通信に問題がなければ，"0.0% packet loss" と表示される．また "ttl=" で示されている数値は，相手のノードから返ってきたパケットの **TTL**（time to live）の値を示しており，ルーターを通るごとに1ずつ減る．これはパケットに付けられたタイマーのような値であり，0になるとパケットは破棄される．これによってパケットがネットワーク上に残ってしまうことを防いでいる．

　"time=" で示される値は，パケットを送信してから返って来るまでの往復時間を示している．また，最後の3行は ping を5回試行したことによる統計を示しており，3行目の四つの値（min/avg/max/stddev）は，round-trip〔RTT（往復時間）〕における最小値/平均値/最大値/標準偏差 を ms（ミリ秒）の単位で表している．

演習6・3

　自分のパソコンを LAN ケーブルや無線 LAN を使ってネットワークに接続し，ping を使ってその接続状況を調べなさい．また，自分の知っている IP アドレスに対し，ping を使ってパケットを8回投げてみなさい．

6・5 DNSの仕組み
6・5・1 ホスト名とドメイン名
　IP アドレスは数字で表記されるため，コンピュータにとっては処理しやすい．しかし，私たち人間にとっては扱いやすい表現とは言い難い．そこで，インターネットに接続したノードに対して，IP アドレスの代わりに英数字などの文字を使って名前を付けることができる．これを**ホスト名**（host name）という．同様にノー

ド（**ホスト**ともよばれる）が接続されたネットワークを表すものとして，**ドメイン名**（domain name）という名前を付けることができる．

　たとえば図 6・7 では，202.249.50.48 という IP アドレスに対して，polestar.cc.toyaku.ac.jp という名前が付けられている．ここでホスト名は polestar，ドメイン名は cc.toyaku.ac.jp である．このように，ホスト名とドメイン名を合わせてノードの名前を正確に表記したものを **FQDN**（fully qualified domain name），日本語で**完全修飾ドメイン名**とよぶ．

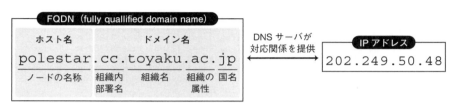

図 6・7　FQDN と IP アドレスの関係*

　FQDN は無秩序に命名されているものではなく，右側をより上位とする階層構造をもっている．たとえば図 6・7 の場合，FQDN の右端にある "jp" は**トップレベルドメイン**（**TLD**：top level domain）に相当し，日本（Japan）という国を表す．また，右から 2 番目の "ac" はドメインが所属する組織の属性，ここでは日本の学術機関（大学や研究所）であることを表す．そして，3 番目には組織の名称 "toyaku"，4 番目には組織内における部署の名称 "cc" が示されている．このように階層構造をもった FQDN を使ってノードを表記することで，ノードが所属する国や組織，組織内の部署を端的に表すことができる．

6・5・2　DNS サーバと名前解決

　IP アドレスと FQDN の対応情報は，**DNS** とよばれるデータベースシステムによって管理されており，それらの対応情報を引き出すことを**名前解決**（name resolution）とよぶ．そして，さまざまなノード（クライアント）に名前解決のためのサービスを提供するサーバを **DNS サーバ**（name server）とよぶ．ただし，1 台の DNS サーバがインターネット上のすべてのノードの対応情報をもっているわけではなく，世界中のさまざまな組織が自主的に設置している DNS サーバが対応情報を共有し合い，名前解決のためのサービスを連携して提供している．すなわち，それぞれの組織で管理しているノードの IP アドレスと FQDN の対応情報は，**権威 DNS サーバ**（authoritative name server）とよばれる組織の DNS サーバで管理されているが，それ以外の対応情報については，ほかの組織の DNS サーバに名前解決を委ねることになる．たとえば図 6・7 の FQDN についていえば，TLD である "jp" が名前解決の出発点〔**ルートゾーン**（root zone）〕となるが，これを管理する DNS サーバは**ルートサーバ**（root server）とよばれ，世界に 13 台存在する．名前解決を行おうとするクライアントは，まずこのルートゾーンから検索を開始し，より下位の DNS サーバに名前解決を委任していくことで目的の対応情報を得る．

6・5・3　nslookup コマンドによる名前解決

　それでは自分のパソコンを使って，DNS の提供する名前解決を行ってみる．FQDN に対応する IP アドレスは，nslookup コマンドを使って調べることができる．たとえば，polestar.cc.toyaku.ac.jp に対応する IP アドレスは，

```
% nslookup polestar.cc.toyaku.ac.jp
```

と実行することで確認することができる．

```
% nslookup polestar.cc.toyaku.ac.jp
Server:         10.150.10.10
Address:        10.150.10.10#53

Non-authoritative answer:
Name:   polestar.cc.toyaku.ac.jp
Address: 202.249.50.48
```

　"Server:" で示されている IP アドレスは，nslookup が参照している DNS サーバの IP アドレスである．その下の "Address:" にも DNS サーバの IP アドレス（10.150.10.10）が表示されているが，その後に "#53" という数字が付いている．これは**ポート番号**（port number）とよばれる数値である．たとえば，インターネット上で Web ページを閲覧するとき，または電子メールをやりとりするときには，それぞれ HTTP や SMTP などの通信プロトコルに従った通信パケットが，ノード上で動いているプログラムの間をとび交う．これらのプログラムへの論理的な入り口を**ポート**（port）とよび，番号を付けることで区別される．先の例で登場した 53 番のポートは DNS が利用するポート番号であり，ほかにもメールの送受信に使われる 25 番ポート（SMTP），Web サイトの閲覧に使われる 80 番ポート（HTTP）などがある．

　ポートのなかには不正アクセスに使われるものがあるので，それらについては外部からアクセスされないよう，ポートの開閉を制御する必要がある．たとえばパソコンにおいては，OS に付属するファイアウォールの設定や*，セキュリティソフトを使うことで制御することができる．また図 6・3 のように，組織の LAN を丸ごと不正アクセスから守るために，LAN とインターネットの間に専用のファイアウォールを設置し，そこで通信をポートごとに制御する方法がとられる．

　さて，末尾の 3 行には，nslookup による名前解決の結果が示されている．"Non-authoritative answer:" とは，この名前解決が権威 DNS サーバによって行われたものではないということを示している．また，"Name:" の欄には検索対象となった FQDN が，"Address:" には結果として得られた IP アドレスが，それぞれ示されている．

* **操作ガイド** macOS の場合は，アップルメニューの［システム設定 …］→［ネットワーク］を選び，サイドバーにある［ファイアウォール］をクリックして，On/Off できる．また，詳細な設定を追加する場合は，［オプション］をクリックする．Windows の場合は，［スタート］→［設定］→［プライバシーとセキュリティ］から設定できる．

演習 6・4

　nslookup コマンドを使って，よく利用する Web サイトの FQDN を名前解決しなさい．また，複数の IP アドレスが表示された場合，その理由を説明しなさい．

参照する DNS サーバを指定して nslookup コマンドを実行するには,

```
% nslookup <FQDN または IP アドレス> <参照する DNS サーバ>
```

とする. たとえば, DNS サーバ 8.8.8.8 を指定して polestar.cc.toyaku.
ac.jp の名前解決を行うと,

```
% nslookup polestar.cc.toyaku.ac.jp 8.8.8.8
Server:          8.8.8.8
Address:         8.8.8.8#53

Non-authoritative answer:
Name:    polestar.cc.toyaku.ac.jp
Address: 202.249.50.48
```

となる. これも端末における通信障害をチェックするのに役に立つ方法である.

6・6　日本におけるインターネットに関する法律の誕生

　本章では, インターネットを介したコンピュータどうしのデータ通信の方法とその仕組みについて学んだ. 現代社会には, スマートフォン, タブレット, パソコンなど, 情報通信技術 (ICT) を使ったさまざまな機器があふれている. これらの機器の中にはビット列 (2 進数) で表現されたデータが格納されており, データは意味をもっている. 人間によって意義を与えられたデータは情報とよばれる (第 1 章参照). 情報にはしばしばその重要度に応じて格付けが行われるため, 重要な情報については "機密性", "完全性", "可用性" という 3 要素に基づいてセキュリティを維持する必要がある (第 2 章参照). そのためのインターネットを対象とした初めての法律として, 日本では一般に**不正アクセス禁止法**とよばれる **"不正アクセス行為の禁止等に関する法律"** が 2000 年に施行された. 施行当初のおもな禁止事項は次のとおりである.

1. ID やパスワードなど, 他人の**識別符号** (identification code) を無断で利用してコンピュータにアクセスする行為.
2. コンピュータの脆弱性を利用・攻撃して, コンピュータにアクセスする行為.
3. 上記 1, 2 で述べた不正アクセス行為を助長する行為.

　それ以前にも, 著作権法の改正 (1997 年) や風俗営業適正法の改正 (1998 年) といった, インターネットに関わる法律の改正が行われていた. しかし, ICT そのものに関わる本格的な法律は, これが最初である. また, 同年には通信傍受法や児童ポルノ法も制定されている. その後も日本の IT (information technology) 政策の方針を定めた IT 基本法 (2001 年), ネットワークを介して行われる電子申請や電子取引に関する電子署名法 (2001 年), インターネット回線接続事業者 (プロバイダ) やそれに付随するネットワークサービス提供者の免責事項に関するプロバイダ責任制限法 (2002 年), そして個人情報保護法 (2005 年) などがつぎつぎと施行された. なお, これらの法律は ICT の進歩とともに多くの改正が行われており, 不正アクセス禁止法も 2013 年に改正が行われ, 他人の識別符号を不正に取得・保管することなどの禁止項目を追加している.

　このようにインターネットに関する法律の改正が頻繁に行われているということは，インターネットという存在が日本という国の枠を超えて地球規模で稼働する電子システムであるということに由来するだけでなく，多種多様の人種・民族に属する人々がインターネットにアクセスしているという事情もおおいに関係があると考えられる．

　次章ではユーザ認証という概念を中心に，電子メールなどのインターネットを介した人と人とのコミュニケーションを土台で支えている ICT について説明する．

ユーザ認証と電子メール

前章では，コンピュータどうしを接続することでつくられる情報ネットワークの仕組みについて学んだ．そして，情報ネットワークではどのような決まりに基づいてコンピュータ間でデータがやりとりされるかを，Unix コマンドを使って試してみた．しかし，情報ネットワークに新しいデータを加えて何らかの処理を要求する主体は，人間である．この人間という要素は，情報ネットワークの中でどのように位置付けられるものであろうか．これは非常に難しい哲学的な問題であり，本章で結論を出すことはできないが，問題探究の出発点としてネットワークやノードにおけるユーザ認証という技術に注目することは，有意義である．

本章ではこのユーザ認証の仕組みを，コンピュータのユーザ間で送受信される電子メールをとおして具体的に理解し，同時にその問題点について考えてみる．

7・1 インターネットにおけるユーザ認証

7・1・1 TCP/IP ネットワークにおけるユーザ認証

第2章では，パソコンにアカウントを作成し，ユーザ名とパスワードを使った認証〔ユーザ認証（user authentication）〕を行うことで，そのアカウントに設定された権限でパソコンを利用できることを学んだ．それでは，複数のパソコンがネットワークで接続されている場合，ユーザ認証はどのように拡張されるであろうか．

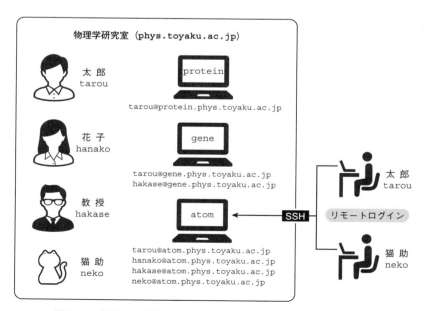

図 7・1　研究室に設置されたコンピュータへのログインとユーザ認証

　図7・1には，物理学研究室において4人のメンバーが3台のコンピュータを利用している様子が描かれている．このなかでatomという名前のコンピュータは全員が共同で利用しており，それぞれのメンバーを区別（識別）できるユーザ名を用いてアカウントが作成されている．たとえば，"太郎"という名のユーザのアカウントには，tarouというユーザ名が付けられる．しかし，研究室には太郎さんが登録されているコンピュータがほかにも2台あり，それぞれにtarouというユーザ名でアカウントが登録されている．それらのコンピュータがネットワークに接続されていないのであれば，ユーザ名の重複などの問題は起こらないであろう．しかし，すべてのコンピュータがネットワークに接続されて通信可能であれば，異なるコンピュータに登録された太郎さんのアカウントを，何らかの方法で区別しなければならない．

　そこで考えられる方法が，アカウントのユーザ名と，そのアカウントが登録されているコンピュータのFQDN（ホスト名＋ドメイン名，6・5節参照）を組合わせることである．たとえば，atom.phys.toyaku.ac.jpという名前（FQDN）のコンピュータに太郎さんのアカウントtarouが登録されているとすれば，＠（アットマーク）を使って，

tarou@atom.phys.toyaku.ac.jp

と表記することで，atomに登録された太郎さんを唯一無二の存在として，ネットワーク上で区別することができる．同様に，ほかのコンピュータ（proteinとgene）に登録された太郎さんのアカウントも，

tarou@protein.phys.toyaku.ac.jp
tarou@gene.phys.toyaku.ac.jp

と表記することで，互いに区別することができる．一般的に書けば，

［ユーザ名］＠［FQDN］

となる．このような表記は，操作しているコンピュータからTCP/IPネットワークを通じて，別のコンピュータにログインする場合に用いられる．たとえば，ネットワークを経由して，研究室の外からコンピュータatomに，猫助（図7・1の右下）がアカウントnekoでログインする場合，ターミナルから

```
% ssh neko@atom.phys.toyaku.ac.jp
```

と実行すればよい．するとコンピュータatomは，猫助に対してアカウントnekoのパスワードをたずねてくる（ユーザ認証を要求してくる）ので，それを正しく入力すれば，atomにログインすることができる[*1]．

　このsshというコマンドは**SSH**〔**セキュアシェル**（Secure Shell）〕とよばれ，ネットワークでつながった別のコンピュータへ暗号技術を利用して接続するためのコマンド，もしくはプロトコルである[*2]．また，nekoが操作しているコンピュータに表示されるatomの画面は，**端末エミュレータ**（terminal emulator）によって表示される．

[*1] Unixの場合，パスワードを入力する際には，●などの伏せ字を含め画面に何も表示されない．

[*2] SSHの接続には通常，22番ポートが使用される．

演習7・1 SSH を使ったネットワーク上のパソコンへのリモートログイン ──────

　自分のアカウントが登録されているサーバコンピュータに，前述の SSH コマンドを使って，ネットワーク経由でログイン〔**リモートログイン**（remote login）〕しなさい．ただし，サーバによっては SSH による接続を拒否する設定が施されている場合もあるので，事前にサーバ管理者に確認しておくこと．また，リモートログインを終了するときは，logout（**ログアウト**）というコマンドを実行すること．

7・1・2 電子メールアドレス

　前項で解説した［ユーザ名］@［FQDN］という記法は，よりシンプルな形に修正されて電子メールにおいて使われている．**電子メール**（electric mail，email，e-mail）とは，コンピュータネットワークを通じて郵便のようにメッセージをやりとりすることができるツールである[*1]．たとえば図 7・1 の物理学研究室には，電子メールを送受信することのできる**電子メールサーバ**（email server）mail.phys.toyaku.ac.jp が設置されていたとしよう．この電子メールサーバには研究室の全メンバーのアカウントが登録されていて，花子さんも hanako というユーザ名でアカウントをもっている．このアカウントで電子メールサーバにリモートログインする場合，接続先のアカウントは，

hanako@mail.phys.toyaku.ac.jp

と表記できるが，電子メールサービスを提供しているサーバでは，これを**電子メールアドレス**（email address）として使うことができる．つまり，@ マークの右側には電子メールの配送先となるコンピュータの名前が，**ローカル部**（local part）とよばれる左側には電子メールサーバに登録されたユーザの名前が，それぞれ示されることで電子メールの宛先を一意に特定できる．

　また，電子メールの送受信を担うサーバシステムは，一つの部署（組織）に一つあれば十分であることが多い．よって，@マークの右側には，ホスト名を省略してその部署を示すドメイン名のみを表示するのが一般的である．例にあげた物理学研究室には 1 台の電子メールサーバしかないので，hanako の電子メールアドレスは，

hanako@phys.toyaku.ac.jp

と短縮して表記することで，憶えやすさを向上させることができる[*2]．

　このように，電子メールアドレスの形式は，

［ローカル部］@［ドメイン名］

と表記されるが，ローカル部には実在の個人を表すユーザ名だけでなく，グループ名や仮想的な名称を付けることもできる．たとえば，一度に複数の宛先に電子メールを送信する仕組みである，**メーリングリスト**（mailing list）で用いられる電子メールアドレスなどがそれに該当する．このように電子メールアドレスは，実際のネットワークやそのノードの構成に依存することなく，かなり自由に表記することができるが，制約もある．使用が許されている文字列は，**RFC**（Request for

*1 今日では，単に "メール" とよぶことも多い．以下では，"メール" と表記することもある．

*2 さらに必要に応じて，ドメイン名のうち下位（左側）のドメインを省略して電子メールアドレスを表記する場合が多い．

Comment) という, インターネットの標準的な技術仕様によって決められている[1]. たとえば, ピリオド (.) が二つ以上続いたり, @ マークの前後にピリオドがあったりするような電子メールアドレスは, RFC から逸脱することになる.

[1] 具体的な仕様は RFC5321 と RFC5322 に記されている.

7・2 電子メールの仕組み

すでに述べたように, 電子メールは郵便のように情報を交換することを目的としたツールであり, インターネットの誕生に先行して 1965 年に**メインフレーム** (mainframe)[2] 上での利用が開始された. また, 日本では 1980 年代半ばから流行したパソコン通信を通じて, 電子メールは有用な連絡ツールとして認識されるようになった. 一方, 同時期に誕生した JUNET (1984 年) を中心に, インターネットを介した電子メールのやりとりが大学や研究機関において行われるようになると, 次第にその利用価値が認められるようになった. そして 1990 年代前半まで, 電子メールは大学や研究機関におけるインターネットの普及の牽引役(けんいん)としての役割を果たした. 現在でも電子メールは, 国内外の研究者との討論や論文投稿における認証, 研究会の案内など, アカデミアにおける ICT (情報通信技術) ツールとして重要な役割を果たしている.

[2] メインフレームとは, 巨大な組織で利用される大型コンピュータの呼称. 汎用コンピュータ, ホストコンピュータともよばれる.

7・2・1 電子メールクライアントと電子メールサーバ

電子メールを送受信するときに利用するアプリケーションを, **電子メールクライアント** (MUA: mail user agent) または**メーラ** (mailer) とよぶ. Unix には `mail` というコマンド (命令) が MUA として組込まれており, インターネットが普及する以前から頻繁に使われていた. 現在は, スマートフォンやパソコンの OS に最初から MUA が付属しているので, 簡単に電子メールを利用することができる. たとえば Windows には, "Outlook Express", "Windows メール", "Windows Live メール" といった MUA が, 名前を変えながら付属してきた. また macOS には, "メール .app" が付属している. macOS と Windows の両方で利用できるフリーソフトである "Thunderbird" や, Microsoft Office に付属する "Microsoft Outlook" なども普及している. 一方, Gmail や Microsoft 365 のように Web ブラウザを通じてメールを送受信する MUA は, **Web メール** (webmail) とよばれる. これらは, MUA を動かすための細かい設定が不要なこともあり, スタンダードな MUA として利用されている.

図 7・2 に, 電子メールの配送の典型的な仕組みを示す. D 大学の学生が MUA を使って書いたメール文書は, **SMTP** (Simple Mail Transfer Protocol) というプロトコルによって D 大学の電子メールサーバへ送られる. 7・2・4 項で後述するように, メール文書の実体はテキストファイルである. 電子メールサーバでは **MTA** (mail transfer agent)[3] というプログラムが稼働しており, 文書の送信先が判別される. そして再び SMTP によって, 宛先の機関の電子メールサーバへ文書が送信される. 宛先の電子メールサーバでも MTA が稼働しており, 送られた文書は**スプール** (spool) に保存される.

[3] MTA の 実 装 と し て は, sendmail や Postfix, qmail などのアプリケーションがある.

スプールに保存されたメール文書は, MUA を使ってユーザ認証を行うことで閲覧することができるようになる. その際, MUA は, 電子メールサーバ内の **MDA**

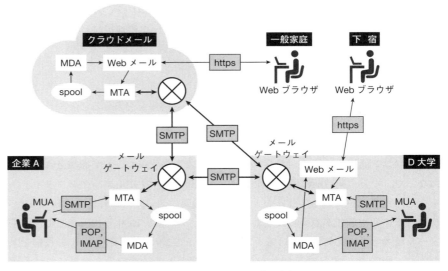

図 7・2　電子メールの配送の仕組み

（mail delivery agent）とよばれるプログラムにアクセスする．MDA へのアクセスには，データを丸ごと転送する **POP**（Post Office Protocol）を用いる方法や，遠隔的にデータを読み書きする **IMAP**（Internet Message Access Protocol）を用いる方法などがある．これらはいずれも受信者が能動的にメール文書にアクセスする方法であり，このような方法で受信する電子メールを**ポーリング型電子メール**（polling email）とよぶ．一方，携帯電話やスマートフォンのように，MDA から MUA へ即時かつ強制的にメール文書を送信するような方法の場合は，**プッシュ型電子メール**（push email）とよばれる．なお学生が家庭や下宿にいて，クラウド（第 8 章参照）によって提供されるメールサービスを利用する場合も同様の仕組みでメールの送受信が行われる．

演習 7・2

　あなたが普段よく利用するメーラに設定されている SMTP サーバ，および POP または IMAP サーバの名前を確認しなさい．

7・2・2　メディアとしての電子メールの特徴

　電子メールには，郵便による手紙や電話にはない，次のような利点がある．

- **即時性**：インターネットを利用した電子メールでは，通常，数秒から十数秒の間にメッセージを送ることができる．すなわち，郵便では不可能なリアルタイムに近いメッセージ交換が可能であり，通常の手紙と異なる最大の特徴である．
- **非同期性**：電話での会話とは異なり，電子メールにおけるメッセージの送受信においては，送信者と受信者が同時にそれぞれの MUA に接続する必要はない．すなわち，世界中に散らばる各国のインターネット上のユーザと，地域や時差，相手の状況を気にせずに，任意の時間を利用して連絡をとり合うことができる．

● **再利用性**：電子メールでやりとりされる本文や添付ファイル（画像や音声，映像）は，コンピュータで利用することができ，テキストエディタや各種アプリケーションを用いて手軽に編集することができる．そのため，送られてきた本文のテキストをそのまま再利用して電子メールの返事を書くことも可能である．また，テキストやファイルを整理してデータベース化し，自由に検索するといったことも容易にできる．

ところで，インターネットでやりとりされるメールには，不特定多数の電子メールユーザに対して無差別に送信される**スパム**〔**迷惑メール**（SPAM）〕が多く含まれている．たとえば，2009 年から 2012 年において，日本のおもな電気通信事業者を通じて送受信されたメールの約 7 割がスパムであったという報告もある[*1]．2023 年現在も 4 割前後のメールがスパムであるといわれており，そのなかには**コンピュータウイルス**（computer virus）[*2] などの悪意のあるプログラムが添付されているものもある．そこで，MTA を運用する組織の多くは，スパムを判別して除去する装置〔**SPAM フィルタ**，より広く**メールゲートウェイ**（mail gateway）とよばれることもある〕を MTA と共に設置し，組織に出入りするメールを常時監視している．これらの詳細は 7・3・1 項で説明する．

7・2・3　電子メールの書式とヘッダー部・ボディ部

7・2・1 項で説明したように，ユーザは電子メールクライアント（MUA）を利用してメール文書を読み書きするが，メールを送信する際に記載しなければならない最低限の情報が存在する．それは，メールの**差出人**（**送信者**）と**宛先**（**受信者**）の電子メールアドレス，メールの題名となる**件名**（subject），そして電子メールの**本文**（letter body）の四つである．図 7・3 は，MUA のインターフェースから電子メール文書を新規に作成している様子を示している．ここで差出人と宛先，および件名を記載する部分を**ヘッダー部**（header），メール本文や添付ファイルを載せる

*1 "電気通信事業者 10 社の全受信メール数と迷惑メール数の割合"（総務省の公開データ，2023 年 3 月時点）より．

*2 コンピュータウイルスとは，プログラムに寄生して，コンピュータの利用者に不利益をもたらすような動作を発症させることを目的とした特異なプログラムである．コンピュータウイルスには，不正な Web サイトにアクセスすると感染するものや，普段よく使われるような名前のファイルとして，メールに添付されて送られてくるものがある．

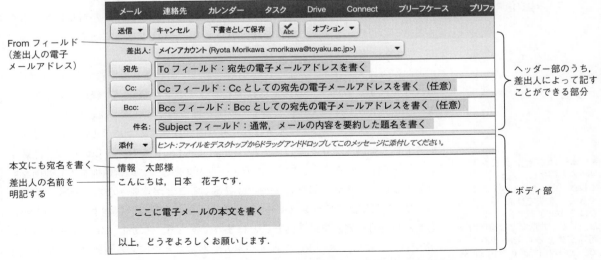

図 7・3　MUA（**Zimbra**）におけるユーザインターフェースの例

部分を**ボディ部**（body）とよぶ．また，ヘッダー部は，宛先や件名以外にも Cc や Bcc といった情報を書き込めるようになっている．これらのヘッダー部に記載された情報は，**ヘッダーフィールド**（header field）とよばれ，電子メールの送受信に関わる MTA や MDA などのプログラムによっておもに利用される．

図 7・3 に示された MUA のインターフェースで扱うことのできるヘッダーフィールドについて，その役割を以下に説明する．

- **From フィールド**：電子メールを発信した差出人を示すもので，通常，MUA に設定された差出人の電子メールアドレスが自動的に記載される．

Hanako Nippon <hanako@phys.toyaku.ac.jp>

"<"と">"とで囲まれた部分には，差出人の電子メールアドレスが入り，その前には MUA に設定された差出人の氏名が表示されることが多い．
- **To フィールド**：宛先となる電子メールアドレスを記入する．複数のアドレスを"，"で区切ることによって，複数の宛先にメールを送信することが可能である．
- **Cc**（Carbon Copy）**フィールド**：機能的には To フィールドとよく似ているが，カーボンコピー，すなわち To フィールドに記載された宛先への電子メールのコピーを Cc に記載された宛先にも送る，という意味がある．
- **Bcc**（Blind Carbon Copy）**フィールド**：機能的には Cc フィールドとほぼ同じであるが，Bcc に記載された電子メールアドレスをほかの電子メール受信者に知られないように，電子メールのコピーを送ることができる．このように，Bcc に電子メールアドレスを記載することによって，そのアドレスの保持者の個人情報を守ることができる．ただし，電子メール文書の一部として記載されるべき配布情報は，不完全なものとなる．
- **Subject フィールド**：メール本文に対応する件名を記入する．最近は MIME[*1] コード変換などにより，日本語（漢字，かな）なども使うことができるようになった．Subject フィールドは，受信したメールを整理するうえで大切な情報となるだけでなく，実際にそのメール本文を読むか読まないかの判断材料にもなる．そのため，メールの内容を適切かつ正確に要約して書くことが望まれる．

*1 MIME（Multipurpose Internet Mail Extensions）とは，電子メールにおいて ASCII 文字以外のデータを扱うことができるように拡張した仕様のこと．

上記のヘッダーフィールドは，送信者によって記載される情報である．しかし，これらのほかにもメールの送受信に関わるさまざまな情報が，経由する MUA や MTA，メールゲートウェイによってヘッダー部に追記される（詳しくは次項）．

ところで，ヘッダーフィールドはユーザ自身が記述するため，差出人の電子メールアドレスを偽る**なりすましメール**（email spoofing）など，虚偽の情報を記載することも可能である[*2]．そこで，電子メールの文書としての信頼性をより強固なものとするため，ボディ部をしっかりと記述することが重要となる．SNS やチャットなど，携帯電話で使うメッセージアプリケーションでは，送信する文章のなかに差出人の名前や宛名を書き込むことはまれであろう．しかし，電子メールの本文（ボディ部）には，メールの差出人が本人であることを伝えるためにも，手紙を書くように宛名と差出人を明記すべきである．

*2 郵便はがきや手紙も電子メールと同様に，差出人を偽って投函（とうかん）することができる（違法ではない）．これらはそういうメディアなのである．しかし詐欺などの倫理的な問題が生じる可能性はあるので，別の理由で罰せられる可能性はある．

7・2・4　電子メールのソースコード

　MUAから電子メールを送信するとき，図7・3に示されたヘッダー部とボディ部に記載された項目は，すべて一つのテキストファイルにまとめられ，MTAに送信される．このメールの本体であるテキストファイルは，電子メールの**ソースコード**（source code）として，MUAを使って確認することができる（図7・4）[*1]．メールのソースコードは大きくヘッダー部とボディ部に分かれ，その間には空行が入る．この空行は，行頭復帰を示す**CR**（carriage return）という文字コードと，改行を示す**LF**（line feed）という文字コードを組合わせた**CRLF**という特殊な文字コードによって記述される．また，メール本文に添付して送信される画像や音声，文書などのバイナリファイル〔**添付ファイル**（attachment）〕も，**Base64**とよばれる方法によってASCIIの文字列（すなわちテキスト）に変換〔**エンコード**（encode）〕され，ボディ部のメール本文の末尾に空行を入れて追記される．

*1　たとえば，Thunderbirdというう MUA では，ソースコードをみたいメールを件名の一覧から選択し，［表示］メニューから［メッセージのソース］を選択する．

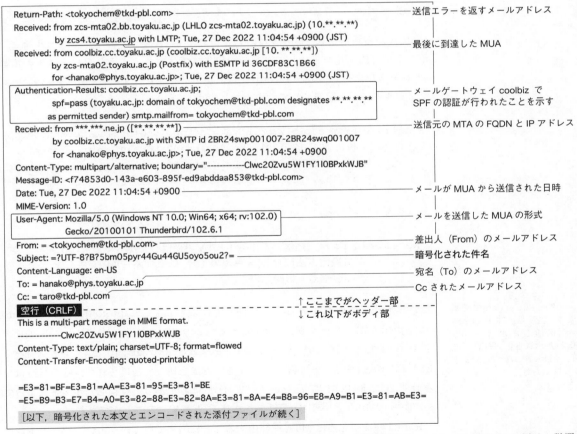

図7・4　電子メールのソースコードの概要例[*2]

*2　図7・4の例は，説明のためにいくつかのフィールドを削除・修正している．

　また前項で述べたように，電子メールがMUAから送信されて宛先に届くまでの間に，ヘッダー部にはメールの送受信によるさまざまな情報がヘッダーフィールド（以下，ヘッダー）として書き加えられる．

　まず MUA（または MTA）は，送信した電子メールが世界で唯一無二のものであることを識別できるように，次のような "Message-ID" というヘッダーを付与する.

```
Message-ID: <f74853d0-143a-e603-895f-ed9abddaa853@tkd-pbl.com>
```

ここで与えられる文字列は唯一無二のものでなければならないので，ドメイン名や IP アドレス，あるいは日付に関するものが使われることが多い. 電子メールを送信した MUA の種類は，"User-Agent" や "X-Mailer" というヘッダーに記載される. たとえば，"Thunderbird" という MUA を使ってメールを送信すると，

```
User-Agent: Mozilla/5.0 (中略) Gecko/20100101 Thunderbird/102.6.1
```

といったヘッダーが追加される. また，メールを MUA から送信した日時も "Date" というヘッダーを使って次のように追記される.

```
Date: Tue, 27 Dec 2022 11:04:54 +0900
```

　MUA から送信されたメールは，いくつもの MTA やメールゲートウェイなどのホストを経由（リレー）してメールの宛先まで送られる. それらのホストの情報〔トレースレコード（trace record）〕は，ホストをリレーするごとに "Received" フィールドに順次記録されていく. たとえば，

```
Received: from coolbiz.cc.toyaku.ac.jp (coolbiz.cc.toyaku.ac.jp
          [10.101.18.120]) by zcs-mta02.toyaku.ac.jp (Postfix)
          with ESMTP id 36CDF83C1B66 for <hanako@phys.toyaku.
          ac.jp>; Tue, 27 Dec 2022 11:04:54 +0900 (JST)
```

というヘッダー Received の記述例は，

```
Received: from [送信したホスト] by [受信したホスト] with
          [通信方法] id [メールの ID] for [メールの宛先] ;
          [受信した日時]
```

* ヘッダー Received に必要な基本情報は，"Received from [送信したホスト] by [受信したホスト]；[日時]" であり，with や id, for はオプションである.

という形式で書かれていることに注意して読めば*，"hanako@phys.toyaku. ac.jp 宛の電子メールが，coolbiz.cc.toyaku.ac.jp というホスト（IP アドレスは 10.101.18.120）から zcs-mta02.toyaku.ac.jp というホストへ，ESMTP（拡張された SMTP）という通信方法を使って送信された. その日時は日本時間 2022 年 12 月 27 日（火）11 時 04 分 54 秒であり，受信したホストによって 36CDF83C1B66 という ID が付与された." と解釈することができる.

　Received の記述は MTA を経由するごとに増えていくが，古い記録ほど下位に記載される. よってメールの送信元となる MTA に関する情報は，一番下に示される Received のフィールドに記載されることになる.

　メールの返信先を示す "Return-Path" も重要なヘッダーである.

```
Return-Path: <tokyochem@tkd-pbl.com>
```

このヘッダーには MTA によって送信者のメールアドレスが記載され，何らかの理由で宛先にメールが届かなかった場合，不達である旨のエラーメッセージを送信者に通達する役割を果たす．

7・2・5 なりすましメールの判別

前項で説明した "Received" フィールドは，メールの差出人が詐称されていないかを判断するための，大変重要な情報源となる．たとえば，受信したメールが差出人のメールアドレスのドメインとまったく関係のない IP アドレスをもつ MTA から送信されたものであれば，それは不正に設置，または乗っ取られた MTA から送信されたなりすましメールの可能性がある．この考え方に基づいてなりすましメールを判別する仕組みは，**SPF**（Sender Policy Framework）とよばれる．SPF は，組織のドメインを管理する DNS を使って，メールの送信を許可している MTA の IP アドレスをインターネットに開示している．メールを受取る側の組織に設置された MTA やメールゲートウェイは，この SPF によって開示された DNS の情報をもとに認証を行い，なりすましかどうかの判定を行う*．ほかにもなりすましメールの判定方法として，**デジタル署名**（digital signature，第 8 章参照）を用いた **DKIM**（DomainKeys Identified Mail）とよばれる仕組みもあり，メールシステム管理者は SPF とあわせて運用することが求められている．SPF や DKIM に基づいてなりすましの判定を行った結果は，たとえば次のようにヘッダー部に追記される．

```
Authentication-Results: zcs-mta01.toyaku.ac.jp;
        dkim=pass (2048-bit key) header.d=***.com
Authentication-Results: coolbiz.cc.toyaku.ac.jp;
        spf=pass (toyaku.ac.jp: domain of hanako@***.com
        designates [IPアドレス] as permitted sender)
        smtp.mailfrom= hakase@***.com;
        dkim=pass header.i=@***.com;
        dmarc=pass header.from=***.com
```

ここでは，`toyaku.ac.jp` ドメインに属する MTA やメールゲートウェイが，`hakase@***.com` から送信されてきたメールについて SPF と DKIM に関する認証のチェックを行い，その両方に成功したことを示している．

また，送信したメールが受信側組織での SPF や DKIM による認証に失敗した場合，そのメールをどう処理してほしいかを DNS をとおして公開する仕組みもあり，それは **DMARC**（Domain-based Message Authentication, Reporting and Conformance）とよばれている．

演習 7・3

あなたが普段使っている MUA を用いて，メールのソースコードを表示しなさい．また明らかになりすましメールと考えられるメールのソースコードを表示し，どこでなりすましであることが特定できるか，説明しなさい．

7・3　電子メールの問題点とセキュリティ

7・3・1　スパムを駆除するメールゲートウェイ

　前節ではインターネットにおける電子メールの典型的な送受信の仕組みを解説した．これからわかるように，差出人と宛先に関する電子メールの特徴は，郵便における手紙や小包とほぼ同じである．つまり電子メールは，相手（宛先）の電子メールアドレスさえ知っていれば，相手の許可なく送信することが可能なメディアなのである．そのため日本国内においても，SPF や DKIM がかなり普及しているとはいえ，送信者自身が電子メールアドレスを詐称して送信するなりすましメールは，しばらくはなくなる気配はない．

　くわえて郵便と異なり，電子メールには物理的な実体がなく，メールの送信数に依存した課金制度もない．そのため，受け手の意志とは関係なく，不特定多数の電子メールユーザに対して無差別に大量のメールを送りつけることができる．そのことが，郵便にはないスパムという迷惑行為を生み出す原因となっている．また，スパムは迷惑なだけでなく，実害をひき起こす内容を伴うことも多い．たとえば，コンピュータに感染してさまざまな害を成すコンピュータウイルスを添付ファイルとして送りつける**ウイルスメール**（virus mail）[*1]や，メール本文に偽りの Web サイト〔**フィッシングサイト**（phishing site）〕へのリンクを記載し，それをクリックした受信者の認証情報を巧妙に盗もうとする**フィッシングメール**（phishing mail）である．

　そこで，これらの対策となる仕組みをもった通信機器として登場するのが，メールゲートウェイ（SPAM フィルタ）である．組織に設置されたメールゲートウェイでは，SPF や DKIM によってなりすましメールと判断されたメールを受信しないだけでなく，スパムを送信したことのある MTA の IP アドレスを学習し，一定の条件下でメールの受信を拒否する動作を行う．くわえて，コンピュータウイルスに関する過去のデータベースを使い，メールに添付されたファイルがウイルスであるかないかを判断する．さらに，メール本文についても解析し，フィッシングサイトとして登録されている URL の記載が本文中にないか，チェックを行う場合もある．

　また，さらに進んだメールゲートウェイの機能として，**サンドボックス**（sandbox）という仕組みが備えられている場合もある．これは，過去のデータベースの情報に依存するだけでなく，メールに添付されたファイルを隔離された領域（サンドボックス）で試しに作動させ，その挙動を確認してから受信するか否かを決定する仕組みである．

　このように，メールゲートウェイは，受信メールがスパムか否かを解析してその可能性をスコア化し，その結果を次の例のようにメールのヘッダーフィールドとして報告する[*2]．

*1 コンピュータウイルスやワームなど，悪意のあるプログラムを総称して**マルウェア**（malware）とよぶ．

*2 "X-" の文字列から始まるヘッダーフィールドは，ヘッダーを記録するホスト（ソフトウェア）が独自に定義したものである．

```
X-Spam-Flag: NO
X-Spam-Score: -0.55
X-Spam-Status: No, score=-0.55 required=18 tests=[ALL_TRUSTED=-1,
      BAYES_40=-0.001, DKIM_INVALID=0.1, DKIM_SIGNED=0.1,
      HTML_MESSAGE=0.001,HTML_OBFUSCATE_05_10=0.26,
      PF_HELO_NONE=0.001, SPF_PASS=-0.001, T_SCC_BODY_TEXT_LINE=-0.01]
      autolearn=no autolearn_force=no
```

電子メールシステムの管理者は，この "X-Spam-Score" で示される数値に対してしきい値を設定し，受信したメールを宛先に送るか，警告のサイン（たとえば [SPAM] というタグを件名に加える）を付けて宛先に送るか，送信者にエラーとして返すか，あるいは完全に無視して削除するかをメールゲートウェイに設定する．そして，ゲートウェイが数値に応じていずれかの処理を行うことで，電子メールのユーザをスパムから守っている．

7・3・2　ゼロデイ攻撃と多要素認証の必要性

ところで，"いたちごっこ" という言葉があるが，一見強固にみえるメールゲートウェイにも弱点〔**脆弱性**（vulnerability）〕は往々にしてあり，その弱点を突いてシステムに侵入し〔**クラッキング**（cracking）〕[*1]，スパムを送信する者〔**スパマー**（spammer）〕も絶えることはない．たとえば，メールゲートウェイを構成するアプリケーションに何らかの脆弱性が存在することが発表された場合，そのアプリケーションの修正を行う前に，脆弱性を利用した不正アクセスによってメールシステムへの攻撃が行われる場合がある．これを**ゼロデイ攻撃**（zero-day attack）とよぶ．この攻撃が成功すると，フィッシングメールなどが電子メールユーザに到着し，その内容を読んでだまされたユーザが自分のアカウント情報をクラッカーに提供してしまい，メールアカウントを乗っ取られるという事態が生じる．そして乗っ取られたアカウントは，新たなスパムを送信するためのアカウントとして，スパマーに踏み台として利用されてしまう．

このような悲惨な例に至らないためには，

1. 管理している ICT システムの脆弱性が発見された場合，管理者は可能な限り迅速に，システムの脆弱性対応を行うこと[*2]．
2. ユーザは，届いたメールが本物であるか，フィッシングメールでないかなどを確認する能力を日頃から養うこと．そのためには，7・2・4 項で解説した電子メールのヘッダー情報を適切に解読できるようになること．

などが技術的な方策として大切である．

また，研究や仕事，学業に関係しそうな差出人や件名，本文のメールを送付することで相手に巧妙に近付き，潮時になったらウイルスメールやフィッシングメールを送りつけ，情報漏えいや振り込め詐欺など，彼らの不正な目的を達成するような**標的型攻撃**（targeted cyber attack）もある．そのため，メール本文の読解能力も大変重要である．

ところで，**クラウド**（cloud，第 8 章で解説）などの ICT システムは世界中からアクセス可能であるため，その脆弱性を狙ったクラッキングが絶えず行われ，情報流出などの被害も日常茶飯事である．このため，クラッカーによって不正に入手された自分のアカウント情報が，インターネットで拡散することもありうる．しかし，その防御対策として前述の技術的方策 1 の脆弱性対応を，管理者以外のユーザが行うことはできない．そこで，パスワードが盗まれないようにするためにユーザができる事前対策として，**多要素認証**（multi-factor authentication）の導入がある．

多要素認証とは，パソコンにログインする際に古くから行われてきたユーザ名と

[*1] コンピュータネットワークやそのノードに不正に侵入し，破壊や改ざんを行うことを**クラッキング**とよび，それを悪意をもって行う者を**クラッカー**という．似た言葉としてハッカーがあるが，こちらは単純にコンピュータ技術に長けている者を指すので，尊称として用いられるべきである．

[*2] 脆弱性の修正の際，システムが一時的に停止することがあるが，これを忍耐することもユーザとしてのスキルではないだろうか．

パスワードを用いたユーザ認証（第2章参照）だけでなく，複数の種類の**要素**（factor），または**証拠**（evidence）を組合わせて行う認証のことである．特に，認証に必要な要素が二つである場合は，**二要素認証**（2FA: two-factor authentication）とよばれる[*1]．これらの要素は**知識要素**（something the user knows）と**所持要素**（something the user has），**生体要素**（something the user is）に分類され，認証の際に次のような特徴をもつ．

*1 二段階認証とよぶ場合は，単純に異なる認証を二回行うことを意味し，これらの要素を二つ含む必要はない．

- **知識要素による認証**：パスワードや暗証番号など，認証を行うユーザが記憶している合言葉などの知識を使う方法．三つの要素のなかでユーザ本人から盗むことが最も難しい，すなわち複製耐性が高いが，忘れてしまうこともある．

*2 TOTP を生成するアプリケーションは，一定の時間間隔で指定した文字列（キー）と時刻をもとにある数学的な計算を行い，一定の桁の数値（ワンタイムパスワード）を生成する．Google Authenticator が有名．

- **所持要素による認証**：ID カードや一時的なパスワード（**TOTP**: time-based one-time password）を生成するアプリケーション[*2]などを使った認証である．所有している物に依存する認証であるため，紛失したり盗まれたりすることもあり，複製耐性は低い．また，携帯電話を使った**SMS 認証**（short message service authentication）[*3]もこの要素に属する．

*3 SMS とは，携帯電話どうしで短文をやりとりするサービスのこと．

- **生体要素による認証**：指紋認証や顔認証，網膜認証など，個人における人体的特徴を認証に使う方法．本人を脅迫するなどしない限り，盗むことは難しい．しかし，複製に関しては可能な場合もある．また技術的な問題から，誤認証する可能性も十分にありうる．

*4 情報セキュリティの通常の定義は，"機密性"，"完全性"，"可用性"を維持することである．詳しくは第2章を参照．

多要素認証ではこれらの要素を複数含むことで，システムの**情報セキュリティ**（information security）[*4]における**機密性**（confidentiality），すなわち"情報へのアクセスを認められた者だけが，その情報にアクセスできる状態に保つ"という要件を強化している．しかし，それでも偽サイトを利用したフィッシングメールにだまされ，スパマーに複数の要素を取得されて多要素認証を無意味にしてしまう可能性がある．やはり前述の2の対策，すなわちヘッダー情報を適切に解読できることが，ユーザにとって最も重要なのである[*5]．

*5 それは人間社会における永遠の課題かもしれない．

7・3・3 電子メールを送信する際のマナー

郵便における手紙もそうであるが，姿のみえない相手に自分の伝えたいことを可能な限り伝えることは，電子メールでも大変重要なことである．それは，用件だけでなく自分自身を伝えるということでもある．そして，手紙の書き方と同様に，電子メールにも特有の**マナー**（manners）がある．"マナー"の日本語である"作法"には古めかしい固いイメージもあるかもしれないが，相手に自分のメッセージをいかに伝えるかにおいて，先人の知識や経験に基づく大切なことである．以下にまとめてみる．

- 決して差出人の名前や電子メールのアドレスを偽ってはいけない．ユーザ名や氏名の文字列は，自分を証する最初の手段である．これを偽るということは，電子メールというツールの信用性の崩壊を助長することになる．
- 電子メール中の本文は，通常の手紙と変わらない．誰（差出人）が誰（宛名）に送ったものなのか，本文中に明記する必要がある．本文に自分の名前と相手の

名前が書かれていないメールは，手紙としての体裁を成していない．**シグネチャ**（**署名**）をあらかじめ MUA に設定しておけば，差出人（自分）が誰であるかを忘れずに明示できる．

● メールを送信する前に，相手のメールアドレスに間違いがないか，本文に間違いがないか必ず確認する．

● 件名は，メールの要となる部分である．本文の題名であるので，ほかのメールと区別できるようなキーワードを含めるとよい．たとえば，電子メールでレポートを提出する場合は，件名に自分の名前を加えておくと，メール受信者は整理しやすくなるであろう．

● 電子メールの受け手は，自分と異なる MUA を使っていると考えるべきである．自動改行機能に頼らず，だいたい全角文字で 35 文字ぐらいのところで改行すると，多くの人にとって読みやすくなるであろう．

● 通称“半角カタカナ”文字を電子メールのなかで使ってはいけない．これを使うと，MUA によっては文字化けを起こし，最悪の場合，過去に受信したメールのデータを壊すこともありうる．また同様に，JIS にない文字〔**機種依存文字**（platform dependent character），3・1・3 項参照〕を使うことも避けるべきである．

● **チェインメール**（chain letter，人から人へ続けて出される不幸の手紙のようなメール）を出してはいけない．メールサーバの負荷を高めるだけでなく，迷惑メール防止法* や信用毀損罪に抵触する可能性がある．

● 大容量のファイルをメールに添付して送信してはいけない．多くの MTA では，送受信するメール 1 通当たりのサイズ（容量）に制限を課していて，サイズの大き過ぎるメールについては受信せず，送信者に送り返すように設定されている．おおむね 5〜10 MB をメールのサイズの上限に設定している MTA が多い．しかし，電子メールの公共性を考えれば，3 MB 程度をメールのサイズの上限と考えるのがよいかもしれない．なお，大容量のファイルを送信したい場合は，ファイル便などの別の手段を用いるべきである．

このように電子メールのマナーは，メディアとしての電子メールとそれを利用するユーザ（人間）の関わりの歴史のなかから，創発的に生じてきたことがうかがえる．すなわち，電子メールは多くの問題を抱えながらも，情報（データ）のやりとりを行うメディアとしてかなり成熟しているといえるのかもしれない．

　しかし，そのような電子メールが Web メールとしてクラウドから提供されたとき，新たな問題が発生する．クラウドでは受信したメールデータをどのように扱っているのか，個人情報の保護やセキュリティは大丈夫なのか，そもそも電子メールに限らずデータの所有権はどこにあるのかなど，より深刻な問題についてはクラウドの脆弱性やプライバシーの問題とあわせて，第 8 章と第 12 章で説明する．

* 正式名称は，“特定電子メールの送信の適正化等に関する法律”．

前章で説明した電子メールは，特定の相手に，自分が送りたい情報を電子メールアドレスで宛先を指定して送るインターネット上の仕組みであった．一方，インターネット上には，不特定多数の人を対象に公開されている情報が存在している．それらの情報は画像や映像，音楽などのマルチメディア情報を伴い，Safari や Microsoft Edge などの，パソコンやスマホにインストールされた Web ブラウザとよばれるアプリケーションを使ってアクセスすることができる．この仕組みは，欧州原子核研究機構（CERN）で 1989 年に発明された WWW（World Wide Web）とよばれる体系によって提供され，1990 年代の後半にインターネットを世界に普及させる駆動力となった．

本章では，この WWW の仕組みと変遷，またその通信で使われている暗号化について理解し，これからの WWW の在り方について情報セキュリティの観点から考えてみよう．

8・1 WWW と Web ブラウザ

8・1・1 WWW におけるハイパーテキスト

WWW（World Wide Web）とは，先に述べたマルチメディア情報を**ハイパーテキスト**（hypertext system）[*1] によって提供するインターネット上のシステムのことで，**W3**（ダブリュースリー）または単に **Web**（ウェブ）とよばれることも多い．ハイパーテキストとは，複数のテキストを相互に関連付けて結びつける仕組みのことであるが，WWW ではこのテキストのことを**ドキュメント**〔**文書**（document）〕または **Web ページ**（web page）とよぶ．そしてドキュメント間を結びつけることを**ハイパーリンク**（hyperlink）とよび，図 8・1 のように，ドキュメントの中の特定の文字列をクリックして別のドキュメントに移動することができる．ドキュメントは **HTML**（hypertext markup language）というマークアップ言語[*2] を用いて記述され，ハイパーリンクもその文法に従って実装される．HTML では，ドキュメントに別のドキュメントの "場所" を示す **URL**（uniform resource locator，詳細は 8・1・3 項参照）を参照先として埋め込み，ハイパーリンクを実現している．

*1 ハイパーテキストという言葉は，テッド・ネルソン（1937〜）によって 1965 年につくられている．また 1987 年には，ハイパーテキストを使った Mac のアプリケーション "HyperCard" が，教育や実務の場面で活用されていた．

*2 マークアップ言語とは，テキストだけで書かれた文章に構造を加え，書体・サイズなどの視覚表現を指定する，組版のための言語である．HTML のほかに，SGML や roff，TeX，XML などがある．

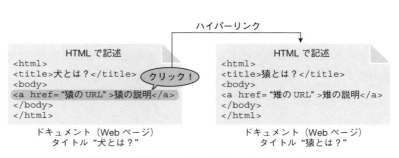

図 8・1 ドキュメントにおけるハイパーリンク

このようにハイパーリンクは，インターネット上に散在するドキュメントどうしを相互に参照可能にしている．そのつながり方がクモの巣を連想させることからWorld Wide Web（世界に広がるクモの巣）と命名されたのである．

8・1・2 Web ブラウザと HTTP

HTMLで記述されたドキュメントは，インターネット上に公開された**Web サーバ**（web server）[1] にファイルとして置かれることで，インターネットの利用者がアクセスできる状態となる．Web サーバにはドキュメントのほかにも，ドキュメントとひもづいた画像や音楽，映像などのファイルが置かれており，それらは情報を提供する資源，すなわち**リソース**（resource）とよばれる．われわれはそれらのリソースに，パソコンやスマートフォンにインストールされた Safari や Microsoft Edge，Google Chrome，Firefox，Brave といったアプリケーションを使ってアクセスすることができる（図8・2）．これらのアプリケーションは，一般に**Web ブラウザ**（web browser）[2,3] とよばれるが，Web サーバがリソースを提供する役割を担っていることから，その受け手である Web ブラウザを **Web クライアント**（web client）とよぶこともある．

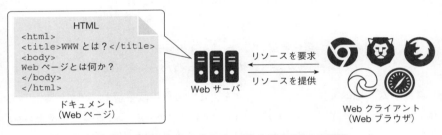

図 8・2 WWW におけるサーバとクライアントの関係

*1 Web サーバは WWW サーバ，Web クライアントは WWW クライアントとよばれることもある．また Web サーバは，ドキュメントを公開するためのアプリケーションを指す場合と，そのアプリケーションを搭載したサーバコンピュータを指す場合がある．

*2 Web ブラウザは WWW ブラウザ，あるいは単にブラウザとよばれることもある．

*3 Web ブラウザにはさまざまな種類のアプリがあるが，それぞれに一長一短がある．またアプリ特有の接続不良もしばしば生じる．よって，パソコンには複数の Web ブラウザをインストールして利用することを推奨する．

Web サーバに置かれたリソースを Web ブラウザで一度閲覧すると，そのデータは**キャッシュデータ**（cache data）として Web ブラウザにしばらくのあいだ保存される．そしてそれ以降，同一のデータにアクセスする場合は，キャッシュデータを使ってリソースを表示するようになる．この仕組みにより，頻繁にアクセスするリソースに含まれる大容量のデータを何度も Web ブラウザへ送信するための負荷が減り，リソースへのアクセスが実質的に速くなる．ただしキャッシュデータの中には，壊れたデータや利用者の Web 閲覧履歴を盗むマルウェアなどが紛れ込んでいることもあるので，キャッシュデータを手動で削除することができるよう，自分が利用している Web ブラウザの操作に慣れておくべきである．また Web ページによっては，それにアクセスしたユーザの情報を**クッキー**（cookie）というファイルのかたちで Web ブラウザに保存させることがある．パソコンに個人情報を無闇に残さないよう，このクッキーもキャッシュデータ同様，Web ブラウザの操作で削除することが可能である．

Web サーバと Web クライアントの間におけるリソースのやりとりは，基本的には **HTTP**（hypertext transfer protocol）という通信プロトコルによって行われる．リソースはファイルとして提供されるが，HTTP による通信ではそれらのファイ

ルをそのまま送受信するため，第三者が通信の途中でそれらのファイルにアクセスしてしまった場合，ファイルに記された情報をそのまま盗み見ることができてしまう．そこで最近では，データの送受信の安全性を高めるために **SSL**（Secure Sockets Layer）や **TLS**（Transport Layer Security）とよばれるプロトコルを使い，通信データの**暗号化**（encryption, 8・3 節参照）[*1] と改ざんの検出を行えるようにしている．この仕組みは **HTTPS**（hypertext transfer protocol secure）とよばれ，WWW におけるサーバ-クライアント間の通信の多くは，HTTPS を用いて行われている．

8・1・3 URL によるリソースの特定

8・1・1項では，ドキュメントの置かれた場所は **URL**（uniform resource locator）によって表記されると説明したが，一般に URL はインターネット上に置かれたリソースの場所を特定するための文字列，いわば“住所”のような概念として定義される．たとえば URL は次のように表記される．

```
http://www.ls.toyaku.ac.jp/~morikawa/index.html
```

この http から始まる URL は，次の三つの部分から構成される．

スキーム	http
責任者部	www.ls.toyaku.ac.jp
リソースのパス	/~morikawa/index.html

スキーム（scheme）とは，リソースを得るための手段を示す．スキームとしては，Web サーバと Web クライアント間の通信プロトコルである **http** や **https** 以外にも，ファイル転送のためのプロトコルである **ftp**（file transfer protocol），ローカルディスクのファイルを意味する **file** などを使うことができる[*2]．スキームに続くコロン（:）とダブルスラッシュ（//）の後には，リソースを提供する Web サーバのインターネット上の名前，すなわち FQDN（第 6 章参照）が記載される[*3]．これを，リソースのパス（後述）の整合性に責任をもつという意味で，**責任者部**（authority component）とよぶ．最後の**リソースのパス**（path）は，Web サーバに置かれたファイル（リソース）の所在を示すパス（第 4 章参照）のことである[*4]．

この URL を包括するものとして，**URI**（uniform resource identifier）とよばれる概念がある．URI はインターネットに限らず，リソース一般を区別するために用いられる記述方式のことであり，情報の ID に相当する．URI の枠のなかで URL を分類すると，URL は，リソースの置かれたネットワーク上のコンピュータ（FQDN）とそこへのアクセスの方法（スキーム）が示された情報の ID といえる[*5]．一方，URL のほかに，URI の部分集合として **URN**（uniform resource name）という，リソースの場所やアクセス方法とは無関係に決まる情報の ID も存在する．URN の例としては書籍情報を示す **ISBN**〔国際標準図書番号（International Standard Book Number）〕があり，

$$\text{URN:ISBN:978-4-06-531778-5}$$

のように

*1 暗号化とは，第三者が特別な知識なしで解読できないようにデータを変換すること．暗号化されていないデータは平文（ひらぶん）とよばれる．

*2 http も ftp も，スキームとしてプロトコルを表記する場合は，小文字を使うのが通例である．

*3 ダブルスラッシュは責任者部がネットワーク上にある，すなわち FQDN であることを意味している．

*4 URL に記載されたリソースのパスは，Web サーバを提供するコンピュータの絶対パスではなく，リソースが置かれている最上位の階層のディレクトリ（ドキュメントルート）からみた相対パスである．

*5 ここでは RFC2396（1998年）に基づいて URI と URL の関係を説明している．なお近年，すべて URL という言葉に統一する動きもある．

URN：<名前空間識別子>：<名前空間固有文字列>

と記載することによって，ある書籍に対して固有の文字列を割り当てている．

演習 8・1 **Web ブラウザの基本的な操作を学ぶ** ─────────

Web ブラウザの操作の基本は，（1）URL を用いて Web ページを表示する，（2）よく閲覧する Web ページをブックマークに登録する，（3）安全のためキャッシュデータや閲覧履歴を適切に削除する，の 3 点である．ここでは，ユーザを保護する機能に長けた Web ブラウザである **Brave**[*1] を自分のパソコンにインストールし，これらの操作を試してみよう．Brave のインストールに必要なファイル（インストーラ）は，次の URL で示される Web ページからダウンロードすることができる．

```
https://brave.com/
```

（1）URL を用いて Web ページを表示する．

次の URL を Brave の上部にある横長の欄（アドレスバー）に入力し，［return］キーを押す．

```
https://www.tkd-pbl.com/
```

出版社 東京化学同人のホームページが表示されれば成功である．

（2）よく閲覧する Web ページをブックマークに登録する．

操作ガイド ブックマークに登録したい Web ページを表示した状態で，Mac では Brave のメニューバーから，Windows ではウインドウ右上のメニューボタン［≡］から［ブックマーク］をクリックし，表示されたメニューから［このタブをブックマークに追加…］を選択する．登録した Web ページのタイトルがブックマークに追加されるので，今後はそのタイトルを選択すれば，登録した Web ページに移動することができる．

（3）過去に閲覧した Web ページのキャッシュデータとクッキーを削除する．

操作ガイド Mac では Brave のメニューバーの［Brave］をクリックし，Windows ではメニューボタン［≡］→［履歴］を選択し，表示されたメニューから［閲覧履歴を消去…］を選択する．すると "閲覧履歴データの削除" というウインドウが表示されるので，削除の対象となる期間を指定し，［データを削除］のボタンをクリックしてキャッシュデータとクッキーを削除する．

[*1] Brave は 2019 年より Brave Software 社によって提供されているオープンソースの Web ブラウザであり，Web ページに表示される広告と追跡（トラッカー）をブロックする機能が標準で搭載されている，Web 3（8・4・3 項参照）時代のブラウザである．

8・2 HTML 文書と Web ページの構成

8・2・1 HTML 文書の構文

Web ページを記述するために必要な言語である HTML[*2] は，テキスト（文章）に見出しや段落，そしてほかのファイルへのリンクといった構造的意味を与える機能をもっている．この HTML で記述されたテキストを **HTML 文書**（HTML document），そのファイルを **HTML ファイル**（HTML file）とよび，ファイルの拡張子には `html` または `htm` という文字列が使われる．Web ブラウザを使えば，表示されている Web ページを記述している HTML 文書，すなわち Web ページのソースコードを確認することができる．

[*2] 最新の HTML のバージョンは HTML 5.2 であり，最新のマルチメディアをサポートできる仕様が組込まれている．

演習 8・2 Web ページのソースコードを表示する ────────

　Web ブラウザ Brave を起動し，適当な Web ページを表示する．Mac では，Brave のメニューバーの［表示］をクリックし，表示されたメニューから［開発/管理］を選択し，さらにサブメニューの［ソースを表示］を選択する．Windows では，ページ中の任意の余白部分を右クリックして表示されるメニューから［ページのソースを表示］を選択する．

───────────────────────────────────────●

　図 8・3 に，基本的な HTML 文書（Web ページのソースコード）の例を示す．

　1 行目 `<!DOCTYPE html>` は，このテキストが HTML 文書であり，どのバージョンの HTML を使って書かれているかを宣言している．ここでわかるように，HTML 文書には `<` と `>` のカッコで囲まれた，**タグ**（tag）とよばれる文字列が頻繁に現れる．これはテキストに構造的意味をもたせるための命令である．

行番号　ソースコード

```
 1   <!DOCTYPE html>
 2   <html>
 3   <head>
 4   <title>情報科学への誘い</title>
 5   </head>
 6   <body>
 7   <h1> はじめに</h1>
 8   <p>
 9   情報科学の教科書は
10   <a href="https://www.tkd-pbl.com/">東京化学同人のHP</a>
11   をご覧ください．
12   </p>
13   </body>
14   </html>
```

図 8・3　基本的な HTML 文書の例

　たとえば 4 行目の "情報科学への誘い" と書かれた文を，`<title>` というタグとそれにスラッシュの付いた `</title>` というタグで挟んで置く（括る）ことで，"情報科学への誘い" がこの文書の題名（タイトル）であることを示すことができる．また 6 行目の `<body>` と 13 行目の `</body>` は，6 行目から 13 行目までの内容が HTML 文書の本文（body）であることを示している．

　このように `<…>` は**開始タグ**（start tag），`</…>` は**終了タグ**（end tag）とよばれ，通常はペアで用いられる．この開始タグに始まり終了タグで終わる文字列全体は，**HTML 要素**（HTML element），または単に**要素**（element）とよばれる（図 8・4）．そしてタグの名前である `title` や `body` などは要素を識別するための文字列でもあるので，**要素名**（tag name）とよばれることもある．ただし，1 行目の

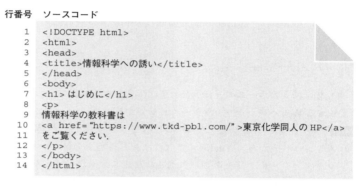

図 8・4　HTML 要素の構造を示す一例
図 8・3 の 10 行目に該当.

`<!DOCTYPE html>` のような単独のタグも存在し，文章以外の情報などを示すときに使われる．その場合，単独のタグそれ自体が要素となる．

図 8・3 の 10 行目にはハイパーリンクを表すタグ `<a>`〜`</a>` が用いられているが，その開始タグの中にはリンク先である URL を含む文字列

　　`href="https://www.tkd-pbl.com/"`

が記載されている．これはタグを機能させるために付帯する情報であり，この文字列を**属性**（attribute）とよぶ．この例では，`href` は a タグにおけるハイパーリンク先を指定する属性の名前（属性名）であり，`https://www.tkd-pbl.com/` はそのリンク先のリソースの場所を示す値（属性値）である．

このように HTML 文書（図 8・3）は，さまざまな HTML 要素（図 8・4）を組合わせて構成されている．そして HTML 要素では，タグとそれに付帯する属性によって文字列（内容）に対して意味付けを行っている．なお，図 8・4 では簡単なハイパーリンクに関わる要素（a タグ）の例を示したが，これらを実際にファイルに記述する際は，タグや属性名，属性の値を囲むダブルクォーテーション，属性の値にはすべて半角英数字を用いなければならない．

演習 8・3

テキストエディタを使って図 8・3 で示された Web ページのソースコードを記述し，`test.html` というファイル名で保存しなさい．次に Web ブラウザ Brave を起動し，Mac の場合はメニューバーの［ファイル］をクリックし，表示されたメニューから［ファイルを開く…］を選択し，`test.html` を読み込みなさい．Windows の場合は［ctrl］＋［O］キーを押して `test.html` を読み込みなさい．HTML 文書が Web ブラウザに表示されていることを確認しなさい．

8・2・2 CSS や画像による HTML 文書の装飾

HTML 文書は Web ページの構造とその内容がテキストで記述されているだけで，大変地味であるといえる．しかし一般によくみられるにぎやかな Web ページでは，魅力的な画像や動画がそれに似合うフォントと一緒にクールなレイアウトで並べられ，表示されている．もちろんテキストエディタを使って作成した HTML ファイルだけでも立派な Web ページを表示することはできる．しかし，みる人をひきつけるような見栄えのよい Web ページを作成しようと思ったとき，HTML 文書だけではなく，それと連携した画像や音声などのコンテンツやページのレイアウト情報などを，ファイルとして準備する必要がある．

a. CSS を使った見栄えの変更　　最初に Web ページの文字フォントや背景の色，レイアウト，大きさなどを，**CSS**（Cascading Style Sheets）とよばれる**スタイルシート**（style sheet）を使って制御する簡単な例を紹介しよう．HTML 単独でも Web ページのレイアウトやフォントの種類，色などを制御するタグが存在するが，**W3C**（World Wide Web Consortium）[*,†] では CSS を利用することが推奨されている．

＊ W3C とは，HTML の仕様を策定して勧告を決定し，事実上，業界全体がそれに準拠するような非営利機関である．

---

†　https://www.w3.org/

たとえば図 8・3 の 7 行目で，"はじめに" という文字列を見出し（表題）として指定するために h1 というタグが使われているが，この h1 タグで括られた文字列の色を，CSS を使って青色で表示させてみよう．まずテキストエディタを使って，

```
h1 {color: #0000ff}
```

という一行が書かれたテキストファイルを作成し，（たとえば）test.css というファイル名で保存する．この記載によって "h1 タグの色は青色（RGB の 16 進数表記で #0000ff）である" と宣言しており，これも立派な **CSS ファイル**（CSS file）である．この CSS ファイルを，図 8・3 のソースコードが書かれた HTML ファイル test.html と同じディレクトリに置く．そして test.html の head タグで括られた中（たとえば 4 行目と 5 行目の間）に，

```
<link rel="stylesheet" type="text/css"
     media="all" href="test.css">
```

と記載し，test.html から test.css へスタイルシートとしてのリンクを張るように指定する．すると Web ブラウザに表示された "はじめに" の見出しは，青色で表示されるようになる．

b. 画像の表示　次に Web ページに画像を表示させてみよう[*1]．表示させたい画像ファイル（ここでは test.png という名前の画像ファイル）を準備し，それを test.html と同じディレクトリに置く．そして test.html の body タグで括られた中（たとえば 11 行目と 12 行目の間）に，

```
<img src="test.png" alt=" テスト画像 "  >
```

と記載して Web ブラウザを再読み込みすれば，画像が Web ページに表示される．なお Web ページの画像ファイルとしては，PNG 形式のほかに JPEG や GIF なども利用できる．

c. 表示を動的に変化させる　ほかにも JavaScript などの言語で書かれたプログラムによって動くアプリケーションと HTML 文書を連携させることにより，Web ページの表示を動的に変化させること〔**DHTML**（dynamic HTML）〕[*2]がしばしば行われる．たとえば JavaScript で作成した簡単なゲームを Web ページに表示して遊んでもらうことも可能である．なお JavaScript で作成したファイルの拡張子は js である．

8・2・3　インターネットにおける Web ページの公開

Web ページをインターネットに公開するためには，公開する Web ページを構成する HTML ファイルや CSS ファイル，画像ファイルなどを自分のアカウントが存在する Web サーバへ転送し[*3]，それらを適切なパスに配置する必要がある．ここでは Web ページを構成するこれらのファイルを，第 7 章に登場した太郎さんが gene.phys.toyaku.ac.jp という Web サーバに送信する状況を考えてみる（図 8・5）．
まず公開に必要な HTML ファイル（test.html）がパソコンに置かれていると

[*1] Web ページにテキストと画像を同時に表示できる最初の Web ブラウザは，NCSA Mosaic（1993 年）であった．Mosaic は 1994 年に日本語も表示できるようになり，日本における WWW 普及の先駆けとなった．

[*2] DHTML が最初に実装された Web ブラウザは，Netscape 社の Netscape Communicator 4.0 と Microsoft 社の Internet Explorer 4.0 である（1997 年）．

[*3] サーバへファイルを転送することを**アップロード**という．逆にサーバから自分のパソコンへファイルを転送することを**ダウンロード**という．

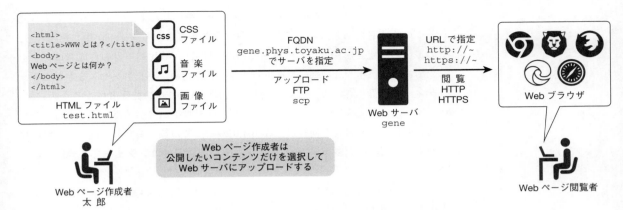

図 8・5　Web ページをインターネットに公開する方法

する．ファイルをパソコンからサーバへ転送するアプリケーションとしては，**FTP**（file transfer protocol）を利用した **FTP クライアント**（FTP client software）[*1] が昔からよく使われているが，ここではターミナルで実行可能な **scp**（secure copy）コマンドを使ったファイル転送の方法について説明する．scp は SSH プロトコル（第 7 章参照）を利用してファイルを暗号化してサーバに転送するコマンドであり，FTP よりも安全にファイルを送受信することができる．

Web サーバに登録されている太郎さんのユーザ名を tarou，HTML ファイルを置くべきパスを /home/tarou/public_html/ とすれば，

```
% scp test.html tarou@gene.phys.toyaku.ac.jp:
    /home/tarou/public_html/
```

と実行することで，HTML ファイルを目的の Web サーバのパスに転送（コピー）することができる[*2]．なおこのコマンドを実行した際に，Web サーバに登録されているアカウント tarou のパスワードを入力する必要がある．また Web サーバへ転送したファイルは，ファイルを所有していない者が内容を変更できないよう，**ファイルパーミッション**（file permission）を適切に設定しておく必要がある[*3]．

8・2・4　Web 1.0 から Web 2.0 へ

　前項では，Web ページの作成者がインターネットにおける情報の発信者であり，また Web ページの閲覧者が情報の受信者であった時代（おおむね 1989～2004 年）[*4] における WWW の構造（図 8・5）について説明した．これを情報の流れというマクロな視点でみれば，情報は発信者から受信者へほぼ一方通行で流れているといえる．また Web ページの発信情報は閲覧者の操作によって予期せず変わることはなく，おおむね**静的**（static）である．このような特徴をもつ WWW はのちに **Web 1.0** とよばれ，現在も個人や組織の情報を広報する WWW の基盤として広く存在する[*5]．

　情報の流れが一方通行ということは，Web 1.0 は新聞やテレビに似ているといえ

*1 FTP クライアントとしては，Cyberduck や WinSCP など，数多くの無料のアプリケーションが公開されている．これらの FTP クライアントの多くは scp も利用できるようになっている．

*2 ここで示した scp を含むコマンドは，一つの例である．詳しくは scp コマンドのマニュアルを参照すること（man scp）．

*3 ファイルパーミッションを変更するには，Web サーバに SSH を使ってログインし（第 7 章参照），chmod コマンドを使う．

*4 2004 年は Web 2.0（後述）の概念が広く知れわたるようになった年である．この年，Google は株式を公開．また日本において SNS の先駆的存在であった mixi（ミクシィ）のサービスが開始された．

*5 DHTML でつくられる Web ページは閲覧者の操作によって表示が変化するが，その変化が作成者の意図を超えるようなものでなければ，それは Web 1.0 に分類できると考えられる．

る．つまり Web ページに表示されるコンテンツやそれによって生じる責任は Web ページの作成者にあり，コンテンツに関するさまざまなトラブルが生じた場合も，その原因の特定と解決は比較的容易である．同時に Web ページの作成者はコンテンツであるファイルを詳細にコントロールできるため，不正アクセスなどのセキュリティ上の問題も起こりにくい．逆にいえば，Web 1.0 の発信者になるためには，インターネットと Web に関するある程度の技術的な知識が必要なのである．そのため新聞社やテレビ局と同様に，Web 1.0 の発信者の数は閲覧者に比べて圧倒的に少なく，利用者の大多数が Web コンテンツの消費者〔**コンシューマ**（consumer）〕であった．

　さて，1995 年に発売された Windows 95 には，Internet Explorer（IE）という Web ブラウザが標準で搭載されており，これにより多くの利用者が Web ページを簡単に閲覧できるようになった．その結果，専門知識のない閲覧者のなかに，自らが WWW の発信者になりたいという欲求も自然と生まれたであろう．その欲求を満たすためには，情報の発信者と受信者が流動化し，誰もが自由に情報を発信できる簡単な仕組みが必要である．そのような WWW は **Web 2.0** とよばれる．その考え方を具現化したサービスの例として，日記や覚書などのコンテンツを直接 Web に書き込んで公開できる**ブログ**（blog），不特定多数の人が直接コンテンツを編集して Web コンテンツを公開できる**ウィキ**（wiki），そして特定の Web サイトに登録して人と人とのつながりをつくり，コミュニケーションの場とする **SNS**（social networking service）などがあげられる．これらのサービスは 20 世紀末から 21 世紀初頭に次々と登場し，単なる受信者であった WWW ユーザを手軽に発信者に変えることができた[1,2]．しかし同時に，Web 2.0 とよばれる潮流は，**個人情報**（personal data）や**著作権**（copyright）の侵害といった，新たな問題をインターネットの世界に生じさせることになった．

8・3　暗号化によるデータの保護

8・3・1　Web 2.0 から生まれたクラウド

　Web 2.0 の潮流のなか，インターネットに関する専門知識をもたない人が簡単に情報の発信者になるには，まずはそれをサポートするサービスを提供している企業や組織を探し出す必要がある．それらの企業がどのような機器や技術を用いて Web ページの公開をサポートしているのかは，雲（cloud）の中のようにみることはできない．しかしとにかく，そのサービスに登録して直感に訴える Web ページを見ながらマウスやキーボードの操作を行えば，自分も情報の発信者になることができる．そしてそのサービスに登録している人々と交流をもつことができ，より多くの情報を享受できるようになる．これが**クラウドサービス**（cloud service）[3]である．

　クラウドサービスは Web ページの公開だけでなく，Web メールサービス，ファイル保存・共有サービス，映像配信サービスなど，Web 2.0 に含まれるあらゆるサービスやアプリケーションがその対象となる．このクラウドサービスを支える仕組みは**クラウドコンピューティング**（cloud computing），略して**クラウド**とよばれ，数多くのサーバコンピュータとストレージ，そしてそれらをつなぐネットワーク機

*1　パソコンのように Web ページを閲覧できるスマートフォンである iPhone の登場（2007 年）は，Web 2.0 の流れを加速させたといえる．

*2　Web 2.0 は WWW の技術を表す専門用語にみえるが，実際はティム・オライリーが提唱した，Web の新しい利用法を示唆する定義の曖昧な流行語，すなわちバズワード（buzzword）である．

*3　クラウドという言葉は，2006 年に Google の CEO だったエリック・シュミットによって提唱された．

器で構成される．ほとんどの場合，クラウドは特定の企業組織によって管理運営され，WWW を通じて無償・有償のサービスがコンシューマに提供される．そのため，それら Web 2.0 を提供する仕組み（**Web システム**）は"雲に隠れて"おり，明瞭に示すことは難しいが，その概略は図 8・6 のようになるであろう．

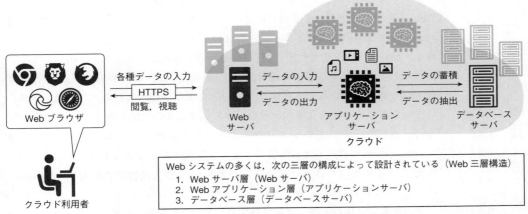

図 8・6　クラウドを動かす **Web** システムの大雑把な仕組み

　クラウドの利用者も，図 8・5 の Web ページ閲覧者と同じく Web ブラウザを用いて Web ページにアクセスするが，閲覧や視聴に止まらず，クラウドのコンテンツに応答した文字列や音声，映像やマウス操作などによるデータを入力する．それらのデータは Web 1.0 と同じプロトコルで **Web サーバ**によって受信されるが，Web サーバは背後にある**アプリケーションサーバ**（application server）と通信しており，アプリケーションサーバは利用者が入力したデータを目的に応じて処理し，その結果を Web サーバに返している．このときアプリケーションサーバは，HTML 文書を始めとする Web ページのコンテンツを**動的**（dynamic）に作成し，Web サーバに渡す役割をもつ．一方，アプリケーションサーバで処理されたデータの一部は，将来における利用のために**データベースサーバ**（database server）に送られ，Excel（第 5 章参照）で扱うような列と行をもつ**構造化データ**（structured data，第 10 章参照）として保存される．

　このようにクラウドを動かすための Web システムの多くは，**Web サーバ層**（Web サーバ），**Web アプリケーション層**（アプリケーションサーバ），および**データベース層**（データベースサーバ）の三層から成っており，これを **Web 三層構造**とよぶ．さらに，大規模なクラウド企業では用途の異なる複数のクラウドサービスを提供しているため，それぞれに対応した複数の Web システムが互いに連携しつつ稼働している．またシステムの冗長化*を考慮すると，クラウドサービスを提供するためには非常に多くのサーバ機器が必要となり，運用コストの問題が生じる．これを回避するために，クラウドの運用には一つの機器（ハードウェア）の中で複数のサーバをソフトウェア的に動かすための**仮想化**（virtualization）の技術が必須となる．

* 冗長化とは，一つの機器やシステムが故障した場合でも，本来の役割を継続できるように予備の機器やシステムを準備しておくことである．

8・3・2　ファイルの暗号化と復号

　Web 三層構造からわかるように，クラウドの利用者が入力した個人情報を含むさまざまなデータは，Web システムのデータベース層に蓄積され続けていく．たとえば Web メールサービスを提供しているクラウドには，利用者の個人情報を含むメールデータが保存されている．そのためクラウドを運営する企業は，メールデータを第三者が解読できないように**暗号化**（encryption）すべきであろう．一方，Web ブラウザとクラウドの間で送受信する通信データのなかにも個人情報が含まれる可能性は高い．よってデータが平文のまま送受信される HTTP を使うのではなく，通信データを暗号化する HTTPS を用いる必要があるだろう．

　ところで，現存する最古の**暗号文**（ciphertext）は，紀元前 19 世紀に**象形文字**（hieroglyph）で描かれた古代エジプトの碑文のなかにみられる．これは当時使われていた標準的な象形文字の一部を，珍しい象形文字に置き換えたものである[*1]．また，古代ローマにおいてユリウス・カエサルが使ったとされる**シーザー暗号**（Caesar cipher）は，平文を構成する文字を辞書順で 3 文字分ずらしたものに置き換えて暗号文をつくる方法である．これらの暗号文は**換字式暗号**（substitution cipher）とよばれている[*2]．

　その後も暗号化の方法（**アルゴリズム**）とそれに関わる技術は進歩を重ね，ICT 社会とよばれる現代においては，個人が所有する情報を守るための方法として広く利用されている．Windows や macOS にはファイルを暗号化するさまざまな GUI アプリが存在するが，Windows ならファイルを右クリックして［プロパティ］→［詳細設定］→［内容を暗号化してデータをセキュリティで保護する］をチェックすることで，ファイルを暗号化できる．また macOS なら "ディスクユーティリティ" を使って暗号化ファイルをつくることができる．

　なお暗号化されたファイルは，そのままでは内容を確認することができなくなる．よって暗号化されたファイルを元に戻すには，**鍵**（key）を使って**復号**（decryption）する必要がある[*3]．

[*1] この碑文はクヌムホテプ 2 世の墓から発見された．珍しい象形文字に置き換えたのは，メッセージを隠すというよりは，威厳を保つために行ったと考えられている．

[*2] ほかにも古代に使われていた暗号として，文字の順序を並べ替える転置式暗号がある．

[*3] シーザー暗号の場合，"3 文字ずらす" ことの "3" という数字が鍵であり，"ずらす" という方法が暗号化のためのアルゴリズムといえる．

演習 8・4

暗号化ソフトウェア OpenSSL[*4] を使って，ターミナル（Windows の場合は WSL）からファイルの暗号化と復号を行いなさい．

1) テキストエディタを使って適当な内容の文章を書き，clear.txt というファイル名で保存しなさい．

2) ターミナル（Windows の場合は WSL）を起動しなさい．そして clear.txt の存在するディレクトリに cd コマンドを使って移動しなさい．

3) cat コマンドを使って，clear.txt の中身を確認しなさい．

```
% cat clear.txt
```

4) 次のコマンドをプロンプト（%）に続けて入力しなさい．指示に従って自分で考えた鍵（パスワード）を入力すると，clear.txt を暗号化したファイル cipher.txt が生成される[*5]．ただしプロンプトが % ではなく $ である場合もある．

```
% openssl enc -e -aes256 -in clear.txt -out cipher.txt
```

[*4] OpenSSL は暗号化関数とそのユーティリティ関数を実装する，オープンソースで開発・提供されているソフトウェアである．インターネットの多くのサーバで利用されている．

[*5] openssl コマンドのなかでサブコマンド enc を指定することにより，共通鍵暗号による暗号化と復号を行うことができる．またそのオプションである -e は暗号化，-d は復号，-aes256 は暗号化アルゴリズムである AES256 を使うことを意味する．

5) cat コマンドを使って cipher.txt の中身を確認しなさい．clear.txt と同じ
　　内容の文章が表示されるか．

```
% cat cipher.txt
```

6) 暗号化したファイルを decryption.txt という名前で復号し，内容を確認しなさ
　　い．clear.txt と同じ内容か．

```
% openssl enc -d -aes256 -in cipher.txt -out decryption.txt
% cat decryption.txt
```

8・3・3　共通鍵暗号と公開鍵暗号

　演習 8・4 では，ファイルを暗号化するときと復号するとき，いずれも同じ鍵
（パスワード）を使用した．このように暗号化と復号に共通の鍵を用いる暗号方式
（通信）を**共通鍵暗号**（common key cryptosystem）とよぶ．転じて広義には，デー
タの送信者と受信者が "同一の鍵" を使って暗号化したファイルをやりとりするこ
とも，共通鍵暗号とよぶことがある．

　共通鍵暗号は鍵の秘密が守られている限り，鍵を共有するグループのなかでは大
変便利に利用することができる．しかし，直接会うことができない他者と機密を保
持しながらデータのやりとりを行う場合，たとえばインターネットを介して暗号化
された文書をやりとりする場合には，復号のための共通鍵をどのように受け渡しす
るかが問題となる．そこで考えられた方法が**公開鍵暗号**（public key cryptosystem）
である．公開鍵暗号の考え方は 1960 年代に遡るが，最初に論文として発表された
のは 1976 年である．その後 1990 年代には，パソコンで公開鍵暗号を利用できるよ
うになった．その仕組みの概略は図 8・7(a) のとおりである．

1. 受信者は暗号化で用いる鍵，すなわち**公開鍵**（public key）とそれに対応する**秘
　　密鍵**（private key）を，鍵生成のアルゴリズムを用いて作成する（図 8・7a の ①）．
2. 受信者は公開鍵を全世界に公開する（②）．送信者は受信者が公開した公開鍵を

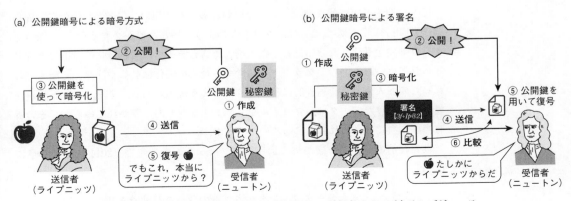

(a) 公開鍵暗号による暗号方式　　　　　　　　(b) 公開鍵暗号による署名

図 8・7　公開鍵暗号とデジタル署名の仕組み　　送信者はリンゴをリンゴジュース
にして受信者に送り，受信者は秘密鍵を使ってリンゴに復元する．

用い，所定の暗号化アルゴリズムに従ってメッセージを暗号化する（③）．

3. 送信者は受信者に暗号化メッセージを送信する（④）．

4. 受信者は所定の復号アルゴリズムに従い，秘密鍵を用いて送信者からの暗号化メッセージを復号する（⑤）．

しかし，これだけでは，送信者から送られてきたとされるデータが実際に本人の送ったものであるかは確信できない．そこで，これを確認する方法として**デジタル署名**（digital signature）または単に**署名**がある．デジタル署名にはさまざまな方法があるが，ここでは先に説明した秘密鍵と公開鍵の特性を利用できる**RSA暗号**[*1] を用いた署名の一例について図8・7(b) を用いて説明する．

5. 送信者は新たに公開鍵と秘密鍵をペアで作成し（図8・7b の①），公開鍵を全世界に公開する（②）．

6. 送信者は 2 で作成した暗号化メッセージを秘密鍵でさらに暗号化する（③，これが署名である）．そして署名と暗号化メッセージを受信者に送信する（④）．

7. 受信者は送信者が公開した公開鍵を使い，送信者から送られた署名を復号する（⑤）．復号したデータと暗号化メッセージを比較し（⑥），一致していれば送信者が本人と確認できる．

実際の手順はもうすこし複雑であるが，送信者と受信者の間でおおむねこのようなデータのやりとりが行われることで，通信のセキュリティが保たれる．

演習 8・5

HTTPS による通信は，Web サーバに**サーバ証明書**（**SSL 証明書**）[*2]を置き，共通鍵暗号と公開鍵暗号の両方をうまく組合わせて行われる．この仕組みを自分で調べ，説明せよ．

*1 RSA 暗号は，大きな桁の数の素因数分解は難しい（コンピュータでも大変時間がかかる）ことを利用（依存）した暗号である．したがって，膨大な時間をかければ，第三者も鍵なしで暗号を解読することが，理論上可能である．

*2 SSL には脆弱性がみつかっており，現在は TLS を使うことが推奨されている．しかしこれまでの慣習からサーバ証明書は SSL 証明書とよばれている．

8・4 ブロックチェーンと Web 3
8・4・1 貨幣とデータ

ICT に関する専門的な知識をもたないわれわれが情報の受信者かつ発信者（Web 2.0 の利用者）となるためには，クラウドのような情報基盤が必要となる．しかし，クラウドに送受信され蓄積される個人情報を含むデータは，暗号化の技術によって守られてはいるものの，クラウドを運営する企業や団体は契約や法律の範囲内でわれわれの個人情報を営利目的に利用できてしまう現実がある．また，われわれが作成または預けたデータは，ファイル化されてクラウド内に置かれているが，その所有権は本当にわれわれ個人にあるのだろうか．

世界経済のリーダー達が集う世界経済フォーラムの報告書（2011 年）の序章には，

個人データはインターネットの新たな石油であり，
デジタル世界の新しい通貨である

という文言が掲げられている[1,†]. そうであれば, 社会における通貨 (貨幣)[2] の流れを Web 2.0 におけるデータの流れと比較することで, クラウドの在り方を検討することができるであろう.

図 8・8(a) には, 市中銀行から**貨幣** (money) を引出した消費者が, 小売商の商品やサービスを受取る対価として貨幣を支払う様子が示されているが, その貨幣の価値は何によって決定されるのであろうか. たとえば 1 万円札という銀行券を刷るための原価は約 20 円であるが, われわれは原価 20 円の 1 万円札に 10,000 円の価値があると信じている. それは 1 万円札を発行している**中央銀行** (central bank)[3] を, われわれが信頼している結果であるとみなすことができる. そして中央銀行は, 支払人と受取人との間でどのような**取引**〔**トランザクション** (transaction)〕が行われたかについて関知することはない. 取引の記録, すなわち**帳票**[4] を必要とするのは, 取引を行う当人達と, 国民から税金を徴収する国 (政府) である. よって, 中央銀行は貨幣の発行権という強い力をもつが, 実際に予算を執行する立場にある国とは独立して存在することにより, 市場における貨幣の流通量を調整して物価の安定に寄与している.

*1 もともとは 2009 年の EU 消費者委員であった Meglena Kuneva 氏の発言である.

*2 交換や流通手段としての貨幣を通貨 (流通貨幣) とよぶことが多い.

*3 中央銀行は国で利用される通貨である銀行券を発行する"発券銀行"としての役割のほか, 市中銀行に資金を貸出すための"銀行の銀行"としての役割と, 国の資金を管理する"政府の銀行"としての役割を担う.

*4 ここでは帳簿と伝票を合わせて帳票とよんでいる.

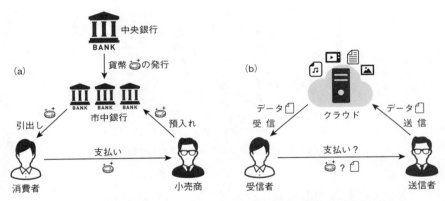

図 8・8 中央銀行 (a) とクラウド (b) からみた貨幣の流れとデータの流れ

一方, Web 2.0 におけるデータの送受信は, 図 8・8(b) のようにクラウドを介して行われる. しかも多くの場合, その対価に関する支払いも, 直接的または間接的にクラウドをとおして行われる. よってクラウドでは顧客が作成または預けたデータだけでなく, 帳票に関するデータも蓄積され続けることになる. つまりデータが"デジタル世界の通貨"であるとすれば, **GAFAM**[5] などのクラウド企業は, 国と中央銀行の経済的機能を併せもつ, 強力な経済組織体 (統合政府[6] とよばれる) であるといえる. この状況は, 歴史的に中央銀行が国から独立して存在することを求められてきたことを考えると, 何らかの改善が必要であろう.

*5 GAFAM は巨大 ICT 産業である Google, Apple, Facebook (現 Meta), Amazon, Microsoft を指す造語で, 米国では**ビッグ・テック** (Big Tech) とよばれる.

*6 **現代貨幣理論** (MMT:modern monetary theory) では, 国と中央銀行を一体と捉える"統合政府"の視点に立って経済に関する議論が行われている.

† https://www.weforum.org/reports/personal-data-emergence-new-asset-class

8・4・2　暗号通貨とブロックチェーン

　貨幣の本質が市場取引における信頼を具現化したものであるとすれば，商取引に紙幣や硬貨以外のものを使うことができるはずである．実際，クレジットカードや電子マネーによる商取引は，すでにスマートフォンやインターネットに接続されたパソコンを用いて世界中で行われており，これを一般に **e コマース**〔**電子商取引**（EC: e-commerce）〕とよんでいる．そして e コマースにおいて信頼を担保するものは，取引の証拠をコンピュータなどに**電磁的に記録**（digital evidence）した帳票（**電子取引データ**）である[*1,2]．すなわちこれらのデータはデジタル通貨（digital currency）[*3] として，クラウドやスマートフォンを始めとするインターネットのノードのなかにあるといえる．

　ところで米国の計算機科学者であったポール・バランは，図8・9のようにコンピュータネットワークの構築方法を三つの型に分類した[*4]．そしてネットワークが破壊されても動き続けるために，中心となるノードを設けない，データを小分けにして送受信するなど，現在のインターネットの技術基盤となる考え方が提案され，**集中型**（centralized）ネットワークの**脆弱性**（vulnerability）が指摘された[*5]．

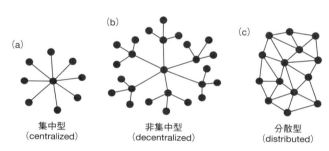

図 8・9　ポール・バランによるネットワーク類型図

　このバランの考え方に基づけば，デジタル通貨が市中銀行や特定の企業のクラウドに集中して置かれることは，ネットワーク構造的には冗長性に欠けているといえる．これは Web 1.0 時代からのサーバ–クライアントシステムという特徴に起因するものである．さらにクラウドの運営者やそのシステム管理者は，法的または道義的拘束から離れれば，何らかの方法を用いて顧客データにアクセスすることが可能である．これらの脆弱性は，Web 2.0 で生まれたクラウドという集中型システムにおける根本的なセキュリティの問題に由来するのである．

　しかし 2008 年，クラウドのような集中型システムを利用せずに電子取引データを管理し，決済を行うことのできる仕組みが突如発表された．それは**サトシ・ナカモト**（Satoshi Nakamoto）と名乗る人物（またはグループ）[*6] によって発明された**ビットコイン**（bitcoin）である．ビットコインは中央銀行のような中央集権的な管理者をもたない**分散型**（distributed）のデジタル通貨，すなわち**仮想通貨**（virtual currency）[*7] に分類される．そしてビットコインの取引の履歴は，巧妙な暗号アルゴリズムを用いて**ブロックチェーン**（blockchain）とよばれる**分散型台帳**（distributed ledger）に記録され，通貨としての安全性が保証される．そのためビッ

*1 コンピュータを用いた帳票の記録は 1998 年に施行された**電子帳簿保存法**によって認められた．そして 2022〜23 年の同法の改正では，政府の **DX**（digital transformation）政策の流れのなかで電子化が義務化された．

*2 古代メソポタミア（紀元前 4,000 年）では，粘土の塊である**トークン**をブッラとよばれる入れ物に入れることで物資の取引の証拠としていたという説がある．

*3 Suica や nanaco などの**電子マネー**もデジタル通貨の一種である．

*4 P. Baran, "On Distributed Communications Networks", *IEEE Transactions on Communications Systems*, **12**（1）, 1–9,（1964）, doi: 10.1109/TCOM.1964.1088883.

*5 第 6 章の図 6・2 をみれば，実際のインターネットのトポロジーは非集中型（decentralized）であることがわかる．

*6 サトシ・ナカモトの正体は，未だ謎に包まれている．

*7 仮想通貨とは，国家から保証されないデジタル通貨のことで，日本の法律では，2020 年から**暗号資産**（crypto asset）と呼称している．

トコインは**暗号通貨**（cryptocurrency）とよばれる[*1].

　図8・10にビットコインにおけるブロックチェーンの仕組みを示す．ビットコインの利用者は，その財布となる**ウォレット**（wallet）を使って一対一の **P2P**（peer to peer）**通信**[*2] による取引を行う．その際，取引の記録はウォレットのアドレス（**ウォレットアドレス**）を公開鍵とする秘密鍵によって署名（暗号化）され，利用者の P2P ネットワークに広報される．そして特定の時間内に行われた取引の履歴は**ブロック**とよばれるデータの単位に記録されるが，そのなかには**ハッシュ化**（hashing）[*3] された直前のブロックと，**ナンス**（nonce）とよばれる値も記録される．このナンスはブロックを作成した人がみつけた（計算した）値である．順序に沿っていえば，ある条件に合ったナンスをいち早くみつけた人に，新しいブロックを生成して直前のブロックに連結する権利が与えられるのである[*4]．このように生成されたブロックは既存のブロックに鎖状に次々と連結し，分散型台帳であるブロックチェーンを形成するのである．そのデータは複数のサーバに保存され，システムの一部に障害が生じても，その影響を最小限に留めることができる．またその仕組みから，利用者がブロックのデータを共有することはできても，改ざんすることは現実的には無理であると考えられる[*5]．非常に信頼性の高い仮想通貨といえる．

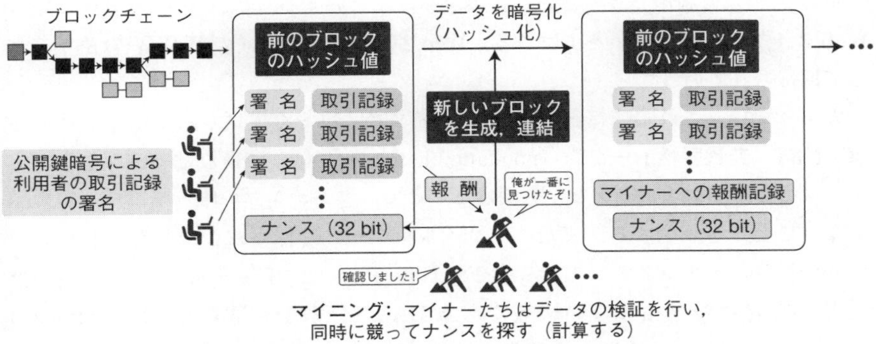

図 8・10　ブロックチェーンと PoW の仕組み

　さらに重要な点は，ブロックは台帳（帳票）の一部であり，それを作成するのは中央集権的な特定の組織ではなく利用者の合意を得て選抜された人々である，というアルゴリズムである．暗号通貨のブロックチェーンにおけるこの合意形成のアルゴリズムは **PoW**（proof of work）とよばれ，集中型システムである現在の貨幣制度や電子商取引と異なる[*6]．

演習 8・6

　Satoshi Nakamoto の論文"Bitcoin: A Peer-to-Peer Electronic Cash System"をターミナルから curl コマンド[*7] を使ってダウンロードしなさい．

```
% curl https://bitcoin.org/bitcoin.pdf -O
```

*1 暗号通貨の業界では，帳票のことを台帳とよぶことが多い．

*2 P2P とは"peer to peer"の略で，対等な者どうしという意味である．

*3 ハッシュ化とは，データを不規則な文字列（**ハッシュ値**）に変換することである．

*4 ナンスを探すことを**マイニング**（mining），その人々を**マイナー**（miner）とよぶ．最初にナンスをみつけたマイナーには，ブロックを生成する権利だけでなく，暗号通貨による報酬が支払われる．

*5 ブロックの記録を改ざんするには，それ以降のブロックをすべて破棄し，さらにそれまでのブロックに対して膨大な手順をすべてやり直さなくてはならない．

*6 PoW はナンスをみつけるために膨大な計算をコンピュータに行わせる必要があるため，大量の電力を必要とするという欠点をもつ．

*7 curl は URL の記法を用いてファイルの送受信を行うことのできるコマンドである．

8・4・3　Web 3 への道

　ビットコインは最初の暗号通貨として登場したが，その後もブロックチェーンの技術に基づいたさまざまな暗号通貨が登場している．それらの合意形成のアルゴリズムには，保有している暗号資産の量によってブロックを生成する権利を得られる **PoS**（proof of stake）や，信頼できる人や組織を承認者とする **PoC**（proof of consensus）など，さまざまな種類があり，暗号通貨の特徴の一つとなっている．これらの暗号通貨における合意形成のアルゴリズムは，必ずしも分散型の考えに基づくものではないが，これら異なる暗号通貨を扱うブロックチェーンをつなげていくことで，より大きな暗号通貨のコミュニティを形成することができる．そしてそのネットワークの形状は，**非集中型**（decentralized）に近づいていくと考えられる．

　さらにブロックチェーン上では，暗号通貨の取引だけでなく，特定の手順に従って自動的に契約を行うことのできる**スマートコントラクト**（smart contract）[*1] とよばれる仕組みが，暗号通貨の一つである**イーサリアム**（Ethereum）に導入された．これにより，非常にセキュリティの高いデータ基盤であるブロックチェーン上でプログラムを動かすことができることが示唆された．つまり，図 8・6 で示したような Web 2.0 のシステムをブロックチェーン上に移植し，従来の Web システム管理者や運営組織に個人情報を収集されることなく，非常に高いセキュリティのなかで Web システムを利用できるという展望が開けたといえる．これが **Web 3.0** または **Web 3**（ウェブスリー）とよばれる，Web 2.0 に続く次世代の WWW の在り方として期待されている[*2, †1]．

　Web 3 では，これまでに無いサービスがすでに数多く提供されている．たとえば，**NFT**〔非代替性トークン（non-fungible token）〕は，芸術などのデジタルコンテンツをブロックチェーンとひもづけることで，コンテンツの唯一無二性（複製品でないこと）を証明する．また，ファイルやデータを保存および共有するための P2P 分散ファイルシステムである **IPFS**（InterPlanetary File System）[*3]，特定の管理者や所有者の存在しない組織である **DAO**〔分散型自律組織（Decentralized Autonomous Organization）〕を提供するサービス，クラウドメールのように運営者にメールコンテンツを収集されない **Dmail**[†2] などが[*4]，ブロックチェーンの技術を基盤に，あるいはそれと結びついて提供されている．

　さらに，**Internet Computer**（**IC**）[†4] とよばれる次世代のブロックチェーン基盤の開発と運用が開始されており，誰もがブロックチェーン上でプログラミングを行って**分散型アプリケーション**（**dApp**: decentralized Application）[*5] をつくり，それをブロックチェーン上で動かすことのできる環境が整えられつつある．これにより，クラウドのような Web サービスを，参加者の合意によって統制されたブロックチェーン上で，個人情報を守りつつ運営することができるのである．そしてそれらを互いにつなげていくことで，インターネット上に一つの巨大な非集中型のコンピュータが誕生するという考え方も提唱されている[*6]．

---

†1　https://www.wired.com/story/web3-gavin-wood-interview/
†2　Dmail：https://dmail.ai/
†3　https://ethermail.io/
†4　Internet Computer：https://internetcomputer.org/

*1　スマートコントラクトは1994 年にニック・スザボによって提唱され，2013 年にヴィタリック・ブテリンによってイーサリアムに導入することが提唱された．

*2　Web 3 の定義は Web 2.0 と同様に確定したものがないが，2014 年にイーサリアムの共同設立者ギャビン・ウッドが“分散型技術は自由民主主義を維持する唯一の希望である”と信じてつくった造語として広く知られている．

*3　IPFS は Web ブラウザ Brave で利用することが可能である．

*4　ブロックチェーン上で動くメールシステムとしては，このほかに ETHERMAIL[†3] がある．

*5　DAO も dApp も“非集中型自律組織”，“非集中型アプリケーション”と訳すところだが，ここでは一般的な訳語に従う．

*6　現在，Web 3 を十分に活用するためには，それなりの知識が必要である．しかしそのことは，新しいことを始めるためのチャンスといえる．

インターネットの普及や情報通信技術の進歩によって，大規模なデータを網羅的に収集し，蓄積する基盤が調った．また，飛躍的成長を遂げている AI 技術によって，今までの膨大なデータが処理・分析され，日常のさまざまなサービスに用いられている．本章では，社会におけるデータサイエンスの活用事例について重点的に説明する．個々の詳細は第 10～12 章で述べる．

9・1 データサイエンス

本節では，データサイエンスを学ぶ意義と歴史，またデータサイエンティストについて説明する．

9・1・1 データサイエンスを学ぶ意義

データサイエンス（data science）とは，大量のデータを収集・分析し，その結果から得られた洞察を意思決定や問題解決に活用する学際的な領域である．一般的に，データサイエンスは統計学，機械学習，最適化，人工知能（AI）などの手法を包括的に活用する領域であり，それらと同義で議論される場合もある．データの価値を引き出すことが目的であり，そのための分析手法や結果の利用方法が検討されている．

現代社会において，データサイエンスは日常生活のあらゆるサービスに応用されている．たとえば，過去のデータや経験則に基づくものとして，オンラインショッピングにおける顧客ニーズに適した商品提案や，医療診断の自動化などがある．また，膨大なデータ〔**ビッグデータ**（big data）〕から意味のある情報を抽出することもできる．たとえば，工場に設置された大量の計器データから故障箇所を検知したり，定点カメラの映像から自動車の交通量の把握や危険な運転をしている車両を発見したりできる．このような，従来は人の手で行われてきた工程が定まっている作業を機械に代行させることは，労働人口が減少している日本において生産効率の維持と向上のために重要である．その仕組みづくりのためには，データサイエンスの基礎からの理解が不可欠である（図 9・1）．

また，データサイエンスの知識は，現代のような情報社会において，自己防衛のためにも重要である．最近，SNS などで誤情報や誇大広告を目にすることが多い．データを正しく解釈し，因果関係を正しく判断することで，誤った情報に惑わされずにすむ．因果関係については第 10 章で詳しく説明する．また近年では，AI を用いることによって捏造した画像や映像の品質が飛躍的に向上している．AI で行えることを知れば，このような悪意ある情報に対して警戒する力も養われる．

さらに，個人情報保護もまたデータサイエンスの一環である．データサイエンスで利用される膨大なデータの中には，私たちの個人情報や行動履歴も含まれる．も

し，これらのデータの匿名化が不十分だった場合，データの分析によって個人の特定や趣味嗜好を推測することも可能になってしまう．そのようなリスクを理解することで，日常生活に潜む情報搾取や情報漏えいから自己防衛する術を身につけることができるかもしれない．また，データサイエンスは万能ではなく，誤った結論をもたらす場合もある．これら倫理面に関する詳細は第 12 章で説明する．

図 9・1　データサイエンスを学ぶ意義

9・1・2　データサイエンスの歴史

　データサイエンスという言葉は，1974 年にデンマークのコンピュータ科学者であるピーター・ナウアが，著書『Concise Survey of Computer Methods』で使用したのが最初といわれている．しかし，大量のデータを処理することは，コンピュータの登場から始まったわけではない．

　統計学（statistics）は，人がデータを分析し，解釈，説明，推測を行うための学問である．トーマス・ベイズとピエール＝シモン・ラプラスによって体系化された**ベイズの定理**（Bayes' theorem）は，ベイズ統計の基盤である．また，カール・フリードリヒ・ガウスは準惑星ケレスの観測データから軌道を求めるために，データと予測値との差が最も小さくなる関数（モデル）を定義する手法である，最小二乗法（第 11 章参照）を考案した．最小二乗法は統計的機械学習の基本的な手法の一つであり，ニューラルネットワークにも貢献している．

　20 世紀には，ロナルド・フィッシャーとカール・ピアソンによって統計学が大きく発展し，今日の統計学の基盤を築いた[*1]．フィッシャーはロザムステッド農事試験場において，肥料と穀物生産量に関する大量のデータを解析する統計的技法を考案した．また，ピアソンは，師であるフランシス・ゴルトン[*2]とともに，親と子の身長の関係を分析した[*3]．第 10 章で扱うヒストグラムや相関係数なども，彼らの業績の一部である．ピアソンは"統計学は科学の文法である"と発言しているが，統計学は，科学の方法論の一つにとどまらず，社会の発展にも大きく寄与してきた．

　しかし，科学技術の進歩によって膨大なデータが蓄積され，より複雑な問題を解決する必要に迫られた結果，人の手による計算だけでは対処できないほどに計算量が大きくなってしまった．そこで 1990 年代以降は，統計学とコンピュータサイエンスの融合の必要性が議論されるようになり，データサイエンスという用語が注目を集めることとなる．統計学との大きな違いは，計算の厳密性を担保するために，

*1 統計学には記述統計学と推論統計学があり，それぞれピアソンとフィッシャーが基礎理論を築いた．これらには両者の遺伝に対する考え方の違いが反映されている．
　記述統計学の目的は，データの特徴を理解し，情報を整理して説明することであり，平均値や中央値，相関係数などの要約統計量を計算する．
　一方，推論統計学の目的は，サンプルから母集団全体について情報を得ることであり，t 検定をはじめとする仮説検定を用いる．
　このような考え方の違いによるものか，フィッシャーはピアソン本人ばかりか，息子エゴン・ピアソンとも二代にわたって非常に仲が悪かった．

*2 ゴルトンのいとこがナイチンゲールのいとこと結婚したこともあり，ゴルトンはナイチンゲールから統計学の講義を依頼されている．ナイチンゲール自身も統計学に対して造詣が深い．クリミア戦争では，兵士のおもな死因が負傷ではなく，病院の不衛生を起因とする感染症であることを特定し，衛生面を改善した結果，死者数の減少につながった．彼女がデータをわかりやすく可視化するために考案したグラフは，今日ではレーダーチャートとして広く知られている．

*3 ゴルトンが人の遺伝子と身体的特徴の関係を調べ始めたのは，彼のいとこであるダーウィンが著した『種の起源』に触発されたからである．ダーウィンの進化論を主とする学派は生物測定学派とよばれ，遺伝に関して仮説をもたずに現実のデータを解析することによって検討する派閥であった．
　一方，メンデルの法則を起因として誕生したメンデル学派は，遺伝には真の法則があるという前提のもとデータ解析を行う考え方をもつ．

データ分析で人が行っていた複雑な計算作業をコンピュータに委ねたことである[*1]．そして，より高度で複雑な問題を解決するため，統計学に基づく機械学習や数理最適化の新しい方法が生み出された．機械学習とは，人間の学習行動をコンピュータ上で模倣する技術である．そして，機械学習のアルゴリズムの一つとしてニューラルネットワークが考察された．ニューラルネットワークを多層化したディープニューラルネットワークは，当初は計算量が多いため実用が困難であったが，近年ではコンピュータの性能向上によってこの問題が解消された．より複雑で膨大なデータに対する分析精度がよく，画像や動画のような非構造化データに対して頻繁に用いられるようになった．機械学習やニューラルネットワークの詳細については第11章で説明する．

9・1・3　データサイエンティスト

　データサイエンスを扱う職業である**データサイエンティスト**（data scientist）が脚光を浴びたきっかけは，2012年の米国の経済誌に掲載された『Data Scientist: The Sexiest Job of the 21st Century』[†1]という記事だといわれている．データから価値を見出す専門家の需要の高まりと人材不足により獲得競争が激化した結果，データサイエンティストの給与や雇用条件が向上し，高い人気を集めるようになった．

　データサイエンティストとは，どのような人物をさすのか．日本の一般社団法人データサイエンティスト協会の定款では"データサイエンティスト（分析人材）とは，高度に情報化された社会において，日々複雑化及び増大化（ビッグデータ化）するデータを，利用者の利用目的に応じて情報を収集・分析する技術を有し，ビジネスにおいて実行可能な情報を作ることができる者をいう"と定義されている[†2]．この定義においては，"データ収集と分析をビジネスに活用する能力"が強調されている．つまり，単にデータを分析するだけでなく，その結果をビジネス上の意思決定に貢献させることが要求されている．したがって，単にデータの収集と分析を行っていても，定義上は必ずしもデータサイエンティストではない．

　データサイエンティストがもつべきスキルは多岐にわたるが，ジョン・ケレハーによって提案されたスキルセット（図9・2）[*2]には，"機械学習"，"統計学・確率論"，"データの可視化"，"コンピュータサイエンス"，"データベース・データラン

*1 統計学とデータサイエンスの考え方の違いとして，"統計の観点からデータを説明するモデルに焦点を当てる"とされる統計学に対し，データサイエンス，特に機械学習を用いる場合は"データを正確に予測できるモデルのアルゴリズムに焦点を当てる"とされる．

*2 ジョン・D・ケレハー，ブレンダン・ティアニー 著，今野紀雄 監訳，久島聡子 訳『データサイエンス』，ニュートンプレス（2020）．

図 9・2　データサイエンティストのスキルセット
ケレハーの提案した図より一部を改変

†1　T. H. Davenport and D. J. Patil, Data "Scientist: The Sexiest Job of the 21st Century", https://hbr.org/2012/10/data-scientist-the-sexiest-job-of-the-21st-century（2023年9月10日閲覧）
†2　"一般社団法人 データサイエンティスト協会 定款" https://www.datascientist.or.jp/aboutus/statute/（2023年9月10日閲覧）

*1 データラングリングとは, 収集したデータの前処理や整形を行い, 解析可能なかたちにデータを整える工程である.

*2 "専門分野の専門性" という言葉はわかりにくいが, たとえば "顧客に商品を勧めた際に購入してもらえる確率" が問題であれば, 商品やマーケティングの知識, 店舗の販売状態など現場の実情についての理解に相当する.

*3 データサイエンティストに限らずプログラミングを生業とする人には, 高いコミュニケーション能力が求められる. 一般的に, プログラミングやデータサイエンスがわからない人から仕事を依頼されるので, 簡潔でわかりやすい説明ができる必要がある. また, コミュニケーションの齟齬 (そご) で依頼者のニーズを取り違うと, 開発方針が誤った方向に進み大きな手直しが発生する.

グリング" *1, "データの倫理と規制", "専門分野の専門性" *2, "コミュニケーション能力" *3 の八つがあげられている. ただし, これらのスキルを個人がすべて習得することは難しく, 通常は特定のスキルに特化した専門家が集まり, データサイエンスによるプロジェクトを共同で推進することが一般的である.

演習9・1 データサイエンスについて考える ────

1) 身のまわりでデータサイエンスやAIを活用しているサービスを探しなさい.
2) 図9・2のデータサイエンティストのスキルセットのなかから, 自分の得意な領域または向上させたい領域を考えなさい.

9・2 データ駆動

現代社会では, データを利用して問題を解決するデータ駆動型社会への変革が始まっている. ここでは, データ駆動, そのためのデータ, そしてデータによる意思決定やデータ駆動型研究の具体的事例について説明する.

9・2・1 データ駆動型社会

Society 5.0 は, 日本の内閣府によって, 狩猟, 農耕, 工業, 情報革命に続く次の産業革命の段階として定義されている. そして, この Society 5.0 を実現するために必要な社会の特性が**データ駆動型社会** (data-driven society) である. **データ駆動** (data-driven) という言葉は, 本来, 計算機科学分野において, ある計算結果を基に次の計算を実行するような計算モデルをさす用語であった. しかし, 現在のデータ駆動は計算モデルに限らず, データの活用によって, 意思決定や行動を支えるプロセスをさす意味合いで用いられる. たとえば, 膨大なデータを活用して作成されたAIの分析結果に基づいて, 研究者が次の実験を計画するようなプロセスである.

データ駆動型社会では, 膨大なデータを出発点とし, 分析結果から新たな知識や洞察を得ることが重要となる. そして, 新たに獲得した知識を基に人々や組織が行動を変え, 新たなデータが生み出され, さらなる変革がひき起こされる. これによって社会全体が持続的に発展していくような社会が, データ駆動型社会である.

9・2・2 社会で活用されるデータ

データ駆動型アプローチにおいては, 膨大なデータが必要不可欠である. そこで, データ駆動型社会を実現するために, さまざまなデータが整備されつつある.

自然科学分野に携わる場合, 観測データや実験データはもっともイメージしやすいデータだろう. 観測データの例としては, 気象庁の気象 (気温, 天気) や紫外線, 大気のメタン濃度, 海水温, 潮流などのデータがある[†1]. また, 国立研究開発法人物質・材料研究機構 (NIMS) では, 高分子材料の物性データベース PoLyInfo[†2] を公開している.

---

†1 気象庁: https://www.jma.go.jp/jma/menu/menureport.html
†2 PoLyInfo: https://polymer.nims.go.jp/

　調査データも重要な情報源である．たとえば，国勢調査など国家レベルの調査結果や，企業が実施する就職状況や志望業界に関する調査のデータがある．また，インターネットの普及により，個人レベルでも大規模なデータの収集が可能になった．たとえば，モラルマシンというサイト[†1]では，道徳的な意思決定に関する情報を収集しており，自動運転技術の開発に活用されている．また，国立情報学研究所が提供する情報学研究データリポジトリ[†2]では，学術研究用に動画サイトのコメントや料理サイトのレシピなどのデータを提供しており，感情や食感，味に関する表現の研究などに利用されている．

　IoT やモバイル端末による行動ログは，われわれの身のまわりに広く存在しているが，その存在に気付きにくいデータである．たとえば，IC カード乗車履歴やスマートフォンの GPS データなどがあり，これらは個人を特定できないかたちで集積され，提供されている．

9・2・3　データ駆動型アプローチの成果

　データ駆動型アプローチを用いて，多岐にわたる活動が行われている．ここでは一部の具体的な事例を簡単に紹介する．興味のある分野に関しては自身でも調べてほしい．

a. 行動ログによる成果　　2019 年 12 月ころから始まった新型コロナウイルス（COVID-19）の感染拡大に伴い，2020 年 4 月には日本でも緊急事態宣言が発令され，人々に外出自粛が呼びかけられた．この影響で都心部への人の流入は減少したが，一方で自宅周辺の商店街や公園などへの訪問が増加する現象が確認された．外出自粛の主要な目的は，人口密度や接触率を下げることであり，都心部への流入を制限することは手段の一つに過ぎない．したがって，本質的には人々に外出を控える意識を定着させる必要があった．

　この状況を解決するために，国立情報学研究所は，携帯電話約 7,800 万台の基地局データから，地域ごとのリアルタイムな人口分布を計算し，各地域の外出自粛率を公開した[†3]．この情報はさまざまなメディアで報道され，徐々に外出自粛の意識が浸透することとなった．

b. ゲノム情報の医療応用　　ゲノム情報は，現代医療の発展に大きな影響を与えており，がん治療分野においても重要な役割を果たしている．がんゲノム情報管理センター（C-CAT: Center for Cancer Genomics and Advanced Therapeutics）[†4]は，国内の 13 の中核拠点病院，32 の拠点病院，214 の連携病院と連携し，がん治療のためのデータベースを作成している．このデータベースには，検査企業による患者ごとのがん遺伝子パネル検査の結果と，ゲノム情報，病院からの臨床情報が 6 万件以上登録されている．これらの情報を活用して，患者ごとに個別化した治療戦略を開発することが可能である．がん遺伝子パネル検査とは，がん細胞に生じている遺伝子の変化を知るための検査であり，がん細胞の特徴を知ることができる．

---

†1　モラルマシン: https://www.moralmachine.net/hl/ja
†2　情報学研究データリポジトリ: https://www.nii.ac.jp/dsc/idr/
†3　COVID-19 特設サイト: 外出の自粛率の見える化: https://research.nii.ac.jp/~mizuno/index.html
†4　C-CAT: https://for-patients.c-cat.ncc.go.jp/

　この検査結果の解釈と今後の治療方針を検討するために，がんゲノム医療の拠点病院では，"エキスパートパネル"とよばれる検討会が開催される．この検討会では，医師だけではなく，ゲノムの専門家など，多種多様な専門家によるチームが，患者の検査結果と過去の臨床データについて詳細に議論し，治療法の検討を行う．これによって，がん細胞の特徴に応じた有効な治療法や薬剤が同定されれば，患者に最適な治療プランが提案される．このように個別化された治療戦略は，がん治療の成功率を向上させたり，副作用を最小限に抑える助けとなったりする．

　また，ゲノム情報と AI の結びつきは，新たな可能性を生んでいる．たとえばゲノム情報から，これから患者に生じる疾患，重篤化の度合い，入院などの有害事象の発生などを予測することが試みられている．病理組織や内視鏡検査の結果を AI で分析し，腫瘍部位の特定や類似症例を提案することも行われており，きわめて特殊なケースや医師の経験不足による見落としなどの減少が期待される．今まで以上に正確な診断と治療計画の立案が AI によって支援され，患者の治療効果向上だけではなく，医師の負担軽減につながる可能性がある．

　さらに，日常生活での健康をサポートするような応用方法の開発も進められている．健康には個人の生活習慣や環境要因が影響を与えることはよく知られている．しかし，喫煙や飲酒に対する感受性には個人差があり，誰にとっても一律な影響があるわけではない．このような感受性の個人差は，ゲノム情報の違いによるものと考えられており，ゲノム情報と生活習慣，環境要因を組合わせて分析し，個人の疾患リスクを予測することが検討されている．健康的な生活習慣を個人の特徴に合わせて提案することで，健康に過ごせる年月の延伸が期待される．

　そのほかにも，ゲノム情報を活用した新しい薬の開発などが行われており，がんに限らず，さまざまな疾病の治療についてゲノム情報などを用いたデータ駆動型アプローチは新たな時代を切り開くことが期待されている．

c．データ駆動型材料研究　　マテリアルズインフォマティクスは，情報科学と材料科学の学際領域であり，材料の分子設計や複数材料の組合わせ，生産プロセスの最適化などに情報技術が活用される．これにより材料科学の進歩は飛躍的に加速し，新しい機能材料の発見や既存材料の性能向上に寄与している．われわれが日常で用いるすべての人工物は，何かしらの材料によってできており，その材料の性能向上はわれわれの生活の豊かさに直結している．

　2011 年，当時の米国大統領であるバラク・オバマが開始した国家プロジェクト"Materials Genome Initiative" を発端に，各国で国家単位のプロジェクトが開始された．日本でも NIMS による情報統合型物質・材料開発イニシアティブ（MI^{2}I）が 2015 年に発足した．これらのプロジェクトによって材料科学におけるデータ駆動型研究が大きく推進された*．

*MI^{2}I は 2020 年 3 月末をもって終了している．

　既存の材料科学分野においては，材料の物理的・化学的特性や結晶構造などのデータが膨大に存在していた．これらのデータを有効に活用するために，マテリアルズインフォマティクスの発展に伴って，より利便性の高いデータベースが構築されるなど，マテリアルズインフォマティクスをさらに行いやすい環境が整備された．そして，データを効果的に管理・分析するためのツールやアルゴリズムの開発も進み，一部の専門家だけではなく，多くの研究者が使えるツールも増え，材料設

計や開発にマテリアルズインフォマティクスを導入し，活用しやすくなった．

　たとえば，統計数理研究所では，NIMS の PoLyInfo に掲載されている高分子化合物の物性データを基に，AI で作成した芳香族ポリアミドの仮想の分子構造について，熱伝導率を予測した[1,†]．熱伝導率が高いと予測された芳香族ポリアミドを合成したところ，典型的なポリアミド系高分子よりも高い熱伝導率を実際にもっていた．このほかにも，スーパーコンピュータ富岳を使って多様な高分子材料の物性計算を行うことで，データ駆動型研究を変革させるための高分子物性データ基盤の構築が進んでいる．

演習9・2 データ利活用による問題解決

1) 以下のサイトでは自治体や民間企業，個人によるデータ利活用事例が紹介されている．自分の興味ある分野で行われている事例を調べなさい．

- 総務省『Data StaRt 統計データ利活用事例集』
- デジタル庁『民間事業者による利活用事例』
- 情報処理推進機構『未踏 IT 人材発掘・育成事業』[2]

2) 以下のサイトで提供されているコンテンツは，仮想の街での交通事故に関するデータである．

> Bowland Japan『8. 交通事故を減らそう』：
> https://bowlandjapan.org/online/reducing_road_accidents_jp/

このデータには，事故の日時，場所，天候，被害者の年齢や性別などが含まれている．左下のボタンをクリックすることで，GUI によるグラフ作成などもできる．

a) 事故が多い場所を特定し，被害者の特徴や周辺施設から，事故のおもな原因を考えなさい．

b) 事故を減少させるために必要な対策について考えなさい．なお，a) で複数の原因があげられた場合は，最も優先度の高いものに焦点を当てなさい．

[1] 熱伝導率の予測について補足すると，PoLyInfo に掲載されている熱伝導率のデータは 28 件しかなく，それらだけでは精度のよい予測モデルを作成できなかった．そこで，熱伝導率と相関が強いガラス転移点や低分子化合物の融点のデータを学習した予測モデルを作成し，その予測モデルのパラメータを有効に活用することで，少数のデータでも熱伝導率の予測を行うことができるようになった．

[2] 未踏 IT 人材発掘・育成事業そのものはデータ利活用ではなく，IT 人材の発掘，育成を目的とした事業である．しかし，近年はデータ利活用や AI 技術を駆使したテーマが多いため，ここに列挙した．

9・3　仮説検証サイクル

　ビジネスにおいて新事業や業務改善，問題解決を検討する際，仮説検証サイクルは不可欠なフレームワークである．仮説検証サイクルとして有名なものに **PDCA サイクル**（plan, do, check, action cycle）があるが，データサイエンスを活用するプロジェクトにおいては，コンピュータを利用した分析が重要な要素となる **PPDAC サイクル**（PPDAC cycle）がある（図 9・3）．これは問題（problem），計画（plan），データ収集（data），分析（analysis），結論（conclusion）の五つの工程からなるサイクルである．以降では各工程について説明を行う．

　データサイエンスを用いたプロジェクトに初めて取組む場合，大規模な問題に直ちに取組むのではなく，小規模な問題から始めることが推奨される．なぜなら，

---

†　統計数理研究所 吉田亮研究室：http://spacier.ism.ac.jp/

　データサイエンスによって"できること"と"できないこと"，またデータの取扱いや問題設定に関する理解が，サイクルを繰返すたびに深まるためである．

図 9・3　PPDAC サイクルのイメージ図

9・3・1　問　題（**Problem**）

　この工程では，プロジェクトで扱う問題を把握し，その問題を解決するための課題を設定する．問題とは，理想と現実の差異である．たとえば，"顧客に商品を勧めたら購入してもらえる"という理想と，"顧客に商品を勧めても購入してもらえない"という現実があれば，問題は"商品を勧めても購入につながらない"という具体的な事象として捉えられる．問題は理想と現実をより具体的，定量的に把握することで明確化するとよい．たとえば，上記の例では，"どのような顧客"，"どのような商品"などを具体的にしたり，"勧めた際の購入率が 10 % 以下"と数値で示したりするとより明確になる．

　問題が浮き彫りになったら，次は，どのように改善すべきかを考える段階に移行する．この際，評価指標が曖昧だったり定性的だったりすると，どの程度改善されたかを正確に評価することは困難である．そのため，定量的な評価指標を定める必要がある*．

　また，データサイエンスにおいて分析はコンピュータが担う工程となるため，人間がぼんやりとわかるような課題や目標ではなく，コンピュータが処理できる形式で課題や目標を具体的に設定する必要がある．"商品を勧めても購入につながらない"という問題を解決するプロジェクトにおいて，単純に"購入される数を増やしたい"という目標は不適切である．"顧客が購入する可能性が高い商品を提案する"や"商品 X を勧めた場合に顧客 Y が購入する確率を予測する"などであれば，データサイエンスで解決可能な目標となる．このような具体化が難しいときは，そもそも商品や顧客に対する情報が整理されていない場合がある．そのような場合は，顧客の属性や購買履歴に基づいてデータをグループ分けし，現状の商品や顧客の特性を理解するというプロジェクトを先に行う必要があるだろう．これ自体も 9・3・

---

* ただし，"属人的な業務を機械によって自動化する"などであれば別である．

4c 項で説明するクラスタリングとよばれる手法を用いた分析であり，データサイエンスプロジェクトである．

　最後に，データサイエンスは問題解決の手法の一つであり，必ずしもすべての課題に適しているわけではないことを忘れてはいけない．抱えている問題がデータの活用やコンピュータ処理を必要としない場合や，人間によってパターンや解決策が見出されている場合などは，データサイエンスを導入する必要はない．

9・3・2　計画（Plan）

　課題や目標が設定されたら，それらを解決・達成するために必要な計画を立案する．まず問題の原因や結論についての仮説や方向性，評価指標に影響を与える要因についてプロジェクト全体で話し合い，検討する必要がある．

　このように事前に検討された仮設などに基づき，データ収集の方法や範囲，その分析についても検討する．特にデータ収集はデータサイエンスプロジェクトにおいて重要な工程である．たとえば，購買傾向が顧客の性別や年齢に関連すると考える場合には，これらのデータを収集することを計画に含めなければならない．くわえて，分析手法が定まっている場合には，その分析手法に適したデータを集める必要がある．また，収集するデータに偏りがないように事前に検討する必要もある*1．

　収集すべきデータの要素が確定したら，それらをどのように収集するかを計画する．データ収集には時間がかかることが多いため，収集の対象範囲と期間を明確にし，計画的に進める必要がある．すでに必要なデータを入手している場合は，その数量が十分であるかどうかを検討し，不足している場合には補う必要性や補充方法について検討する．また，データが分散して存在していれば，それを一つのデータにまとめる作業時間が必要となる．すでに公開されているデータを利用できるかどうかを調査し，収集にかかる時間の短縮を図ることも重要である．

9・3・3　データ収集（Data）

　データはデータサイエンスの礎であり，その数量だけでなく品質*2 も分析結果の信頼性に直接影響する．そのため，プロジェクトの目的や仮説に基づき，質の高いデータを網羅的に収集することが重要である．データ収集の工程が，データサイエンスを用いたプロジェクトが成功するかどうかを決めるといってもよい．

　必要となるデータがすでに十分に入手できている場合，データ内に不整合がないかなど，データの可視化などによって内容を吟味する必要がある．入手済みではなくても，目的に合致するデータがすでに公開されている場合もある．たとえば，複数の論文や書籍でデータが公開されていれば，それらを集めることで目的のデータを収集することが可能である．ただし，分散された情報を統合する際は，各データの形式や利用目的が必ずしも一致しているとは限らないという点に注意が必要である．また，公開データそれぞれの収集目的が同一でない場合には，部分的にデータが欠損していることもある．そのようなデータに対しては，データの形式，内容，および精度について注意深く確認し，必要であればクレンジングとよばれるデータの整形を行い，整合性を保たなければならない．また，データの性質に応じて，正

*1 データの偏りの有名な例として，第 38 回米国大統領選挙の当選予想があげられる．
　世界大恐慌の真っ只中の 1936 年に行われた選挙では，現職の民主党候補ルーズベルトが難局を乗り切れるか疑問視する世論が強かった．当時のある週刊誌は過去 5 回の大統領選挙の結果を予想し，見事的中させていた．この選挙でも 200 万人の読者の回答から，対抗の共和党候補ランドン当選を予想していた．
　一方，広告社役員のギャラップは無作為に選んだ 5000 人への調査を行い，ルーズベルト当選を予想した．過去の実績や調査規模から，ギャラップの予想結果に対して世間は冷笑気味であった．ところが，結果は米国史にも残る圧倒的な大差でルーズベルトが当選を果たした．
　週刊誌のサンプル数はギャラップの 400 倍だが，読者の多くが共和党支持者や富裕層だったため，調査結果にも偏りが生じていたのである．しかしギャラップは無作為な調査を行ったため，潜在的な偏りがない調査結果が得られた．
　このように，データ件数は重要な要素であるが，データに偏りがあると分析結果にも影響が生じるため注意が必要である．

*2 データの品質はおもに以下の五つの指標で評価される．
● 正確性：データに誤りがないこと．
● 完全性：データの抜け漏れがないこと．抜け漏れた値は欠損値とよばれ，補完可能だがデータの分布をゆがめる可能性がある（第 10 章参照）．
● 一貫性：データ全体で矛盾がないこと．たとえば，郵便番号は沖縄県なのに，住所は北海道で登録されているなどは一貫性が低い．
● 信憑性：データの出どころや，データ取得者，計測機器などに問題がないこと．
● 最新性：データが十分に新しいこと．データによっては提供元が定期的に更新したり，誤りなどを修正したりするため，理由なく古いデータを利用するのは避けた方がよい．

*1 画像, テキスト, 音声, 動画などのデータに対して, 正しい答えやカテゴリ, 属性, 境界ボックス, セグメンテーションなどのラベリング処理が必要となる (たとえば, 猫の画像に "猫" というラベルを付与するなど). 一般的には人の手で行われるが, 一定量のデータがあれば, ラベリングを行う機械学習モデルを作成することもできる.

解・不正解など, 人の手によるデータへの情報の付与が必要な場合もある*1.

データベースは大量のデータの管理・利用を効率化するためのツールであり, データ利活用の活発化に伴って公開されているものも増えている. データベースから得られるデータ数は多く, 形式も均一にそろっているため, 利用可能であれば有効な情報源となる.

一方, 既存のデータが目的を完全に満たしていない, または特定の情報が不足している場合, 新たなデータを収集することが必須となる. データ収集の手法としては, アンケート調査, IoT 機器によるセンサー計測, 行動ログ, Web スクレイピングなどがある. データベースや Web スクレイピングによるデータ収集の手法に関する詳細は, 第 10 章で説明する.

9・3・4 分 析 (Analysis)

*2 問題に対する適切な分析方法や, 所有しているデータに適した分析手法がわからない場合は Scikit-learn の公式ページなどで調べるとよい†.

データの収集が完了したら, 分析手法を選ぶ工程に移行する. 分析手法の選択にあたっては, 収集したデータ数や利用可能なリソース, 結果の解釈が容易であるかなどを考慮する必要がある*2. 収集したデータの可視化も重要な分析である. これにより, 計画の工程で検討したデータと合致しているか, 正しく偏りなく収集できているかを確認することができる. また, データ間の関係性を計算するだけでも多くの情報が得られる. また, 分析に関しては複数回行い, 再現性が得られるか確認した方がよい.

*3 回帰の語源は, ゴルトンとピアソンによる親と子の身長の関係についての研究に由来する. 彼らは, 子供の身長は親の身長に戻る (回帰する) 傾向があると予想していた. この研究に用いた統計学的な手法が, 遺伝学以外にも広く用いられるとは考えていなかったといわれている.

分析には機械学習を用いることが近年増えている. 機械学習には, 教師あり学習と教師なし学習という二つの主要なアプローチがあり, それぞれに, 回帰*3 と分類, 次元削減とクラスタリングとよばれる手法がある. 図 9・4 にこれらを含む大まかな分類を示す.

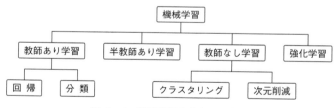

図 9・4 機械学習の大まかな分類

これらの詳細は第 11 章で述べるが, 回帰, 分類, クラスタリング, 次元削減のそれぞれをどのような問題に用いることができるか, 具体的なケースを以下で説明する.

a. 回 帰 回帰分析は, 教師データを基にデータから数値を予測する手法である. 回帰手法には, 最小二乗法, Ridge 回帰, Lasso 回帰, ランダムフォレスト回帰などがある. 以下は, 回帰分析が用いられる具体的な例である. 既存データから予測モデルを構築し, 意思決定や問題解決に役立てることが可能である.

† https://scikit-learn.org/stable/tutorial/machine_learning_map/

- 食事の画像から，摂取カロリーを予測する．
- 不動産の設備，立地，部屋数，周辺施設などから住宅の適正価格を予測する．
- 学習アプリの利用記録から試験の成績を予測する．
- 航空写真を使用して，樹木や建物の高さを予測する．
- 年齢，性別，体重，身長などから，1年後の病気の進行状況を予測する．

b. 分　類　　分類は，回帰と同様に教師データを基にデータのカテゴリを予測する手法で，予測結果は0または1などの離散的な値である．おもな手法に，ロジスティック回帰，k-近傍法，サポートベクターマシン（SVM）を利用した分類などがある．以下は，分類が用いられる具体的な例である．回帰と同じく，過去データに基づく意思決定や予測のための有用なツールとして広く利用される．

- スパムメールを検出する．
- ウェアラブル端末装着者の活動（走る，歩く，立ち止まるなど）を分類する．
- 商品提案時の顧客の購入可能性を予測する．
- 腫瘍組織の画像データから，腫瘍が良性か悪性かを判定する．
- 野球の試合において，球場や選手のデータから勝敗を予測する．

c. クラスタリング　　クラスタリングは，教師データを使用せずにデータどうしをまとめる教師なし学習手法で，データの特徴に基づいて類似するデータをグループ化する．主要なクラスタリング手法には，k平均法，DBSCAN，ウォード法などがある．以下は，クラスタリングが用いられる具体的な例である．クラスタリングは，データの自動グループ化に役立ち，データの整理，カテゴリ分け，カスタマイズされたコンテンツの提供など，さまざまな局面で重要な役割を果たす．

- 顧客の性別，年齢，購買履歴などから，類似した顧客をグループ化する．これはターゲット広告や動画のレコメンドに利用できる．
- 使用される用語などから，ニュース記事をトピックごとにまとめる．
- 画像の被写体や特徴に基づいて，画像を異なるカテゴリに整理する．
- 音楽の種類や特徴に応じて楽曲をまとめ，プレイリストを自動生成する．

d. 次元削減　　次元削減は，クラスタリングと同様に，教師なし学習手法の一つである．データから重要な特徴を抽出することを目的とする．代表的な次元削減手法には，主成分分析（PCA），因子分析，t-SNEなどがある．以下は，次元削減が用いられる具体的な例である．次元削減は，データから洞察を得るために幅広く利用されており，データの可視化や特徴抽出に役立つ．

- 異なるワインの化学成分データから，ワインの品質に影響を与える重要な成分を特定する．
- 学生の動向記録から，成績に与える影響が大きい要素を特定する．
- 大量の顧客フィードバックデータを次元削減して，共通のテーマや傾向を可視化する．

e. 深層学習　非構造化データ（テキスト，画像，音声，映像など）の分析において，深層学習は効果的な機械学習手法の一つである．深層学習は，多層のニューラルネットワークを使用して学習を行うが，学習には膨大な量のデータが必要となる．くわえて，高性能なコンピュータリソース，特に CPU や GPU の性能，メモリ容量，ストレージ容量と，モデル作成にかかる時間を十分に確保しなければならない．したがって，深層学習を導入する際には，プロジェクトに使用可能なコンピュータリソースとモデル作成にかけられる時間を検討する必要がある．人間が問題をよく理解しており，そのパターンを明確に把握できる場合には，従来の機械学習手法で十分な結果が得られることも多いため，深層学習を必ずしも使用する必要はない．

　また，分析結果がビジネスの意思決定者や関係者にとって解釈しやすいこと，説明が容易であることも重要な要素となる．深層学習は入力と出力が明確な一方で，その間のプロセスがブラックボックスになってしまう．結果の説明性が要求されるプロジェクトでは，その説明性が乏しいことも考慮して採用を検討する必要がある．

9・3・5　結　論（Conclusion）

　最後に，分析結果を評価し，最初の仮説が支持されるかどうかを判断する．偶発的なよいデータの出現やデータの偏りによってよい結果が得られることもあるため，結果が実質的に有意かどうかについての統計学的な評価が求められる場合もある．

　予想外の結果が得られた際は，その結果を踏まえて次のサイクルを検討しなければならない．もし問題の定義や目的設定に不備があると思われるなら，問題を再設定することも必要である．

　コンピュータによる分析結果はあらかじめ定義されたアルゴリズムに基づいており，その結果は必ずしも現実の事象を直接的に説明しない．コンピュータの分析結果の意味を解釈し，行動するのは人間である．ただし，現実に照らし合わせて分析結果を解釈し評価するには，データの本質的な意味を理解できる，図9・2のスキルセットにおける "専門分野の専門性" をもつ人たちの協力が必要となる．たとえば，店舗の売上データの分析結果の解釈や評価においては，マーケティングの専門家や当該店舗の従業員などにプロジェクトへ参加してもらうことが望ましい．このように，他分野・多業種の人がプロジェクトに参画する場合，専門外であったとしても，全員がデータとデータサイエンスについて理解を深める必要がある．これはプロジェクト内でデータや分析手法がブラックボックスになることを防ぎ，プロジェクトを客観的に評価する際の透明性を確保することにもなる．

9・4　データサイエンスを用いたプロジェクトにおける注意点

　プロジェクトの一般的な定義は，"特定の目標を達成するために一定の期間内で行われる，独自性をもつ作業や取組み" である．9・3・1項でも説明したとおり，AI やデータサイエンスは，プロジェクトの目的や目標達成が望まれる期限に応じて，戦略的に採用の可否を検討すべきである．また，個々の手法それぞれに長所・短所が存在し，すべての状況に適した手法は存在しない．精度やコスト，実現可能

性も実際に試してみないと判断できないことも多い. したがって, プロジェクトの独自性の誇張や, 気をひくための単なる装飾として AI やデータサイエンスを利用することは失敗のリスクを高めるだけであり, 避けた方がよい.

さらに, AI が生成する結果を人間が解釈できない可能性がある以上, AI を導入する時点でリスク管理の枠組みが必須である. リスク評価としては, 費用対効果だけでなく, 倫理的な側面, 権利の侵害, 個人情報保護などが含まれる. たとえば, 画像生成 AI などでは, 学習に用いたデータの所有権や権利についても考慮しなければならない. 本章で説明してきたように, AI・データサイエンスを用いた多様なサービスが登場し, 社会は変革の時期に差し掛かっている. その一方, 第 12 章で説明するように, AI・データサイエンスの利用には大きなリスクも存在する. そのため, 魔法のランプのような利益をもたらすだけの単なる道具として考えるのではなく, その危険性も理解し, 適切な使用と倫理的な配慮に留意しなければならない.

演習9・3

1) 身のまわりで, 9・3 節で説明した PPDAC サイクルを用いて解決できる問題がないか考えなさい. ある場合には, 各工程についても考えなさい.
2) AI やデータサイエンスに関する倫理的な問題について調べなさい.

データの形式とその利用

データサイエンスでは定められた目的に基づいてデータを収集，分析，評価することを，第9章で説明した．本章では，データの収集および利用を目的とし，データの構造や，データを統一して集積するデータベース，入手したデータをどのように処理し，グラフとして可視化するのかについて述べる．

10・1　構造化データと非構造化データ

データには，数値や文字列，画像，音声，動画などさまざまな形式がある．第3章では，コンピュータがそのまま理解できるデジタルデータと，デジタルデータへの変換が求められるアナログデータ，そしてデジタルデータへの変換法である標本化，量子化，符号化という三つの処理について学んだ．

データ（data）とは，数値や文字列などの**データム**（datum）の集合である．そこで，個々の項目がどのように集合してデータを構成しているか考えると，データは構造化データと非構造化データに分類できる．

構造化データ（structured data）は，特定の形式や規則に従って格納されているデータである．たとえば，売上データや在庫管理データなどは構造化データであるが，われわれはこうした構造化データに表やグラフをとおして接している．表形式は数値をまとめて示し，雑然と数値を示すよりも，意思決定や問題解決に役立てやすくなる．このように，構造化データは人間が理解するのに適しており，分野に限らず広く利用される．

非構造化データ（unstructured data）は，特定の構造をもたないデータであり，構造化データではないデータ全般をさす．たとえば，画像データ，音声データ，文章データなどが複数集合したものである．SNS（ソーシャルネットワークサービス）の利用履歴には，投稿されたテキスト，画像，動画，音声など，さまざまな形式のデータが含まれるが，これらは非構造化データであるといえる．非構造化データは，人間が理解しやすい形式ではなく，その処理が難しかったことから，構造化データに比べて利用される分野が限られていた．しかし，昨今はコンピュータの機能や人工知能技術が発展したことにより，複雑な非構造化データを処理することが容易になっている．そのため，非構造化データを利用した研究やビジネス応用が増加している．

構造化データを表現するデータ構造には配列，木構造，グラフがある．

10・1・1　配　　列

配列（array）とは，複数の値を格納するためのデータ構造の一つであり，決まった順序で値が格納されたデータ構造である．たとえば，配列の要素が［身長，体

重] となっているならば，各配列の 1 番目には身長の値，2 番目には体重の値が格
納されている．配列では各値の種類と順番がひもづいているため，入替えてはいけ
ない．たとえば，[165, 54] という配列が，身長 165 cm，体重 54 kg を意味する
データとした場合，値の順を入替えてしまうと，身長 54 cm，体重 165 kg と，まっ
たく異なるデータとなってしまう．また，身長のデータがない場合に，詰めて [54]
と表記すると意味が変わってしまう．もし身長がわからない場合には，[54] では
なく [, 54] とすることで身長の入力がないことを表現する．

　数学におけるベクトルや行列もまた配列として扱うことができる．配列を用いる
ことで，数学や物理のプログラムをより簡便に記載することができる．一般的なプ
ログラミング言語では配列を扱うための専用の構文が用意されており，配列を操作
することを容易にしている．これは，プログラミングで配列を用いることが，デー
タの順番の並べ替え（ソート）や探索などを行うために非常に重要であり，基本と
なるアルゴリズムに不可欠だからである．

　また，画像のような二次元，三次元のデータを一つの配列に格納することもでき
る．このような配列を多次元配列とよぶ．図 10・1 では，標本化と量子化（デジタ
ル化）された縦 8×横 8 の画像データを，1 個の配列にしている．この配列の要素
は全部で 64 個（8×8）あり，8 個ごとに表す行が異なる．たとえば，この配列の
18 番目には，画像の 3 行目，2 列目のマスの値が格納されている．

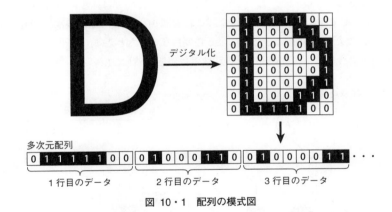

図 10・1　配列の模式図

10・1・2　木　構　造

　木構造（tree）は，階層的なデータ構造であり，第 4 章で学んだファイルシス
テムの階層構造も木構造の一例である．木構造の例を図 10・2(a) に示す．図中に
円で示したものを**ノード**（node）とよび，各ノードを結んでいる矢印を**エッジ**
（edge），または枝とよぶ．また，エッジが結んでいる二つのノードのうち，矢
印の根本のノードを親ノード，先を子ノードという．木構造において，ノードの親
子関係に注目すると，根ノードと葉ノードとよばれる重要なノードを区別するこ
とができる．**根ノード**（root node）は親ノードをもたず，木構造では必ず一つし
かない特別なノードである．一方，**葉ノード**（leaf node）は木構造の末端で子をも
たないノードである．根ノードと違い，葉ノードは一つの木構造の中で複数存在し

てもよい.

　木構造では，いずれの子ノードにおいても親ノードが一つである．また，閉路（サイクル）とよばれる構造をもたない．閉路とは，始点と終点が同じ構造である．このため，根ノードから各ノードへの道筋は一通りしかない．Unix のファイルシステムの階層構造において，最も上位の階層にあるフォルダもルート（root）とよばれるが，これは木構造における根ノードに相当する．そのため，ファイルやディレクトリの木構造での位置を表した絶対パスは一意となっている（第 4 章参照）．

　木構造の模式図（図 10・2a）だけをみると，木構造は非構造化データにも思えるが，隣接リスト（図 10・2b）や隣接行列（図 10・2c）などの多次元配列を用いて，データ表現を構造化することができる．隣接リストは，各ノード A〜F について，その子ノードを格納したリストである．図 10・2(b) では A から F までの順番となっているが，隣接リストの順番は任意で構わない．ここで注意しなければならないことは，葉ノード D，E，F には子ノードが存在しないが，葉ノードに対応する要素は，値が格納されず空のままで存在しなければならないことである．これが，葉ノードを表現するために重要な情報となる．

　隣接行列は，行に親ノード，列に子ノードを割り当て，各行と列の交点に，親ノードから子ノードに向かうエッジが存在する場合に 1，存在しない場合に 0 を格納する行列である．たとえば，図 10・2(c) の隣接行列では，A の行では子ノードである B と C の列に 1 が入っている．これも図 10・1 と同様に多次元配列であるといえる．ただし，数値は 0 と 1 に限る必要はない．たとえば，矢印（エッジ）の長さが異なる場合には，矢印の長さを表現する数値を格納してもよい．

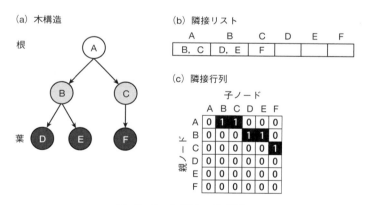

図 10・2　木構造の模式図

　木構造を用いたファイルには，図 10・3 に示すような XML や JSON とよばれる形式がある．**XML**（Extensible Markup Language）は木構造をもつマークアップ言語（第 8 章参照）である．**JSON**（JavaScript Object Notation）とよばれるデータ記述形式も，木構造と類似した構造をとる．たとえば，10・3・5 項で説明する公的なデータベースから Web API を介してデータを取得する場合，JSON 形式でデータの取得を行うことが多く，これらのデータを操作できるようにしておくとよい.

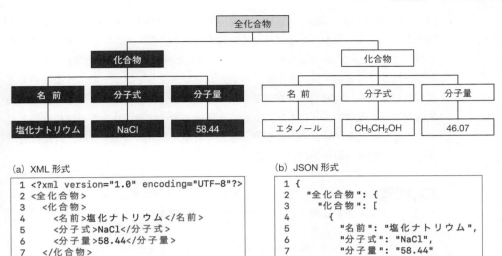

(a) XML 形式

```
 1 <?xml version="1.0" encoding="UTF-8"?>
 2 <全化合物>
 3   <化合物>
 4     <名前>塩化ナトリウム</名前>
 5     <分子式>NaCl</分子式>
 6     <分子量>58.44</分子量>
 7   </化合物>
 8   <化合物>
 9     <名前>エタノール</名前>
10     <分子式>CH3CH2OH</分子量>
11     <分子量>46.07</分子式>
12   </化合物>
13 </全化合物>
```

(b) JSON 形式

```
 1 {
 2   "全化合物": {
 3     "化合物": [
 4       {
 5         "名前": "塩化ナトリウム",
 6         "分子式": "NaCl",
 7         "分子量": "58.44"
 8       },
 9       {
10         "名前": "エタノール",
11         "分子式": "CH3CH2OH",
12         "分子量": "46.07"
13       }
14     ]
15   }
16 }
```

図 10・3　XML 形式と JSON 形式の例

10・1・3　グ ラ フ

　グラフ（graph）は，ノードとエッジから構成されるデータ構造であり，木構造と違って閉路を含むことがある．先の説明では，SNS の利用履歴が非構造化データであると説明した．しかし，SNS 上における人のつながりや，投稿された文章における個々の単語などはグラフ構造で表現することができる．また，コンピュータネットワークもグラフ構造の一種であり，Google の検索エンジンでは，Webページをグラフとしてモデル化し，PageRank とよばれるアルゴリズムを用いてページの重要度を評価している．

　図 10・4 では，サリチル酸という化合物の水素以外の原子（図 10・4 a の白以外の球）をノード，その結合をエッジとして，分子構造をグラフで表現している．図

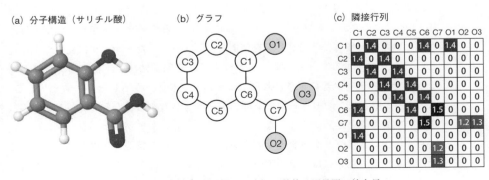

(a) 分子構造（サリチル酸）　　(b) グラフ　　(c) 隣接行列

図 10・4　グラフの模式図　　(c) の数値は原子間の結合長.

10・2(a) の木構造と違い，図 10・4(b) のエッジは矢印ではない．このように方向をもたないエッジからなるグラフを無向グラフとよび，方向があるグラフは有向グラフとよぶ．たとえば，SNS において，個人どうしのつながりだけに着目すると無向グラフで表現することができるが，フォローやフォロワーのような関係も表現したい場合には有向グラフが適している．図 10・4(b) のようなグラフ構造は抽象的なデータ表現のようにも思えるが，木構造と同様に隣接リストや隣接行列を用いることで構造化データとして扱うことができる．図 10・4(c) では，隣接行列に各原子間の距離の値を格納している．

[演習 10・1] **構造化データについて考える** ─────────

1) 過去 3 日間の睡眠時間を配列にするとどうなるか考えなさい．
   例：[7, 7, 6]
2) 自分の住んでいる自治体が葉ノードとなる木構造を考えなさい．
3) 自身の通学経路をグラフ構造で考えなさい．

10・2　データベース

　前節では，構造化データがどのような構造をもちうるのかについて説明した．構造化データをそれらの集合として利用すると，さらに大きな効果を発揮する．そのような，データを一括して集中管理したコンピュータシステムを**データベース**（database）とよぶ．データベースの起源は，1950 年代の米国国防総省によるすべての軍事情報を保管した基地（base）だといわれている．これには，各基地に情報が分散されていると情報収集に時間がかかるため，各基地を探し回る手間を省いて効率性を高める目的があった．

10・2・1　データ独立

　データベースの目的は，データの統括管理によって情報を検索する労力を少なくすることにあったが，すべてのデータを単にひとまとめにすればよいというわけではない．データベースの利便性を示す一つの特徴として，**データ独立**（data independence）という考え方がある．これは，データベースをアプリケーションとは切離して構築するという考え方である．

　たとえば，アプリケーションごとに個別にデータを管理する場合を考える（図10・5a）．このとき，アプリケーション間で重複するデータが存在していても確認が難しいため，無駄にデータ容量を使用してしまう．また，データに変更があったとしても，重複するすべてのデータが修正される保証はない．特定のアプリケーションでのみデータが修正されれば，ほかのアプリケーションと不一致が生じる．このような状況でアプリケーション間のデータを共有すると，どのデータが本当に正しい内容であるかわからなくなってしまう．さらに，アプリケーションにひもづいたデータは，アプリケーションの変更によってデータ構造も変更されてしまうことがある．その場合には，そのデータを利用しているほかのアプリケーションも全体的に修正しなければならない．

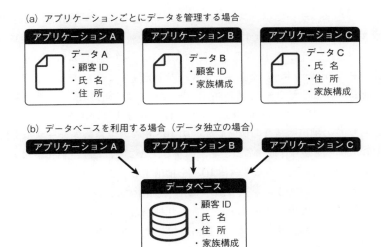

(a) アプリケーションごとにデータを管理する場合

(b) データベースを利用する場合（データ独立の場合）

図 10・5　データベースの模式図

　データ独立な環境において（図 10・5b），各アプリケーションはデータベースを参照して必要なデータを得る．これにより，アプリケーション間でのデータ重複の問題は，データベース内での重複の問題となり，対処はより簡単になる．また，データベースを介することで，アプリケーション間でのデータの授受はなくなる．特定のアプリケーションで変更が発生しても，データベースの構造が担保されているのであれば，ほかのアプリケーションへの影響はなく，コンピュータシステム全体でのデータの正確性や整合性を維持することができる．現代社会の多くのコンピュータシステムではデータベースが利用されており，データベースは現代社会において，情報システムの基盤として不可欠である*．

10・2・2　リレーショナルデータベース

　データベースの中でどのようにデータが存在するかは，データどうしの関係性をどのように定義するかによって異なる．この関係性をデータベースモデルとよぶ．階層型データベースやネットワーク型データベースは，木構造やグラフ構造のようにデータが保存されているデータベースである．ここでは，広く用いられているリレーショナルデータベースについて説明する．

　リレーショナルデータベース（relational database）は，1970 年にエドガー・コッドによって提唱された**関係モデル**（relational model）に基づくデータベースである．関係モデルは表と似た構造をしており，この表を関係変数，あるいは**テーブル**（table）とよぶ．そして，行に相当するものを**レコード**（record），列に相当するものを**属性**（attribute）とよぶ．

　図 10・6 には，リレーショナルデータベースの例として，"個体情報"，"飼育情報"，"担当者情報"，"緊急連絡先"の四つのテーブルを示す．個体情報テーブルに注目すると，1 行目の［M001, 6, 18.3, メス, 健康］は 1 個のレコードであり，週齢は 1 個の属性である．このテーブルでは，個体 ID "M006" の体重が欠損値となっている．このような場合の対応については，10・4 節で説明する．

* コンピュータシステムは多くのプログラムで構成されている．日本のシステム開発においては，ウォーターフォール開発とよばれる方法が採用されてきた．これはコンピュータシステムの設計書を作成し，その設計書に基づき個々のプログラムを作成する開発手法である．
　この手法では，作成されたプログラムの品質確認に "単体テスト" と "結合テスト" とよばれるテストが行われる．単体テストは，そのプログラム自体が正しく動作するかをテストし，結合テストでは複数のプログラム間で正しく動作するか，言い換えれば，プログラム間でのデータの授受が正しく行われているかをテストする．そのため，特定のプログラムの一つを改修しても，その影響はシステム全体に及ぶ．データ独立な環境では，この影響が抑えられる．
　余談であるが，10・4 節で説明する表記揺らぎの問題など，思わぬ落とし穴があり，プログラム間のデータ移行について筆者はコンピュータシステム開発の難しさをたびたび思い知らされた．

リレーショナルデータベースでは，テーブルからデータを抽出したり，異なるテーブルどうしを結合したりすることができる．テーブルの結合では，各レコードに固有の属性に着目して結合を行う．このような，レコードによって一意である属性を**主キー**（primary key）とよぶ．主キーを設定することによって，データの一意性を保持することができる．個体情報テーブルでは "個体 ID"，飼育情報テーブルでは "ケージ ID"，担当者情報テーブルでは "担当 ID" が主キーとなる．

各テーブルの抽出や結合の例として，図 10・6 の緊急連絡先テーブルをほかのテーブルのデータから作成する方法を説明する．ここではまず，個体情報テーブルの "状態" が "病気" である "個体 ID" を抽出する．この個体の飼育担当者の情報を飼育情報テーブルから "担当 ID" として抽出する．飼育担当者の連絡先は，"担当 ID" を用いて担当者情報テーブルより抽出している．"個体 ID" と "担当 ID" をもとに，個体情報テーブルと担当者情報テーブルの情報を結合し，緊急連絡先テーブルができる．

テーブル1【個体情報】

個体 ID	週 齢	体重〔g〕	性 別	状 態
M001	6	18.3	メ ス	健 康
M002	6	20.6	オ ス	健 康
M003	6	21.2	オ ス	健 康
M004	5	13.2	メ ス	病 気
M005	5	12.9	メ ス	病 気
M006	4		オ ス	健 康
M007	4	12.6	メ ス	健 康

テーブル2【飼育情報】

ケージ ID	担当 ID	個体1	個体2	個体3
C001	S101	M001	M002	M003
C002	S102	M004	M005	
C003	S103	M006	M007	

テーブル3【担当者情報】

担当 ID	名 前	連絡先
S101	アリス	5254
S102	ボ ブ	4210
S103	キャロル	3212

テーブル4【緊急連絡先】

個体 ID	状 態	名 前	連絡先
M004	病 気	ボ ブ	4210
M005	病 気	ボ ブ	4210

図 10・6　リレーショナルデータベースの例

このような作業は**データベース管理システム**（DBMS：database management system）を利用して行う．リレーショナルデータベースでは **SQL**（Structured Query Language）とよばれる**問合わせ言語**（query language）*が広く用いられている．しかし，リレーショナルデータベースはデータの複雑な関係性を表現することができないという制限もある．そのため，より複雑なデータ構造を扱う場合には，階層型データベースやネットワーク型データベースなど，ほかの種類のデータベースを使用することとなる．このようなデータベースを NoSQL データベースとよび，目的に応じて使い分ける必要がある．

* 問合わせ言語とは，コンピュータ言語の一種である．コンピュータ言語とは，コンピュータで用いられる言語一般をさす．おそらく，最も聞き慣れたものはプログラミング言語であろう．これについては第13章で述べる．
そのほかのコンピュータ言語として，HTML や XML のようなマークアップ言語がある．

演習 10・2 リレーショナルデータベース

図 10・6 の状況を想起し，以下について考える．連絡先 "5254" から電話がかかってきて，自分が飼育している個体の週齢を聞かれたとする．どのようにテーブル 1〜3 を結合して抽出を行えば情報が得られるだろうか．

10・3　データの入手

　データサイエンスにおいて，分析するデータを用意することは必要不可欠である．データを入手する方法として，実験・調査・測定，オープンデータ，Web スクレイピングについて説明する．

10・3・1　目的の設定

　第 9 章でも説明したように，データを入手する前に，データサイエンスによって解決するべき問題を明瞭にする必要がある．なぜならば，データサイエンスによって解決できる問題の範囲や精度は，データの量や正確性に依存するからである．もちろん，常に幅広く精度の高いデータが大量に入手できればよいが，それは難しいため，何かを犠牲にする必要がある．たとえば，動画配信サービスにおいて，次に視聴する動画を提案するシステムでは，提案される動画が必ず視聴されなくともよい．そのため，データの精度は必ずしも要求されず，むしろ幅広い視聴者に合致するように広くデータを集める必要がある．しかし，電子カルテの情報から疾病を予測するような場合，人命に関わるため，データ数が少なくなるとしても高い精度のデータに絞る必要がある．ある問題設定においては有効であった手法やデータが，異なる問題設定でも同様に有効であるとは限らない．このように，データ収集の方法や対象は，その問題解決において求められる水準を満たすように設定しなければならない．

10・3・2　実験・調査・測定

　先の例の動画配信サービスにおける動画提案システムでは，利用者の視聴履歴は重要なデータである．このほかにも，アンケートなどで嗜好を調査することも有益かもしれない．自然科学においてデータサイエンスの手法を適用する際，実験などによって得られるさまざまなデータを利用する．たとえば，シークエンサーによって解析された DNA 配列情報[*1]，フローサイトメトリー[*2] での細胞の分類結果，LC/MS[*3] によるスペクトルなど枚挙にいとまがない．また，IoT 技術やウェアラブル端末の進歩により，日常生活で使うあらゆるものにセンサーを取付け，常時データが取得できるようになった．このような技術によって，気象や海流のような地球規模のデータから，冷蔵庫の開け閉めのような身のまわりのデータまで，多種多様なデータが収集されている．

　しかし，実験や調査，測定は，その準備や実施に多くの時間がかかるために，時間効率が悪かったり，規模を大きくできずに必要量のデータを集めることができなかったりする．また，実験者や計器によっては誤差が発生するため，正確性に問題が生じる場合もある．

10・3・3　オープンデータ

　実験や調査で十分にデータが取得できない場合には，関連する既存のデータを収集して代用できる．書籍や論文を調べることは一つの手段であるが，時間と労力がかかる．近年では，効率的に大量のデータを収集するために，インターネット上のデータを利用することが広く行われている．特に学術分野では，インターネット上

[*1] DNA はアデニン，チミン，グアニン，シトシンという 4 種類の塩基からなる．シークエンサーは，対象の DNA の塩基の並びを解析する機器である．近年では，より分析能が高い次世代シークエンサー（NGS）とよばれる手法が普及している．この手法では，16 年かかったヒトゲノム解析が約 1 週間で完了する．遺伝情報を用いる研究では，従来法であれば一つの DNA 配列について時間をかけて解析していたものが，最近では海水中の DNA を解析し，そこに存在する生物の DNA を網羅的に同定するなど，扱うデータ規模が飛躍的に大きくなっている．

[*2] フローサイトメトリーは，フローセルという細胞一つが通れるほどの細い管に細胞を流し，ここにレーザーを当てることで細胞の検出などを行う分析機器である．たとえば，蛍光標識をしたがん特異的なタンパク質の抗体を用いることで，組織内におけるがん細胞の存在比などがわかる．

[*3] LC/MS（液体クロマトグラフィー / 質量分析法）は，高速液体クロマトグラフィーで分離された物質を質量分析する分析方法である．質量分析には物質のイオン化で得られるスペクトルを利用している．

で，情報利用を目的として公開されているデータベースが多く存在する．たとえば，化学物質であれば PubChem[†1]，遺伝子であれば NCBI[†2]，タンパク質であれば PDB[†3] などがある．このような，誰でもルールの範囲内で自由に利用できるデータを**オープンデータ**（open data）とよぶ．

従来，オープンデータは学術的側面の強いものが一般的であったが，近年では社会問題の解決のために国や自治体，企業によって公開される情報が増加している．日本における事例を二つ紹介する．

- e-Stat[†4]：各府省によって公表された統計情報をまとめた，総務省の Web サイトである．国勢調査のような大規模なものから，身長と体重の平均値のような身近なものまで，幅広く存在している．
- e-Gov データポータル[†5]：さまざまな官公庁や自治体のオープンデータが集約されているデジタル庁の Web サイトである．2023 年現在の日本では，人口が 20 万人以上の自治体は独自にオープンデータを公開している．

このようにオープンデータが増加した背景には，データサイエンスがさまざま社会問題の解決に大きく寄与できるようになったことがある．先に述べたように，データサイエンスにはデータが必要であるため，データサイエンスの専門家は利用可能なデータが豊富にある分野に集まる傾向がある．多くの専門家によって分析が行われるため，結果として分野が抱えている問題や，その解決に向けた新たな着眼点が見つかり，分野が大きく発展することが期待されている．たとえば，米国の企業である Kaggle が提供するプラットフォーム*では，企業や団体が課題とデータを提供し，ユーザはさまざまな手法を用いてデータ分析を行っている．

* プラットフォームとは，インターネット上で提供されるサービスやソフトウェアの基盤をさす．

10・3・4　Web スクレイピング

オープンデータではなく，インターネット上の Web ページから情報を取得する手法に，**Web スクレイピング**（Web scraping）や**クローラー**（crawler）がある．両者とも Web サイトの HTTP ソースコードを解析し，情報を抽出する．ただし，前者は人間によるデータ抽出，後者はプログラムによる自動的なデータ抽出を意味することが多い．

これらはインターネット上に公開されている Web ページから情報を抽出するため，広く早く収集できる傾向がある．ただし，誰もが理解しているとおり，インターネット上の情報は必ずしも信頼がおけない．情報利用を前提としているオープンデータと比較して，こうした手法で収集されるデータは信頼性が低いことが考えられるため，利用においては十分に正確性を精査する必要がある．

また，Web スクレイピング自体は違法ではないものの，利用規約で使用を禁止しているサイト（Amazon や YouTube など）や，利用制限を設けているサイトも

---

†1　PubChem: https://pubchem.ncbi.nlm.nih.gov/
†2　NCBI: https://www.ncbi.nlm.nih.gov/
†3　PDB: https://www.rcsb.org/
†4　e-Stat: https://www.e-stat.go.jp/
†5　e-Gov: https://www.e-gov.go.jp/

存在する．特に，短時間での大量のアクセスはサーバに負荷をかけるため通信障害を発生させてしまうこともあり，過去には逮捕された事例もある*1．Web スクレイピングを行う際は利用規約などについて注意を払う必要がある．

10・3・5 Web API

ここでは，具体的な例として，生命科学研究で用いられるモデル生物の一種である線虫〔*C. elegans*（*Caenorhabditis elegans*）〕の *daf* 遺伝子*2 のデータ収集について説明する．遺伝子に関するオープンデータベースには，10・3・3 項で紹介した NCBI をはじめ，GenBank といった複数のデータベースが存在する．しかし，これらは全生物を対象としたデータベースであるので，検索に大きく時間がかかったり，得られた情報の取捨選択が必要となったりする．このような場合，データベースで検索対象とする生物種や遺伝子を指定して検索範囲を制限したり，検索対象を特化したデータベースを用いて調べたりするとよい．たとえば，*C. elegans* は汎用されるモデル生物であるため，WormBase† とよばれる線虫に特化したデータベースが構築されている．

WormBase には *daf* 遺伝子として 35 個の遺伝子が登録されている．各遺伝子の変異体がどのような表現型をもっているのかを調べることとしよう．一般的な方法としては，Web ブラウザを利用して GUI 上でデータを取得することが可能である．*daf* 遺伝子は 35 種類しかないため，人力でのデータ収集も不可能ではない．しかし，たとえば *daf-16* 遺伝子の変異体においては，観察・解析結果が記載された表現型だけでも 300 以上ある．そのため，作業量は膨大であり，人力による作業ではデータ収集にミスが生じる可能性もある．

そこで，コンピュータを利用して情報を収集する方法がある．先ほど説明した Web スクレイピングもあるが，公開されているデータベースでは，**アプリケーションプログラミングインターフェース**（application programming interface），略して **API**（エーピーアイ）とよばれるインターフェースを利用できることが多い*3．API は，異なるアプリケーション間で通信しデータを共有するためのルールで，これにより多くのアプリケーションを統合することが可能となる．たとえば，スマートフォンに表示される今日の天気は，天気情報を提供するアプリケーションから

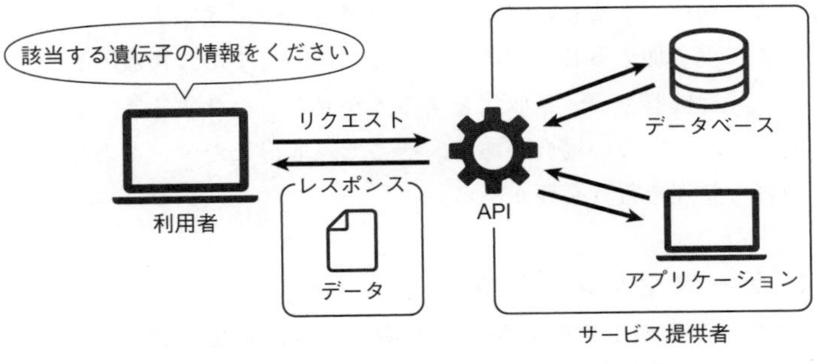

図 10・7 API の概略

---

† WormBase: https://wormbase.org/

*1 2010 年に愛知県の岡崎市立中央図書館の蔵書検索システムで障害が発生した．アクセス障害の原因はクローラーによる過度のアクセスであった．クローラーを作成した男性に攻撃の意図はなかったが，偽計業務妨害の容疑で逮捕された（不起訴処分）．本事件ではコンピュータシステムそのものの不備も指摘されている．男性はのちに Librahack というブログを立ち上げており，事件の経緯などが記載されている．

*2 *C. elegans*（シーエレガンス）はモデル生物の一種であり，全細胞数や神経系などが詳細に解明されている．ヒトゲノム計画の前身として全ゲノム解析が行われた初めての生物でもある．ヒトと共通する遺伝子を多くもち，ヒトでいうインスリン/IGF-1 シグナル伝達経路ももっている．

C. elegans は，卵から孵化後 3 日ほどで成虫となり，2〜3 週間ほど生存するが，幼虫初期に過酷な環境におかれると，耐性幼虫という特殊な形態になる．この状態では絶食しても 2 カ月ほど生存できるといわれている．この耐性幼虫形成に関わる遺伝子が *daf* 遺伝子である．

daf-16 遺伝子はインスリン/IGF-1 シグナル伝達経路の末に位置し，本遺伝子の変異が *C. elegans* の寿命延伸などに寄与する．

*3 本章では使用法などについては説明しない．各自で調べてほしい．

また，API は今回紹介したようなデータベースからの情報取得だけではなく，言語翻訳やメール送信など，実に多様な用途がある．ただし，無料とは限らないので注意が必要である．

APIを通じてデータを取得し表示している．APIは図10・7に示すように，データの共有を行っている．データを取得したいユーザは，使用したいアプリケーションが公開しているAPIの規定に従って，データ取得のリクエストを送信する．APIはリクエストに基づいた処理を行い，データをレスポンスする．

APIはリクエストやレスポンスの方式でさまざまな種類があるが，WormBaseでは **REST**（レスト，representational state transfer）**API** とよばれるものに対応している．REST APIは，Webアプリケーション開発でよく使われる設計原則の一つで，HTTPプロトコルを利用してデータをリソースとして扱い，リソースを操作する方法である．この設計原則に従って，エンドポイント（URL）を介してリソースにアクセスし，HTTPメソッド（GET，POST，PUT，DELETEなど）を使用してデータの取得，追加，更新，削除ができる．たとえば，REST APIを利用して *daf-16* 遺伝子変異の表現型について情報を取得すると，図10・8のように大量のデータを少ない労力で取得することができる．

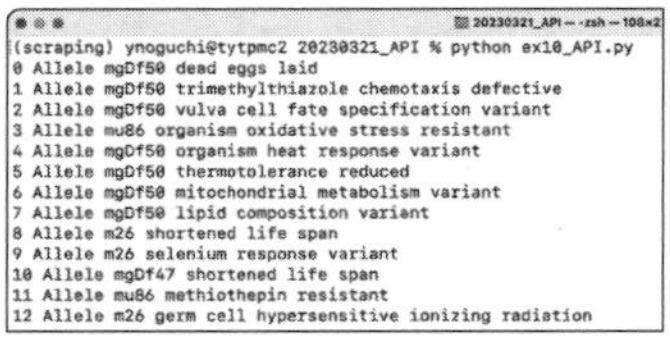

図 10・8　APIを用いた外部データの取得のためのプログラム（a）と結果画面（b）
ここでは表示されていないが，300以上の情報が取得されている．

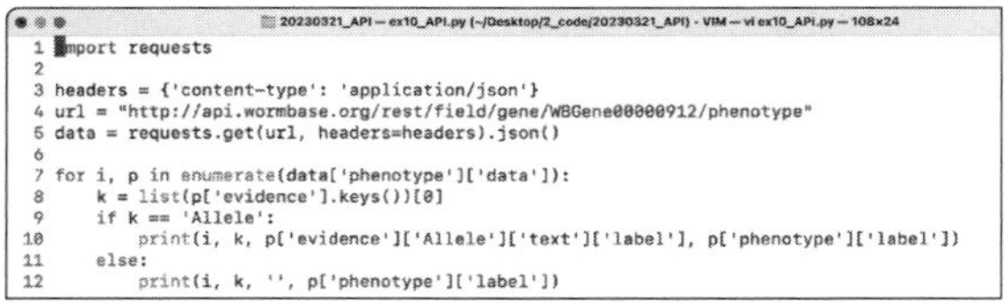

演習 10・3　オープンデータを調べる

1）e-Statにアクセスして，どのようなデータが公開されているか調べなさい．
2）e-Govにアクセスして，どのようなデータが公開されているか調べなさい．
3）自身に身近な自治体がオープンデータを公開しているか調べなさい．

10・4　データ加工

外部から取得したデータや収集したデータは，利用を目的に公開されているとしても，そのまま利用できるとは限らない．収集方法や用途によって，自身の目的のためにデータに手を加える必要があるかもしれない．また，複数のデータベースを利用したり，分析機器やデータ収集をする人が異なったりすると，データの記載方法などが統一されていない場合がある．そこで，取得したデータの品質や記載方法の確認，内容の整理を行う必要がある．

10・4・1　データクレンジング

収集したデータに利用上の問題がある場合には，不備を修正する必要がある．**データクレンジング**（data cleansing）とは，収集したデータを整理し，利用可能な状態にするための作業をさす．これによって，不良なデータの排除やデータの品質の向上によりデータの信頼性が確保され，データ分析における処理の効率化にも

なる．本節では，欠損値の補完，外れ値や異常値の排除，表記形式の統一について説明する．そのほかにも，同一データ内の矛盾や不整合を排除したり，単位を統一したりする必要がある．

10・4・2 欠損値の補完

欠損値（missing value）とは，データ集合内の一部の値が欠落していることをさす．欠損値がある場合は，データ分析や集計の信頼性が低下する可能性があるため，欠損値の補完が必要である．たとえば，一部のアプリケーションは，計算にエラーが発生しないよう欠損値を 0 として扱っている場合がある．しかし，欠損値が存在するデータ集合の平均値を求める際には，欠損値を含まないデータの総和をその個数で割る必要がある．そのため，欠損値を 0 として平均値を計算してしまうと，本来の平均値とは異なる値が算出されてしまう．

欠損値を取除く方法には，リストワイズ削除とペアワイズ削除という方法がある．**リストワイズ削除**（listwise case deletion）とは，欠損値を含むデータ（リレーショナルデータベースでいうレコード）を取除く方法である．一方，**ペアワイズ削除**（pairwise case deletion）は，データ集合全体で欠損値のある変数（リレーショナルデータベースでいう属性）だけを削除する方法である．これらの方法は簡便であるが，データ数を著しく減少させてしまう恐れもある．

また，データ集合から平均値や中央値を求め，欠損値に代入する方法もある（平均値代入法，中央値代入法）．ただし，すべての値が同一になることから，変数間の相関（10・6 節参照）を正しく見積もることができなかったり，分布がゆがんだりする恐れがある．

図 10・9 では，欠損値が二つあるデータについて，リストワイズ削除，ペアワイズ削除，平均値代入法を用いた結果を示している．リストワイズ削除では 1 名の情報しか残らず，ペアワイズ削除では 1 科目の情報しか残らない．平均値代入法はすべての人と科目のデータが残るが，代入した値に注意を払う必要がある．もし，点数の低い箇所だけが欠損値となっていれば，分布がゆがんでしまった可能性がある*．このほかにも欠損値の補完方法は複数あるが，どの方法を選ぶかはデータの性質や目的に応じて決定する必要がある．

* 図 10・9 のサンプルデータを作成する際，すべての点数を埋めた表を作成したのち，無作為に一部の値を欠損させた．そのときに消されたのが，ボブの数学 50 点とキャロルの物理 30 点であった．平均値代入法では，彼らの点数は過大に評価される．

名 前	数 学	英 語	物 理
アリス	80	80	70
ボ ブ		80	90
キャロル	100	80	

リストワイズ削除

名 前	数 学	英 語	物 理
アリス	80	80	70

ペアワイズ削除

名 前	英 語
アリス	80
ボ ブ	80
キャロル	80

平均値代入法

名 前	数 学	英 語	物 理
アリス	80	80	70
ボ ブ	*90*	80	90
キャロル	100	80	*80*

図 10・9 欠損値補完の例

10・4・3 外れ値や異常値の排除

外れ値（outlier）は，ほかのデータと比較して明らかにそぐわない値である．たとえば，ある大学の卒業生の平均年収を計算する場合，年収 100 億円という人が 1 名でもいれば，この人のデータによって平均値が大きく変化するため，平均値を求めたい場合には取除くことが好ましい[*1]．

また，年収 44,000 と答えた人がいた場合，確認を取ると ¥ と $ を間違えていたようなことがあるかもしれない[*2,3]．このように，外れ値の理由が入力者のミスや測定機器のトラブルなどに由来するものを**異常値**（outlier）とよぶ．これら外れ値や異常値は，データ全体の信頼を損なう値であるため削除することが望ましいとはいえ，除外する理由やその背景，方法によっては，データ本来の性質が失われてしまうことがあるため，注意が必要である[*4]．

外れ値を除外する方法として，3σ 法がある．これはデータのばらつきを示す標準偏差 σ の 3 倍以上の値を外れ値とする方法である．この方法はデータが正規分布に従う場合によく用いられるが，これは正規分布では平均値から 3σ 以上の値の出現確率が 0.1% 以下であることに由来する．ただし，この方法もすべてのデータの特徴を保証するものではないため，データの背景について理解がある専門家などの判断を仰ぐ方がよい場合もある．

10・4・4 表記形式の統一

同じことを意味するデータでも記載方法が異なる場合がある（図 10・10）．そのような表記形式を統一する処理も重要である．ここでは数字と文字列，時刻について説明する．

*1 このような場合は，外れ値を取除く以外にも中央値や最頻値を確認するとよい.

*2 データの意味は単位に依存するため，十分に検討する必要がある．単位が明確ではないデータは安易に利用しない方がよい.

*3 1999 年 9 月 23 日に，火星探査機のマーズクライメイトオービターが火星の軌道進入に失敗し消失した．この原因は，メートル法とヤードポンド法の取り間違えで探査機の位置が正しく計算できなかったことにあるといわれている.

*4 外れ値を除外することは，恣意（しい）的にデータを変更することである．研究結果をよくみせるために外れ値を削除することは改ざんにつながる場合もあるため，適正な手法を採用し，除外する範囲も最低限にとどめるべきである.

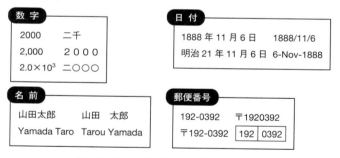

図 10・10 さまざまな表記揺らぎの例

a. 数字の表記揺らぎ　大きな桁，または小数の表記において，日本ではたとえば "12,000.34" と表記する．小数点を意味する "."（ピリオド）を省略してしまうと数値が変わってしまうが，桁区切りの ","（カンマ）はなくとも意味が通じるため，必ずしも記載があるとは限らない．また，フランスを中心とした欧州諸国では，小数点に ","を，桁区切りに "." を用いる[*5]．このように，文化によって数値の読み取りに問題が生じることを防ぐために，国際単位系（SI）において，小数点は "." と "," のどちらでもよいが，桁区切りは半角スペースでなくてはならないと規定されている．ただし，現実的にはすべてのデータの記法が統一されているわけではないため，数字の表記揺らぎのバリエーションが増えたとも考えら

*5 "12,000.34" のような表記を英国式，"12.000,34" のような表記をフランス式とよぶ．現代日本は英国式であるが，旧来はフランス式を採用していた．"ゼロコンマ何秒" という表現はこの名残だといわれている.

れる.

　また，数字が数値ではなく文字列として入力されている場合もある．コンピュータは文字列としての数字と数値を別のものとして認識しているため，データをプログラムが読み込む際，エラーが発生する場合がある[*1]．このようなときには，表記上は同じにみえるとしても，正しく読み込めない箇所をテキストエディタなどで確認し修正するとよい．ただし，データの読み込みが正常にできたとしても，それは数値が正しく読み込まれたことを担保しない．誤ったデータとして読み込まれていないか，外れ値や異常値の確認をする必要がある.

b. 文字列の表記揺らぎ　　数字よりも自由度が高い文字列の表記には多彩なバリエーションがある．たとえば，"(+)-カテキン"[*2] は "(+)-catechin"，"D-catechin"，"catechinic acid" などさまざまな表記ができるが，いずれの場合も同じ化合物として処理される必要がある．一方で重複して扱ってはいけない場合もある．たとえば，人名は必ずしも一意とは限らず，同姓同名の人が存在する可能性があるため，文字列が同じであるからといって同一であるとはいえない.

　郵便番号や電話番号は，"-"（ハイフン）の有無の違いがあったり，分割されて別の属性として格納されている場合があったりする[*3]．日本に限った場合は郵便番号や電話番号は表記に関する規則が明確であるが，国外のデータを含める場合には別の配慮が必要である.

c. 日付，時刻の表記揺らぎ　　日付や時刻の表記にはさまざまな形式がある．たとえば，"2024年2月1日" とする場合もあれば，"2024/02/01" や "2024-02-01" とする場合もある．またその順番も，米国形式では "Feb-01-2024"，英国形式では "01-Feb-2024" であり，必ずしも決まっていない.

　一方，コンピュータにおいては，Unix 時間とよばれる表記が一般的に用いられる．協定世界時 "2024/02/01 0:00:00" を Unix 時間で表すと，"1706745600" となる．これは，1970年1月1日から何秒経過したかを意味している.

　現代の Unix 時間は 64 ビット符号付整数であるが，従来は 32 ビット符号付整数が広く用いられていた．これは符号を意味する1ビットを除く31ビットで数字を表すことができ，その最大値は $2^{31}-1 = 2147483647$，協定世界時で 2038年1月19日3時14分7秒である．その時間以降では，31ビットで表現できる数値よりも Unix 時間が大きくなる（オーバーフローする）ため，コンピュータ上で時刻が負の値になってしまう[*4]．これを 2038年問題とよび，該当するプログラムにおいては正確な時刻が表現できなくなるため，64ビット符号付整数に対応するように修正する必要がある.

10・4・5 集　　計

　収集されたデータがコンピュータで読み込まれたとしても，正しいデータであるとは限らないため，内容を確認しなくてはならない．また，正しいデータであるとしても，どのようなデータであるかをよく知らなければ，どのような手法で分析することが最適であるかわからない．しかし，大量にあるデータを個々に確認し，そこから傾向をつかむことは非常に困難である．そこで，総計や平均値を計算することが，データ全体の傾向を理解することに役立つ．平均値を求める場合には，デー

[*1] 読み込めない場合には，文字コードで当該箇所が示されることが多い.

[*2] カテキンは茶に多く含まれるフラボノイドの一種である．語源はマメ科のカテキューに由来する．四つの光学異性体があり，(+)-カテキンはその一つである．カテキンというと日本茶のイメージが強いが，これは当時理研の辻村みちよの業績である．辻村は茶ポリフェノールの研究において，多くのカテキン類の構造決定を行った日本初の女性農学博士である．また，日本茶にビタミンCが含まれることを発見し，日本茶の欧米流通に大きく貢献した．当時の上司は，物質として初めてビタミンを発見した鈴木梅太郎であった.

[*3] 電話番号や郵便番号を1個の変数とするか，分割して2〜3個の変数とするかでプログラムの処理が異なる．筆者は，前述した結合テスト時に，これを起因とするエラーをたびたび耳にした.

[*4] 32 bit 符号付整数は先頭の1 bit を符号部とよび，このビットが1のときにマイナスとなる.

タのばらつきを示す分散や標準偏差を求めることもある.

　また，時系列順や大小関係で並べ替えを行うことで傾向をつかむこともできる. このような並べ替えをソートとよぶ. 特定の値や任意の範囲を抽出するフィルターとよばれる機能を利用することもできる.

　一方，表そのものの結合が必要な場合もある. たとえば，姓と名が別の属性とされている場合，必ずしもこれらが分かれている必要がないのであれば，姓名という新しい属性として結合してまとめる方が簡単である. また，リレーショナルデータベースで説明したように，表どうしを任意の属性によって結合することでデータが理解しやすくなる.

10・5　データの可視化

　データの分布を深く理解するためには，グラフによる可視化が必要不可欠である. 以下では，多数あるグラフのなかからいくつかを紹介する. その前にアンスコムの例を取上げてデータの可視化の重要性について説明する.

10・5・1　アンスコムの例

　平均値や標準偏差のような統計量を算出すれば，データの傾向はおおよそ理解することができる. しかし，そのデータの分布を深く理解するためには，データの可視化が必要不可欠である. 表10・1は，アンスコムの例とよばれる四つのデータ集合を示している*. このデータの興味深い点は，データ集合の平均値や分散といった統計量がいずれも同じである点である. 具体的には，いずれもXの平均値が9.0，

*　アンスコムの例は，1973年にF. J. アンスコムが提案したデータセットである. 彼はコンピュータで処理された結果と回帰直線のみを確認することの警鐘として，当時の典型的な統計分析プログラムで同じ出力となるデータセットをつくり，散布図の確認の重要性を指摘した. また，アンスコムは箱ひげ図を考案したジョン・テューキーと義理の兄弟である.

表 10・1　アンスコムの例[a]

	A		B		C		D	
	X	Y	X	Y	X	Y	X	Y
	10.0	8.04	10.0	9.14	10.0	7.46	8.0	6.58
	8.0	6.95	8.0	8.14	8.0	6.77	8.0	5.76
	13.0	7.58	13.0	8.74	13.0	12.74	8.0	7.71
	9.0	8.81	9.0	8.77	9.0	7.11	8.0	8.84
	11.0	8.33	11.0	9.26	11.0	7.81	8.0	8.47
	14.0	9.96	14.0	8.10	14.0	8.84	8.0	7.04
	6.0	7.24	6.0	6.13	6.0	6.08	8.0	5.25
	4.0	4.26	4.0	3.10	4.0	5.39	19.0	12.50
	12.0	10.84	12.0	9.13	12.0	8.15	8.0	5.56
	7.0	4.82	7.0	7.26	7.0	6.42	8.0	7.91
	5.0	5.68	5.0	4.74	5.0	5.73	8.0	6.89
平均値	9.0	7.50	9.0	7.50	9.0	7.50	9.0	7.50
分　散	10	3.75	10	3.75	10	3.75	10	3.75
XとYの相関係数	0.816		0.816		0.816		0.816	

a) F. J. Anscombe, "Graphs in Statistical Analysis", *Am. Stat.*, **27**(**1**), 17(1973).

Y の平均値が 7.50，X の分散が 10，Y の分散が 3.75，X と Y の相関係数が 0.816 となる．また，X と Y の関係を一次関数とすると，$Y = 0.5X + 3.0$ となる．相関係数が 0.8 より大きいことは強い相関関係があることを示しており（相関とは，二つの変数の間の関連性のこと．10・6 節参照），X の増加に伴い Y が増加していることを意味している．

　しかし，この数値をみるだけでは，各データ集合がどのような特性をもっているのか理解しにくい．そこで，これらのデータを散布図として可視化してみる．**散布図**（scatter plot）とは，横軸の値と縦軸の値が交差する箇所に点を置く図である．図 10・11 はその結果であるが，基本的な統計量が同じ四つのデータは，まったく異なる分布を示すことがわかる．データ集合 A は線形関係，データ集合 B は非線形（曲線的）関係である．データ集合 C は線形関係をもつが，Y が外れ値であるデータを一つ含んでいる．データ集合 D は，X が外れ値のデータを一つ含み，ほかのデータは X の値が同じである．データ集合 C は 1 個の外れ値の影響で回帰直線の傾きが大きくなっており，データ集合 D では 1 個の外れ値の影響で相関係数が大きくなっている．

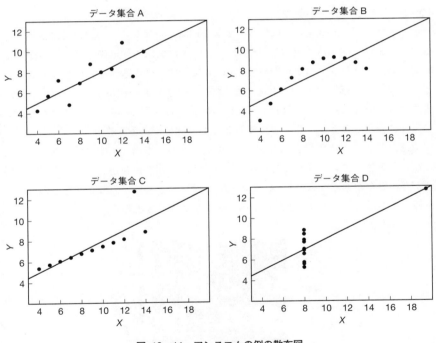

X の平均値: 9.0
Y の平均値: 7.50
X の分散: 10.0
Y の分散: 3.75
相関係数: 0.816
回帰直線: $Y = 0.5X + 3.0$

図 10・11　アンスコムの例の散布図

10・5・2　折れ線グラフと棒グラフ

　前項では，アンスコムの例のデータを散布図によって可視化した．しかし，可視化の方法はデータの性質や，確認したい特徴によって使い分ける必要がある．以降では，いくつかのグラフについて具体的な例を示す．

　図 10・12 には折れ線グラフと棒グラフを示している．**折れ線グラフ**（line chart）は，時間や順序に沿ったデータを可視化するのに適しており，傾向（トレ

ンド）や値の変化を明確に示すことが可能である．一方，**棒グラフ**（bar chart）はカテゴリごとの数値を比較するのに適している．図 10・12(b) にはないが，棒グラフは誤差棒を付けることで分散などを可視化することもできる．

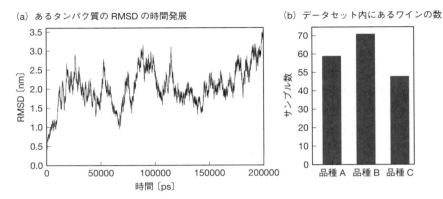

(a) あるタンパク質の RMSD の時間発展

(b) データセット内にあるワインの数

図 10・12 折れ線グラフ（a）と棒グラフ（b）の例[*1, 2]

*1 RMSD（root mean square deviation）とは根平均二乗偏差のことで，タンパク質の構造解析では，基準となる構造からのずれを示す指標として広く用いられる．図 10・12 では，分子動力学シミュレーションとよばれる手法で，タンパク質のピコ秒スケールの構造について計算している．

*2 図 10・12 の棒グラフには wine dataset[†1] を用いた．本データセットは機械学習の分類問題のためによく用いられるオープンデータである．イタリアの同じ地域で栽培される，3 種類の異なる品種のブドウからつくられたワインについて，13 の物性値が与えられる．

*3 図 10・13 には，California housing dataset とよばれる，1990 年のカリフォルニア州の住宅価格のデータの一部を用いた[†2]．所得は各区画での世帯年収の中央値，部屋数は各区画の世帯ごとの部屋数の平均値，緯度は区画の緯度を示しており，大きいほど北に位置する．

住宅価格が所得や部屋数と正の相関にあることは直感的に理解しやすい．緯度については負の相関があるが，理由は明確ではない．北部にはサンフランシスコやサンノゼ（シリコンバレー），南部にはロサンゼルスやサンディエゴ，アナハイムのような都市がある．ただし，1990 年はまだシリコンバレーが発展している最中であり，現在ほどは地価が高くなかった可能性がある．

*4 住宅価格のデータとして，古くより Boston housing dataset が用いられてきたが，人種差別的なデータを含むため，近年では利用されない．

10・5・3 ヒートマップ

ヒートマップ（heat map）は複数の変数を同時に可視化するのに非常に便利である．たとえば，図 10・13 には，米国カリフォルニア州の住宅価格といくつかの変数間での，ピアソンの積率相関係数（10・6 節参照）の大きさを色の濃淡で表したヒートマップを示した．−1.0 に近い値は白，+1.0 に近い値は黒で示されている．また，対角成分は同一の数値どうしの相関係数であるため，必ず +1.0 となる．このように表示すると，一目でどの変数どうしに関係があるか推測できる．しかし，相関係数が高いということは，必ずしも変数どうしに本当の相関関係があるとは限らない．実際，アンスコムの例でも示したように，相関係数が高いデータでも関係性がない場合がある．そのため，このヒートマップを参考に，散布図などのグラフを作成することで，より整合性のあるデータ解析が必要となる．

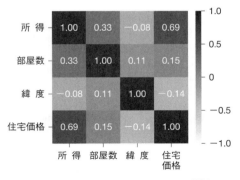

図 10・13 相関係数のヒートマップ[*3, 4]

†1 wine dataset: https://archive.ics.uci.edu/ml/datasets/wine
†2 California Housing Prices: https://www.kaggle.com/datasets/camnugent/california-housing-prices

10・5・4 分布を示すグラフ

データの分布を確認することは，適切な解析方法やモデルを選択するために重要であり，より正確な予測や意思決定が可能となる．また，外れ値の発見にも寄与し，データの品質向上にもつながる．図 10・14 には，データの分布を確認するための方法の例として，ヒストグラム，箱ひげ図，バイオリンプロットを示した．

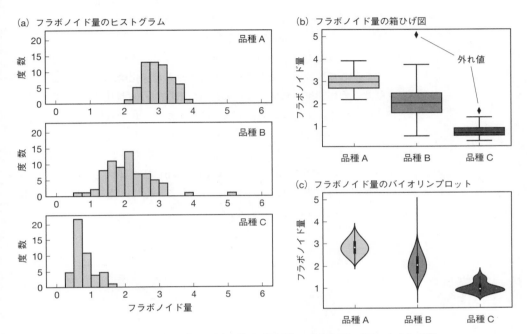

図 10・14 ヒストグラム (a)，箱ひげ図 (b)，バイオリンプロット (c) の例

ヒストグラム（histogram）は，連続データを**ビン**（bin）に分割し，そのデータの分布を可視化する（図 10・14 a）．ビンとは，データの範囲を均等に区切った階級を表す．ビンの幅はデータの特性によって決める必要があり，適した幅でないと誤った分布となってしまうこともある[*1]．各ビンに含まれる度数が縦軸に表示され，横軸には階級が表示される．なお，複数のデータを比較する際には図が潰れてしまうなど，見にくくなる場合がある．

異なるグループのデータを一つの図で比較する場合は，箱ひげ図やバイオリンプロットの方が適している．**箱ひげ図**（box plot）は，データの最小値，第一四分位数，第二四分位数（中央値），第三四分位数，最大値の五つの数値からなる**五数要約**（five-number summary）を表現するグラフである[*2]．分位数とはデータを等分するための値であり，四分位数はデータを 4 等分する値である．箱ひげ図をプロットする際は，外れ値の影響を大きく受けるため，最小値と最大値に制限を加え，その範囲外の値を外れ値とする場合もある[*3]．図 10・14(b) の箱ひげ図では，品種 B と品種 C に外れ値が認められる．

バイオリンプロット（violin plot）は，ヒストグラムと箱ひげ図を組合わせたようなグラフである（図 10・14 c）．分布はヒストグラムではなく確率密度で表され

[*1] ヒストグラムのビン幅を決める方法については，スタージェスの公式とよばれるものがある．これは，データ数 N の場合，階級数 k を $k = 1 + \log_2 N$ とし，データの最小値と最大値の差を k で割り，ビン幅を求める方法である．

[*2] 箱ひげ図を提唱したジョン・テューキーは，binary digit から bit という造語を生み出した人物でもある．ただし，bit を単位として初めて利用した人物はクロード・シャノンである．

[*3] 箱ひげ図の外れ値の算出は，第一四分位数を Q_1，第三四分位数を Q_3 とした場合，$h = 1.5(Q_3 - Q_1)$ とする．このとき，最低値を $Q_1 - h$，最高値を $Q_3 + h$ とし，その区間外の値を外れ値とする．

ることもある．分布に複数のピークがある場合は箱ひげ図よりわかりやすい．

　ここで示した手法は一部に過ぎない．どの方法が最良ということはないため，データに適した可視化を模索することが重要である．

10・5・5　不適切な可視化

　データを可視化することによって，数値だけではわからない分布や傾向を理解しやすくなることを学んだ．しかし，小説家のマーク・トウェインが広めた言葉に，"嘘には3種類ある．嘘，真っ赤な嘘，そして統計"というものがある．当然，数字，および統計自体は嘘ではないが，使用方法によって，論拠の弱い主張を正当化できてしまう．そして，データを直感的に理解させる可視化は，しばしば誤った認識を助長させるように利用されている．本項では，不適切な可視化の一例を取上げる．

　たとえば，図10・15(a) では3名のテストの点数が示されており，このグラフだけをみればボブはきわめて優良であり，キャロルの点数が低いようにみえる．しかし，縦軸の値に注目すると，このグラフは88～92の範囲だけを示していることがわかる．0～100の範囲で示したグラフが図10・15(b)であるが，このグラフからは3人の間で特別な優劣関係はみられない．グラフを利用する際は，特定の範囲が切取られていないか注意する必要がある．

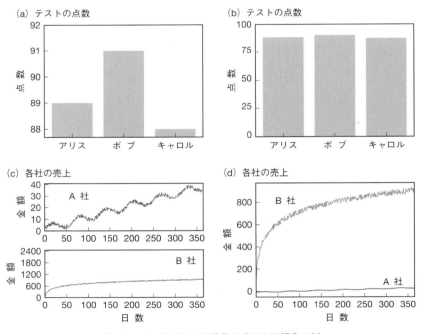

図 10・15　不適切な可視化と適切な可視化の例

　同様に，図10・15(c) には架空の2社の売上金額を示している．A社の方は増加傾向にあるが，B社は停滞している印象を受ける．これらのグラフはどちらも縦軸が0から始まっているものの，最大値が不適切であり，双方のグラフを平等に評価できない．そこで，両者を重ね合わせたグラフが図10・15(d) である．増加傾向

にあると思われていた A 社はほとんど停滞しており，むしろ B 社の方が増加傾向にあることがわかる．複数のグラフを比較する場合には，重ね合わせることが望ましい．ただし，データが重なって見にくいなどの理由でグラフを分ける場合には，横軸と縦軸を等しくする必要がある．

　また，3D のグラフにも注意が必要である．図 10・16 は好きな果物についての架空のアンケート結果である．図 10・16(a) では，明らかに "さくらんぼ" が人気であるようにみえる．しかし，図 10・16(b) をみると，実は "りんご"，"さくらんぼ"，"バナナ" は同じ割合である．このように，3D のグラフでは位置や描画の仕方によって与える印象が異なるため，注意が必要である．必要に応じてデータを数値として示すことも，誤解を招かないために有効である．また，このグラフでは "さくらんぼ" に目がいくようにフォントや色などを強調するようにしている．3D の描画は，特別な理由がない限り使用を控えることが望ましい．

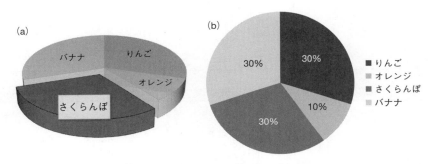

図 10・16　3D の円グラフの例

10・6　相関と因果

　われわれがデータを分析するのは，多くの場合で原因と結果という因果関係を明らかにするためである．ここでは，相関関係と因果関係について説明する．

10・6・1　相関関係

　相関（correlation）とは，二つの変数の間に関係性があることを示す．相関関係は，一方の変数の変化によって他方の変数がどのように変化するかで，正の相関と負の相関に分けられる．正の相関とは，一方の変数が増加すると他方の変数も増加する傾向があることを示す．また，負の相関とは，一方の変数が増加すると他方の変数が減少する傾向があることを示す．たとえば，図 10・17 のように二つの変数を縦軸と横軸にとり，散布図として可視化することで，相関関係を視覚的に確認できる．

　しかし，散布図では相関の強さについて定量化することができないため，相関の強さを相関係数で表す．一般的には，相関係数としてピアソンの積率相関係数[*1]を用いることが多い[*2]．これは，二つの変数の線形関係を示す値で，$-1 \sim 1$ の値をとる．1 に近づくほど正の相関が強く，-1 に近づくほど負の相関が強い．また，0 の場合は両者に線形関係がないことを意味する．ここで注意するべきは，ピアソ

*1 ピアソンの積率相関係数については詳細に説明しないが，簡単に数式だけを記載すると，変数 x と変数 y の相関係数は，

$$r_{xy} = \frac{\displaystyle\sum_{i=1}^{N} (x_i - \bar{x})(y_i - \bar{y})}{\sqrt{\displaystyle\sum_{i=1}^{N} (x_i - \bar{x})^2 \sum_{i=1}^{N} (y_i - \bar{y})^2}}$$

となる．$\bar{x}$，$\bar{y}$ は，それぞれ変数 x と変数 y の平均値である．N が整理され消えているが，このときの分子は変数 x と変数 y の共分散，分母は変数 x の標準偏差と変数 y の標準偏差の積である．

*2 ほかの相関係数については，スピアマンの順位相関係数，ケンドールの順位相関係数などがある．

ンの相関係数は線形関係を前提としているため，非線形のデータ分布には適用できないことである．図 10・17 では，複数のデータ分布について相関係数を示した．(a) や (c)，(d) のように直線状にデータが分布する場合，相関係数の絶対値は大きく，何らかの相関があることを示しており，(b) は無相関である．また，(d) のように相関係数の大きさは直線の傾きを意味しない．一方，図 10・17(e) や (f) のように双方の変数が非線形の関係をもっていても，ピアソンの相関係数では (d) と同じく無相関として扱われる[*1]．したがって，相関係数が特定の数値であることだけに基づいて，双方の変数の関係に言及することは危険であり，別の方法で分析を行う必要がある．

*1 非線形の相関については，MIC（maximal information coefficient）などがある．

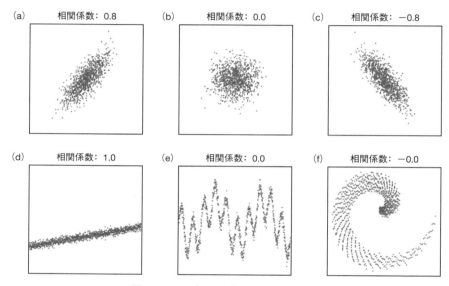

図 10・17　データ分布と相関係数の関係

10・6・2　疑 似 相 関

　相関関係は，二つの変数がどの程度強く関連しているかを示す指標であり，因果関係とは異なることに注意する必要がある．**因果関係**（causality）とは，一つの事象がほかの事象をひき起こす関係をさし，原因と結果の関係を示す．たとえば，アイスの売上とプールで溺れる人数は正の相関関係がある．しかし，アイスの売上がプールでの水難事故の原因であることは不自然であるし，その逆もまたしかりである（左図）．そのため，相関関係を発見したとしても，それらに因果関係があることを確認するためには，実験的なアプローチが必要となる．

　相関関係があっても因果関係がない場合について，Tyler Vigen という米国のアナリストが示した例を一つ紹介する．図 10・18 は，モッツァレラチーズ[*2] の消費量と土木工学の博士号取得者数の関係を示しており，両者には強い相関（相関係数 0.96）が認められる．これだけを知れば，土木工学博士になりたい人はモッツァレラチーズをたくさん食べるか，チーズの売上を増加させるためには土木工学博士を増やせばよい[*3]．もちろん，双方に関係性はなく偶然そのようにみえているだけである．このような相関関係を**疑似相関**（spurious correlation）とよぶ．

*2 米国の食生活の歴史として，イタリア移民の間だけで食されていたピザが，第二次世界大戦以降，手軽に食せるがゆえに米国人にも広まった．米国内で爆発的に増加したピザ需要に関連して，米国内のモッツァレラチーズの消費量も拡大したと考えられる．

*3 土木工学の学位取得者数増加を後押しする事実を見つけられなかったが，経済状況がよくなり，高等教育を受ける者が多くなった結果であるかもしれない．

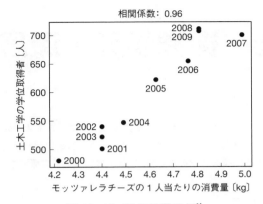

図 10・18　疑似相関の例[*1]

先ほどのアイスの売上とプールで溺れる人数の相関関係も，疑似相関であると思うだろう．しかし，疑似相関ではなく，気温という共通の要素と相関関係をもつことで相関関係があるようにみえてくる．たとえば，気温が高ければアイスは多く売れ，プールに入る人も増えるので溺れる人も増える（図 10・19）．二つの変数の間に相関がある場合でも，双方の変数の間に直接的に関係はなく，共通する因子が存在し，その影響で関係がみえている可能性がある．このような，変数間に共通する因子を**交絡因子**（confounding factor）とよび，因果関係を解明するためには交絡因子の存在を疑い，入念に調査する必要がある．たとえば，喫煙歴と肺がんに相関があり，喫煙は肺がんのリスクを高めるという主張は理解しやすい．しかし，喫煙をする人の労働環境，性別，ストレスなど多くの因子が存在するため，注目する因子以外は可能な限り共通化させ比較する，コホート研究[*2] などを行う必要がある．交絡因子とは別に，中間因子というものがある．これは原因と結果の間に存在する要素である[*3]．

*1 Spurious correlations[†] のものを改変．

*2 コホート研究とは，要因をもつ集団ともたない集団を追跡調査し，因果関係の究明を目的とする研究手法である．

*3 1850 年ころのカリフォルニアゴールドラッシュでは，多くの移民が金の採掘作業に従事した．このとき，中国系移民はアイルランド系移民と比べて，赤痢に罹患する人が少なかったといわれている．赤痢とは，赤痢菌の経口感染による急性胃腸炎であり，汚染された食品や生水の摂取で感染する．赤痢に感染した多くの移民は生水を常飲していた一方，お茶の文化がある中国系移民は水を煮沸して飲んでいた．この煮沸が赤痢菌を殺菌し，予防につながったといわれている．よって，中国系移民の赤痢感染の少なさと人種そのものには因果関係がないが，中国系移民の食生活が中間因子となり，赤痢感染と因果関係をもっていた．

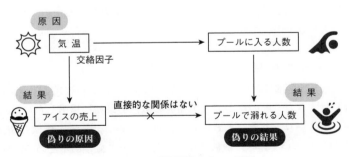

図 10・19　交絡因子のイメージ図

---

†　Spurious Correlations：https://www.tylervigen.com/spurious-correlations

人工知能・機械学習・深層学習

社会でデータサイエンスが注目され始めた要因の一つに，人工知能の性能向上によって，従来は扱えなかった膨大なデータや複雑なデータが容易に解析可能となったことがある．本章では，人工知能および機械学習，深層学習についての概要を説明する*1.

*1 本章では数学的，工学的な部分に関しては初歩的な内容のみを扱う．深く学びたい場合は，必要に応じて適切な専門書を参照してほしい．

11・1 人工知能

本節では，人工知能の概要と開発に関する大きな流れを説明する．

11・1・1 用語の整理

人工知能（AI：artificial intelligence）には，研究者間で共通する定義が存在しない．その理由は，人工知能として目指す目標が研究者によって異なっていたり，知能そのものの定義が不明瞭であったりするからである．しかしながら，一般的に，人工知能はコンピュータが人間を模倣する技術全般として扱われることが多い．

機械学習は，人間の学習行動をコンピュータに模倣させる技術であり，人工知能の一部分と考えられている．機械学習のおもな方法には，"教師あり学習"，"教師なし学習"，"強化学習"の3種類がある．

人間の思考を模倣する試みの一つとして，神経細胞を数学的にモデル化したパーセプトロンを用いたニューラルネットワークがある．ニューラルネットワークを何層にも重ね，つなげたもの（一般的には4層以上）をディープニューラルネットワークとよび，これを利用した機械学習を**深層学習**とよぶ．深層学習は機械学習の部分集合であり，画像や映像，音声など複雑なデータを対象とする教師あり学習，教師なし学習，強化学習などの従来の機械学習より優れているため，現代の人工知能技術では重要な手法となっている．

11・1・2 考える機械

人間の思考を数学的に解明しようとする試みは，古代から近代まで多くの学者によって行われてきた．そのなかで人工知能の概念を最初に提唱したのは，1950年のアラン・チューリングといわれている．彼の著書『計算する機械と知性』では"考える機械"について述べ，機械に知性があることを確かめるための試験として，**チューリングテスト**（Turing test）*2を提案した．これは，観測者が機械と人間を区別できなければ，その機械は知性をもっているとする思考実験である．たとえば，観測者がディスプレイ越しにチャットをし，相手が人間であるかコンピュータであるかを判断できなければ，観測者をだませたコンピュータは人間と同等の知的行動を行ったとする*3.

提案された当初は，"考える機械"は仮定の存在に過ぎず，機械が人間のように考えることについて疑問を投げかける者も多くいた．しかし，その6年後の1956

*2 一般的にチューリングテストとよばれるが，チューリング自身は模倣ゲーム（imitation game）と論文で記載している．

*3 チューリングテストをクリアしたからといって，真に知性を獲得したとはいえない．これについては第12章で説明する．

年に世界各国の情報科学のトップ研究者たちによって開催されたダートマス会議
で，ジョン・マッカーシーによって"人工知能"という言葉が提唱され，"考える
機械"が現実味を帯びた.

11・1・3 AI 研究の流れ

　現在，AI は先進的で革新的な技術である．にもかかわらず，前項であげた年代
が古いので，意外に感じる人もいるかもしれない．実のところ AI の起源は古く，
現在の第三次ブームに至るまでに 2 回のブームと 2 回の冬を経ている．ここでは
AI の変遷についてみてみよう.

a. 第一次 AI ブーム　　第一次 AI ブームは，ダートマス会議のあった 1950 年代
後半以降である．1966 年にマサチューセッツ工科大学（MIT）のジョセフ・ワイ
ゼンバウムが開発した **ELIZA**（イライザ）は，人間の入力に対して一般的な応答
をすることができた．また，精神科医のケネス・コルビーは，ELIZA のような会
話ができるプログラム PARRY を，統合失調症患者のシミュレーションとして開発
した．セラピストとしての ELIZA と患者としての PARRY が会話する試みもなさ
れた[*1]．このようなプログラムの登場は，人々に AI の可能性を広く認知させ，強
い期待をもたせるに至った[*2].

　しかし，第一次 AI ブームにおける AI は，迷路やパズルのような探索や推論の
問題でしか人間の期待に応えられず，ルールが明確な問題（**トイプロブレム**）しか
解けないということが次第に明らかとなる．ELIZA も，特定のパターンに対して
あらかじめ準備された応答を返すだけのプログラム（**トイプログラム**）に過ぎず，
意味を理解したり学習したりする能力をもっているわけではない．その結果，徐々
に人々の関心は離れていき，研究資金が縮小するとともに研究も低迷していった.
そして，AI は最初の冬の時代を迎える.

b. 第二次 AI ブーム　　第二次 AI ブームは 1980 年代であり，多くのエキスパー
トシステムが誕生した．**エキスパートシステム**（expert system）とは，専門家の
思考や意思決定を規則化したプログラムである．コンピュータが推論するために必
要な知識をデータとして与えることにより，AI としての実用性が向上した．世界
初のエキスパートシステムは，1972 年にスタンフォード大学が開発した MYCIN
（マイシン）である．このプログラムは 500 ほどの規則からなり，Yes/No で回答
するような単純な問いを繰返すことで，感染している可能性が高い細菌のリストを
提供し，適切な抗生物質を提案するシステムであった．後の 1979 年に，MYCIN
の仕組みを他分野でも利用できるようにした EMYCIN（Empty MYCIN）が公開さ
れた．これにより，エキスパートシステムがさまざまな分野で応用され，エキス
パートシステムの研究が盛んとなった.

　日本においては 1982 年に"第五世代コンピュータ"とよばれるエキスパートシ
ステムの国家プロジェクトが発足した．このビッグプロジェクトは，AI を活用し
た次世代のコンピュータ技術を研究することが目的であり，高度な自然言語処理や
論理推論が可能なスーパーコンピュータを開発することが目標に据えられた．日本

*1 両者の会話ログの一部は現
代でも読むことができる[†].

*2 ワイゼンバウムは ELIZA
のアルゴリズムがチャットボッ
トにすぎないことを理解してい
たため，人々が ELIZA へ心を
許すことに衝撃を覚えた．以
降，ワイゼンバウムは AI に対
して批判的な立場をとるように
なる.

---

†　https://datatracker.ietf.org/doc/html/rfc439

政府と国内企業によって AI 技術の研究開発に大きな投資が行われ，世界中に影響を与え，技術進展にも大きく貢献した．

　しかし，エキスパートシステムの大きな問題点は，専門家の意思決定の過程を形式化し，それをコンピュータに読み込ませるためにデジタル化しなければならないことである．一般的に，経験に基づく意思決定過程は形式化が難しいことが多い．また，形式化できたとしても，デジタル化してコンピュータにプログラムするためには途方もない労力がかかる．そのため，第一次ブームと同様に徐々に資金が縮小され，第二の冬とよばれる時期を迎える．

c. 第三次 AI ブーム　　第三次 AI ブームは 2000 年代から現在に至るまで続いている．大きく注目を集めたのは，2012 年の **ILSVRC**（ImageNet Large Scale Visual Recognition Challenge）において，ジェフリー・ヒントンらによって開発された **AlexNet**（アレックスネット）が他の追随を許さぬ画像認識の精度を達成したことである．AlexNet は，ディープニューラルネットワークの一種である畳み込みニューラルネットワーク（11・4・5 項参照）を用いていた．ここから深層学習に注目が集まるとともに，研究開発が加速した．

　ニューラルネットワークの研究自体は，1940 年代から長年にわたって続けられてきた．それが近年になって花開いたことには複数の理由が考えられる．

　一つ目は，理論やアルゴリズムの基礎研究が，情報科学の研究者によって継続して充分に進められたからである．たとえば，11・4・4 項で扱う誤差逆伝播法は，深層学習においてネットワークモデルが出力した答えを実際の結果の差を利用して，正しく答えを出力するようにネットワークを改善する方法である．古くは 1960 年に報告されているが，その後に改良が進み，現在用いられているものは 1986 年に報告されたものである．これによりディープニューラルネットワークモデルの学習が効率化された．

　二つ目は，データ取得が容易になったことである．機械学習には大量のデータが必要だが，第 10 章でも述べたように，インターネットの普及によって IoT などで大量のデータを集めることが容易となった．また，オープンデータの整備によってデータを入手しやすい社会になった．

　三つ目は，コンピュータの計算能力向上である．ニューラルネットワーク，ディープニューラルネットワークそのものは，第一次 AI ブーム時から考案されていた．しかし，実際に行うには計算量が膨大であり，当時の通常のコンピュータでは不可能であったが，その後，CPU や GPU の性能向上と価格低下によって，より高性能な計算機械の入手が容易となった．現在，われわれが所有するコンピュータの計算量は，過去のスーパーコンピュータを凌駕している．たとえば，1989 年に最速といわれた NEC 製スーパーコンピュータは 1 秒間に 55 億回の浮動小数点計算が可能であったが，2021 年発売の M1 Max という CPU を搭載した Apple MacBook Pro は，1 秒間に 10 兆回以上の計算が可能である．

演習 11・1 人工知能について考える ━━━━━━━━━━━━━━━━

1）人工知能，機械学習，深層学習の関係をベン図で表しなさい．
2）人間と同等の知的行動をとる AI を用いたサービスを身のまわりで探しなさい．ま

た，それに知性があるか考えなさい．

3) "中国語の部屋"，"フレーム問題" という AI に関する思考実験について調べなさい．

4) "ジェフリー・ヒントン" という研究者について，彼の業績や 2023 年以降の発言を中心に調べなさい．

11・2 AI の利用

本節では社会的に大きな影響を及ぼした AI ソフトウェアについて紹介する．

11・2・1 AlphaGo および AlphaZero

AlphaGo は，DeepMind 社が開発した囲碁ソフトウェアである．将棋やチェスのようなゲームに AI を用いることは珍しくない．たとえば，日本ではドワンゴ社主催のプロ棋士と将棋ソフトウェアの棋戦を行う将棋電王戦が 2017 年まで行われた．

将棋やチェスにおいては，相手の動きを先読みして意思決定を行うのが定石であるが，盤面の組合わせ，つまり可能なコマの配置パターン数に比例してゲームは複雑になり，先読みが難しくなる．チェスの盤面の組合わせが 10^{50}，将棋が 10^{71} といわれている一方で，囲碁の盤面の組合わせ数は 10^{170} と非常に多い．このため，現役プロ将棋棋士が AI に敗北を期した 2013 年においても，囲碁でコンピュータが人間と対等になることは困難であり，達成されるにしても 10 年以上かかるのではないかといわれていた．しかし，2016 年に，膨大な数の棋譜[*1]を学習した囲碁 AI の AlphaGo が，世界最強と目されていた囲碁棋士イ・セドルとカ・ケツに挑戦し，見事に勝利を収めた．少なくとも 10 年は到達できないと思われていた結果に，多くの人たちが驚嘆した．

さらに，AlphaGo を打ち破る強さを発揮したのが，同じく DeepMind 社が開発した AlphaGo Zero（2017 年 10 月），および AlphaZero（2017 年 12 月）である．これらの大きな特徴は，過去の棋譜データの学習を行っていない点にある．あくまでも囲碁の簡単なルールだけがプログラムされており，そのルールに基づきコンピュータの中で自己対局を行い続ける．3 日間で 490 万回の対局を行った結果，AlphaZero はどのような手が最も高い確率で勝つことができるかを判断することができるようになった．AlphaZero の驚くべきところは，囲碁にとどまらず，チェスと将棋においても専門の AI を圧倒する性能をみせたことである[*2,3]．

11・2・2 AlphaFold 2

AlphaFold 2（アルファフォールド 2）は，DeepMind 社によって開発された，タンパク質の立体構造をアミノ酸配列から予測するソフトウェアである．生体内で行われる多くの生化学的プロセスは，タンパク質によって調節されている．また，医薬品として使用される薬物も，タンパク質との相互作用によって効果を発揮する．タンパク質の機能はその立体構造に大きく依存していることから，タンパク質の立体構造解析は，生化学研究において中心的なテーマの一つである．

従来，実験によるタンパク質の立体構造の同定は，X 線結晶構造解析や核磁気共鳴，クライオ電子顕微鏡などの分析手法を用いて行われる．しかしこれらの手法は，

[*1] 囲碁棋士が囲碁を行った結果のこと．

[*2] AlphaGo は教師あり学習と強化学習を組合わせたモデルであり，AlphaZero は教師なし学習と強化学習を組合わせたモデルである．

[*3] 2017 年 12 月 に AlphaZero はチェスプログラムの Stockfish，将棋プログラムの elmo と対局し，チェスでの成績は 28 勝 72 分，将棋では 90 勝 8 敗 2 分であった．どちらも 2017 年当時は世界最高峰のプログラムである．
　elmo は 2017 年の第 27 回世界コンピュータ将棋選手権（WCSC）で優勝したプログラムである．また，第 47 回将棋大賞においてはコンピュータ将棋プログラムとして初めて升田幸三賞を受賞した．升田幸三賞は新手・妙手を考案した者に贈られる賞である．

計測の可否に依存するうえ，時間，コストなどの課題を抱えている．こうした課題に対する解決策として，コンピュータを活用してタンパク質の構造を予測する方法が模索されてきた．一般的にタンパク質の立体構造予測には，ホモロジーモデリングとよばれる手法が広く用いられている．これは，アミノ酸配列が類似しているタンパク質どうしは立体構造も類似する，という経験則を利用する方法である．

コンピュータを用いたタンパク質の立体構造予測の分野には，CASP（Critical Assessment of Structure Prediction）とよばれる国際的な競技会（コンペティション）がある．このコンペティションでは，立体構造が特定されているが未発表のタンパク質について，アミノ酸配列から立体構造を予測し，その精度を競う．2020年に開催された CASP14 に参戦した AlphaFold 2 は，驚異的な予測精度でほかのアルゴリズムを圧倒した*．AlphaFold 2 がほかとは異なる性能を示すことができるのは，**トランスフォーマー**（Transformer）とよばれる仕組みを取入れたからだといわれている．トランスフォーマーは，自然言語処理に用いられる手法であり，文章中の単語どうしの関係を学習している．AlphaFold 2 は，予測対象のタンパク質に類似するアミノ酸配列や遺伝子配列をさまざまなデータベースから集め，その全体像から重要と思われる配列どうしの関係を見極めているとされる．

AlphaFold 2 の登場は衝撃的であったが，このプログラムが 2021 年に無料で公開されたことも意義深い．計算機の専門家でなくとも簡単に利用できる GUI 環境も整備され，多くの研究者が利用している．これにより，生命科学や医学分野において革新的な展開がもたらされている．

*2018 年の CASP13 でも AlphaFold 1 が勝利を収めている．ここでは，プログラムも公開されており，より予測精度が高い AlphaFold 2 について説明している．

演習 11・2 **AI を用いたサービスの利用**

AI を用いた以下のサービスのいずれかを実際に利用しなさい．利用時にアカウント登録などが必要なものもあるため，登録したくない場合には行わなくてもよい．

- Perplexity[†1]: 対話型 AI 検索エンジン
- ColabFold[†2]: アミノ酸配列から立体構造を予測（Google アカウントが必要）
- DALL・E 2[†3]: イラスト生成（アカウント登録が必要）
- りんな: チャットボット（LINE 上での利用，友達への追加が必要）

11・3 機械学習

機械学習（ML: machine learning）は学習アルゴリズムによって，いくつかのカテゴリーに分けることができる．本節では教師なし学習と教師あり学習，そして強化学習の三つのカテゴリーに分けて説明する．

教師なし学習と教師あり学習とのおもな違いは，事前に問題に対する正解データ〔**教師データ**（training data）〕を与えるか否かである．これを具体的に説明するために，図 11・1 に両者の違いの概要を示す．

---

†1 Perplexity: https://www.perplexity.ai
†2 ColabFold: https://colab.research.google.com/github/sokrypton/ColabFold/blob/main/AlphaFold2.ipyn
†3 DALL・E 2: https://openai.com/dall-e-2

ここでは，解析対象のデータと教師データの2種類の異なるデータを考える．教師なし学習でも教師あり学習でも，解析対象のデータが存在することは共通である．教師なし学習の場合は，対象データからパターンや特徴を抽出して予測結果を導出する．一方で教師あり学習は，まず教師データからパターンや特徴を学び，その結果に基づいて対象データを解析する．入力値 x を説明変数〔(explanatory variable) または独立変数〕，予測したい変数 y のことを目的変数〔(object variable) または従属変数〕とよぶ[*1]．また，教師あり学習の予測結果は教師データの形式に基づくという点でも，教師なし学習と異なる[*2]．

*1 因果関係を検討する際，目的変数に関連する，言い換えれば説明する変数を説明変数とよぶ．また，目的変数は説明変数に依存しているので従属変数ともよばれ，説明変数は観測データに基づくため独立変数ともよばれる．

*2 半教師あり学習とよばれる，目的関数の不足を人間が補いながら学習する方法もある．

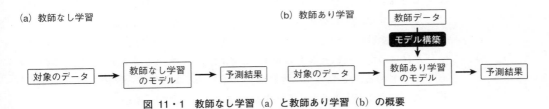

図 11・1 教師なし学習 (a) と教師あり学習 (b) の概要

たとえば，教師なし学習は，座席が指定されていない講義室で，学生の座っている場所から，誰と誰の仲がよいかを推察することに似ている．一方，教師あり学習は，問題集や確認テストの学習を経て模試に臨むようなものである．

11・3・1 教師なし学習

教師なし学習（unsupervised learning）とは，機械学習の手法の一つであり，教師データを用いず，データのパターンや特徴を抽出する方法である．教師なし学習にはいくつかのアプローチが存在するが，本項では"次元削減"と"クラスタリング"について説明する．

a. 次元削減 機械学習では，説明変数の数を次元数と表現する．たとえば，説明変数が一つであれば一次元（線），二つであれば二次元（面），三つであれば三次元（立体）である．説明変数の数が多いと，データの複雑さが増し，解析や可視化が難しくなる．**次元削減**（dimensionality reduction）は，データの分析や可視化を効果的に行うためにデータ内の説明変数の数を減らす手法であり，多次元データをより扱いやすくするために利用される．

次元削減の代表的な手法として，**主成分分析**（**PCA**: principal component

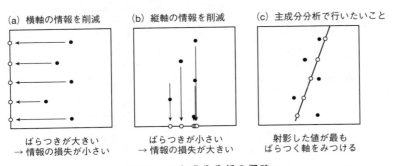

図 11・2 主成分分析の概略

*1 ほかの手法に，非負値行列因子分解（NMF: Non-negative matrix factorization）などがある．また，非線形な次元削減には tSNE〔t 分布型確率的近傍埋め込み法（t-distributed stochastic neighbor embedding）〕や UMAP（uniform manifold approximation and projection）などがある．

*2 第一主成分は最もばらつきが大きい軸の値，第二主成分は2番目にばらつきが大きい軸の値である．PC1，PC2 と記載されることもある．

*3 PCA 後のデータが元のデータの情報をどの程度保持しているかを説明寄与率という．今回の例では，PC1 と PC2 の合計（累積寄与率）は 55% である．

analysis）がある*1．PCA は，データ内の変動を最もよく説明する軸（主成分）をみつける手法で，データをより簡潔に表現するのに役立つ．図 11・2(a) と (b) では，ある二次元のデータについて，簡単のため横軸または縦軸のいずれかの次元を削減した例を示している．横軸または縦軸のいずれかの情報が削減されると，残りの軸にデータが射影される．図 11・2(a) と (b) の例では，縦軸に集約された方が，横軸に集約された場合よりもデータのばらつきが大きい．これは横軸の情報を削減した方が，データが本来もっている特徴の損失が小さいことを示している．このような考え方に基づき，PCA では，データのプロットを射影したときに最もばらつく直線を探し出し，その直線をデータを表す新たな軸とする（図 11・2c）．これによって，次元を減らしながらもデータの本質的な特徴を保持することができる．

10・5 節では散布図によるデータの可視化について説明した．しかし，現実のデータははるかに高次元なものが多く，二次元や三次元のグラフで表現するのは困難なこともある．そのような場合は，次元削減によってデータの本質的な特徴を保ったまま次元を小さくし，データを可視化する．図 11・3(a) の多次元データは，第 10 章でも使用した，ワインのアルコール度数や色の濃さなど，13 種類の化学分析結果が説明変数となっているデータセットである．当然，このままでは可視化することはできない．しかし，PCA によって第一主成分と第二主成分*2 を計算し，散布図を作成すると図 11・3(b) のように可視化することができる*3．散布図からおおまかにクラスの傾向をみてみると，クラス 1 は右下，クラス 2 は上側，クラス 3 は左下に分布していることがわかる．これらの分布の違いは何によって説明されるのかを知るために，各主成分軸がどのような説明変数を考慮したベクトルであるかを確認する必要がある．そのベクトルの成分から，それぞれのワインがどのような説明変数によって特徴づけられるのかを知ることができる（図 11・3c）．

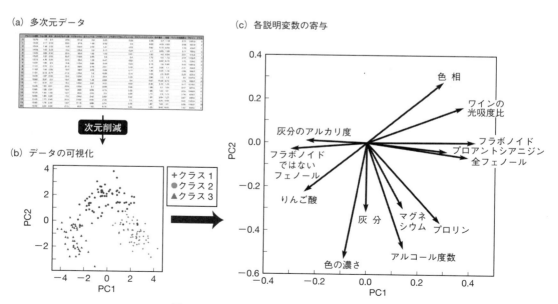

図 11・3　PCA を用いたワインの成分の分析

b. クラスタリング　　**クラスタリング**（clustering）は，似ているデータをグループに分割する手法である．たとえば，図 11・3(b) では，データ点の距離に応じていくつかのグループがあるようにみえる．このようなグループを"クラスター"とよぶ．クラスタリングには"階層クラスタリング"と"非階層クラスタリング"の 2 種類がある．階層クラスタリングでは，距離が近いデータどうしを統合していくことで，データ全体を徐々にクラスターへと分割していく．非階層クラスタリングでは，最初に定めたクラスター数となるようにデータ全体を分割する．なお，階層クラスタリングにも，クラスター数を自動で推定する手法と，事前にクラスター数を指定する手法が存在する．たとえば DBSCAN とよばれる手法では，データの密度からクラスターを推定するため，事前にクラスター数を決める必要がない．どちらの手法でも，結果から各データ点どうしの関係を理解することができる．

図 11・4 は，非階層クラスタリングの代表である **k-平均法**（k-means clustering）とよばれる手法によってランダムデータをグループ分けした例である[*1]．

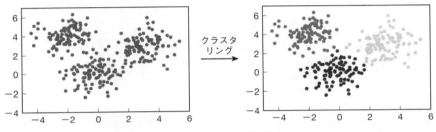

図 11・4　クラスタリングの例

　図 11・4 は人の目でも，クラスター数が 3 であると判断できそうだが，現実の問題は必ずしもそうではない．そのようなクラスター数が不明瞭な場合は，エルボー法やシルエット分析を用いて適切なクラスター数をみつけることも可能である[*2]．

　エルボー法（elbow method）では，事前に定める分割するクラスター数を変えながら，クラスターの重心とそのクラスターに所属するデータ点との距離の二乗の総和（SSE: sum of squared errors）を計算し，クラスター数に対してプロットする．一般に，クラスター数が増えるにつれて SSE は減少するが，減少幅の変化に注目する．図 11・5(b) では，クラスター数 3 を境に SSE の減少幅が大きく変化しており，最適なクラスター数は 3 であることがわかる[*3]．

　シルエット分析（silhouette analysis）は，同じクラスター内のデータ点の密集度と，ほかのクラスターとの距離を評価する手法である．評価に使うシルエット係数は -1～1 の値をとり，1 に近いほどよいクラスタリングであることを示す[*4]．図 11・5(c) では，クラスター数が 4 の場合（図 11・5c の右図）はシルエット係数の平均値が小さく，クラスター分けに改善の余地があることがわかる．シルエット分析では各クラスターの厚みが同程度であり，シルエット係数の平均値が 1 に近いほどよいとされる．

演習 11・3　教師なし学習

1) 主成分分析以外に，どのような次元削減法があるか調べなさい．

[*1] k-平均法の計算の流れは，おおまかに以下のとおりである．

1. 分割したいクラスター数を決める．
2. 各データ点の所属クラスターをランダムに決める．
3. 各クラスターの重心をクラスターの中心点とする．たとえば，クラスター ① に属するデータ点の重心が，クラスター ① の中心点となる．
4. 各データ点の所属クラスターを，最も中心点が近いクラスターに更新する．
5. 各データ点のクラスターが更新されなくなるまで 3 と 4 を繰返す．

[*2] ただし，エルボー法も目視で確認することが多いため再現性が低く，近年ではエルボー法ではなく SSE を利用した別の分析方法が提案されている．

[*3] エルボーとはひじのことであり，減少幅が小さくなり折れ曲がった箇所を，ひじに見立てている．

[*4] シルエット係数は各データ点 x_i について以下のように求める．

$$S_i = \frac{B_i - A_i}{\max(A_i, B_i)}$$

ここで A_i は x_i と同じクラスターに所属するデータ点間の距離の平均値，B_i は x_i と異なるクラスターに所属する最近接点との距離の平均値，$\max(A_i, B_i)$ は A_i と B_i を比べて大きい方の値である．

2) 次元削減がどのように用いられているか調べなさい.

3) 以下のサイトでは，六つの異なるデータセットに 11 種類のクラスタリング手法を用いた結果と実行時間が示されている．ここからデータの種類とクラスタリング手法には適切な組合わせがあることがわかる．k-平均法と DBSCAN の結果を比較して，どのようにクラスタリング結果が異なるかを確認しなさい.

https://scikit-learn.org/stable/modules/clustering.html

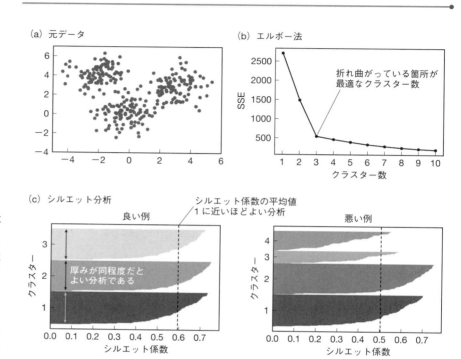

(a) 元データ

(b) エルボー法

折れ曲がっている箇所が最適なクラスター数

(c) シルエット分析

シルエット係数の平均値 1 に近いほどよい分析

良い例

厚みが同程度だとよい分析である

悪い例

図 11・5　エルボー法とシルエット分析

* 変数は量的変数と質的変数に大きく分けることができる．量的変数とは，身長や体重のように，数値的に意味のある変数である．質的変数は数値ではない特性や属性を表し，カテゴリ変数（カテゴライズ変数）ともよばれる.

カテゴリ変数には名義尺度と順序尺度の 2 種類がある．前者は "犬，猫，鳥" のような文字列であり，後者は "1 位，2 位，3 位" のように順序関係を含む文字列である．この順序尺度の例を，量的変数のように感じるかもしれない．しかし，量的変数の 1，2，3 の差は等間隔であるが，1 位，2 位，3 位の実際の差はわからない．このように，間隔が等間隔ではない場合はカテゴリ変数として扱われる.

カテゴリ変数を使う際は数字（ラベル）に置き換えることで，コンピュータがデータを処理しやすくなる．たとえば，犬は 0，猫は 1，鳥は 2 といったように置き換え，予測結果が 2 であれば鳥と予測したと考える．なお，ダミー変数に数量的な意味はないので，鳥は猫の 2 倍という意味はない．また，"1 位，2 位，3 位" を置き換えたダミー変数も数量的な意味をもたないことは同じだが，値の大小関係には意味がある.

11・3・2　教師あり学習

教師あり学習（supervised learning）は，機械学習の手法の一つであり，教師データから特徴・パターンを学習し，その学習結果を用いて未知のデータの予測を行う手法である．予測の対象が量的変数（たとえば，身長や体重）の場合は回帰，質的変数（たとえば，犬や猫）*の場合は分類とよぶ.

a. 回　帰　回帰（regression）とは，目的変数 y を $y = f(x)$ の関数で表現することである．ここで $f(x)$ はモデルとよばれ，説明変数 x の値に対して y の予測が行われる．説明変数の数が一つの場合は**単回帰分析**（simple regression analysis），二つ以上の場合は**重回帰分析**（multiple regression analysis）とよぶ.

たとえば，50 m 走のタイム y と身長 x_1 の関係についてモデル化する場合は，$\hat{y} = f(x_1) = w_0 + w_1 x_1$ という単回帰モデルとなる．ここで $\hat{y}$ はモデルによる y の予測値，w_0 は切片，w_1 はモデルにおける x_1 のパラメータ（重み）である．体重 x_2 も考慮する場合は，$\hat{y} = w_0 + w_1 x_1 + w_2 x_2$ という重回帰モデルとなる．w_2 は同様に，x_2 のパラメータである．こうしたモデルはまとめて $\hat{y} = w_0 + \sum w_i x_i$ と表すことができ，こ

のような重みづけした足し算を**線形結合**（linear combination）とよぶ．回帰には多くの手法があり，線形結合を用いないものもあるが，ここでは最も単純な最小二乗法という手法について簡単に説明する．

　最小二乗法（LSM: least squares method）とは，モデル $f(x)$ の予測結果 $\hat{y}$ とデータ点 y との誤差から**平均二乗誤差**（MSE: mean squared error）[*1] を計算し，最も小さい MSE を示す $f(x)$ を求める方法である．このときデータ点 y は教師データとみなすことができ，予測結果 $\hat{y}$ との差を表す MSE は，誤差評価に使う関数として**損失関数**（loss function）[*2] ともよばれる．教師データで与えられる説明変数 x と目的変数 y の組合わせを変えることはできない．したがって，x と y の関係性を表現する $f(x)$ を定めることは，最も損失関数が小さくなる，言い換えれば教師データとモデルの予測値が適合するパラメータ w を決定することである．そのため，モデルの学習をパラメータ推定ともよぶ[*3]．教師あり学習におけるモデルの学習では，損失関数の種類が異なっていても，損失関数の値を最も小さくするパラメータを探すという点で同じである．

　図 11・6 は，ドデシル硫酸ナトリウム（SDS）水溶液の濃度と表面張力の関係を示している．点は実験によって得た平均値を，点から伸びる縦線は標準偏差を示している．この図における曲線が，最小二乗法によって得られた回帰モデルを表す曲線である．

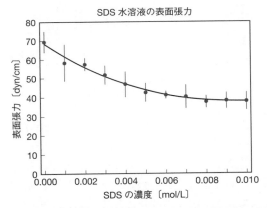

図 11・6　実験値から最小二乗法で求めた回帰モデルの例

　回帰モデルの予測精度の評価には，前述の平均二乗誤差や**根平均二乗誤差**（RMSE: root mean squared error）[*4]，**平均絶対誤差**（MAE: mean absolute error）[*5] のような値が用いられ[*6]，いずれも小さいほど予測精度がよいモデルであると考えられる．

　また，回帰モデルの予測値がデータにどれだけ適合しているかを評価するために，**決定係数**（coefficient of determination）R^2 という指標も用いられる[*7]．ほかの指標とは異なり，この指標は 0〜1 の値を取り，1 に近いほど回帰モデルがデータに適合していることを示す．

b. 分　　類　　回帰は教師データから連続値を予測する手法であった．一方，データのクラス（カテゴリ変数）を予測する場合，回帰ではなく（統計学的）**分類**

[*1] 平均二乗誤差
$$\mathrm{MSE} = \frac{1}{N}\sum(y-\hat{y})^2$$

[*2] 損失関数は**コスト関数**（cost function）や**誤差関数**（error function）ともよばれる．

[*3] LSM では，MSE が下に凸の二次関数となるため，w で微分すると極小値をとるときの w の値が求まる．

[*4] 根平均二乗誤差
$$\mathrm{RMSE} = \sqrt{\frac{1}{N}\sum(y-\hat{y})^2}$$

[*5] 平均絶対誤差
$$\mathrm{MAE} = \frac{1}{N}\sum|y-\hat{y}|$$

[*6] MSE は誤差が二乗されているため，どの程度ずれているのかわかりにくく，ずれの程度の確認には RMSE や MAE が用いられる．

[*7] 決定係数
$$R^2 = 1 - \frac{\sum(y_i-\hat{y}_i)^2}{\sum(y_i-\bar{y}_i)^2}$$

（classification）とよばれる手法を用いる．たとえば，大量の画像を教師データとして"ネコ"か"ネコではない"かを判別するような，データのカテゴリを予測するモデルのことを**分類器**（classifier）や，**識別器**（discriminator）とよぶ．分類対象が2クラスの場合は二値分類，複数の場合には多クラス分類と称す．

分類はクラスタリングと混同されることがたびたびあるが，分類は教師あり学習であり，クラスタリングは教師なし学習である．図11・1に示したように，両者の手順は異なっており，教師あり学習の分類ではモデル構築のために教師データを事前に用意しなくてはならない．

分類における代表的な手法の一つにサポートベクターマシンがある．**サポートベクターマシン**（**SVM**：support vector machine）は異なるクラス間を分離する決定境界を定義する方法で，この決定境界とデータとの距離をマージンとよぶ．決定境界はマージン最大化という原則に基づいて，各クラスから最も遠いところに設定される（図11・7）[*1]．

*1 クラスを分離する決定境界に強い影響を与えるのは，境界に最も近いデータ点である．このデータ点を"サポートベクター"とよび，サポートベクターを利用した機械学習（マシン）であるためこの名前がついた．ここでは分類問題について説明するが，回帰にも用いることができる．

二つのクラスを分ける直線を考える．

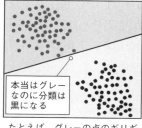
本当はグレーなのに分類は黒になる

たとえば，グレーの点のギリギリで線を引くと，すこしでも黒寄りの未知のデータがあると分類は外れてしまう．

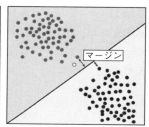
マージン

それぞれのクラスから最も遠い場所になるように分割する線を引く．

図 11・7　SVM の例[*2]

*2 三次元空間における平面（二次元）のように，高次元における平面のようなものを超平面（hyperplane）とよぶ．N次元の場合，超平面はN−1次元となる．三次元空間で生きるわれわれには超平面は直接確認することは難しく理解しがたいが，数学やデータ解析などで広く用いられる．そのなかに線形分離という概念があり，線形分離可能とはN次元のデータを超平面で分割できることを意味する．

図11・8では，教師データからSVMによって決定境界が構築されている．この例では，教師データを完全に分離する境界を見出すことができなかったため，あらためて教師データを分類した結果，いくつか誤った予測がみられる．

モデルのパラメータは学習時に与えられたデータと数式に従い，損失関数が最も小さくなるように決まる．しかし，なかには人間が定めなければならないパラメータも存在し，それらがモデルの性質を支配している．このような値を**ハイパーパラメータ**（hyperparameter）とよぶ[*3]．SVMのハイパーパラメータは，どのような線（直

*3 ハイパーパラメータは教師あり学習だけに存在するものではない．たとえば，k-平均法のクラスター数はハイパーパラメータの一つである．しかし，教師あり学習と異なり教師データがないため，性能評価が困難である．

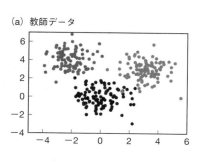
(a) 教師データ

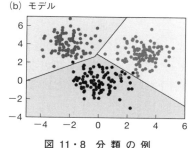
(b) モデル

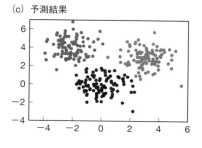
(c) 予測結果

図 11・8　分 類 の 例

線や曲線）を引くのか，どのレベルまで他クラスを分離できなくてもよいかなどを左右し，データを適切に分類するためにハイパーパラメータの調整が重要となる[*1]．

　分類モデルの予測結果はカテゴリ変数であり，数字自体はラベルに過ぎない．そのため，予測精度の評価には，回帰で取上げた MSE などは利用できない．たとえば，"ネコ" と "ネコではないもの" を区別する二値分類モデルには，① ネコを "ネコ" と予測，② ネコではないものを "ネコではない" と予測，③ ネコではないものを "ネコ" と予測，④ ネコを "ネコではない" と予測，という 4 種類の予測結果が存在する．それぞれを ① **真陽性**（TP: true positive），② **真陰性**（TN: true negative），③ **偽陽性**（FP: false positive），④ **偽陰性**（FN: false negative）とよび[*2]，これらの数値を表すのが**混同行列**（confusion matrix）である（表 11・1）[*3]．これらの値を利用して，分類モデルの予測精度の評価が行われる．最も直感的な指標は**正解率**（accuracy）であり，全体における真陽性と真陰性の割合を示す[*4]．しかし，クラス数の割合に大きな偏りがあると，正解率だけでは正しい評価ができない．たとえば，100 件のデータ中，陽性 99 件に対し，陰性が 1 件しかない場合，いいかげんにすべてを陽性と予測しても正解率は 0.99 となる．このようなデータでは，正解率だけでモデルを評価することは好ましくない．そこで，どのような誤り方をしているかに着目する．**適合率**（precision）は陽性と判断した結果のうち，真陽性が占める割合である[*5]．一方，実際に陽性のデータをどれだけ陽性と判断したかの指標が**再現率**（recall）である[*6]．利用する目的に応じて，適合率（偽陽性）と再現率（偽陰性）のどちらを重要視するかは異なる．誤検出を避ける場合には適合率が高い方がよく，検出漏れを防ぐ場合には再現率が高い方がよい．ただし，適合率と再現率はトレードオフの関係にあるため，これらの調和平均である **F1 値**（F1-score）とよばれる指標も用いられる[*7]．

表 11・1　混同行列の例

		予測値	
		陽 性	陰 性
真の値	陽 性	真陽性（TP）	偽陰性（FN）
	陰 性	偽陽性（FP）	真陰性（TN）

　回帰と分類は異なる性質の問題に用いられる手法ではあるが，共通点も存在する．それは，教師データに沿って損失関数が最小となる線を引く作業が双方に含まれていることである．回帰では，連続的な出力を予測するために教師データに沿った線を引き，分類では，各クラスに属するデータを分離するために境界線を引くのである．

演習 11・4　教師あり学習

1) 身のまわりの現象で，回帰によって予測できる目的変数と，その予測に必要となる説明変数を考えなさい．

2) "スパムメールの検出" と "医療画像からの腫瘍検知" について，それぞれ適合率と再現率のどちらを重要視すべきか，考えなさい．

[*1] 線形分離可能な場合，マージン最大化に基づき分離される．これをハードマージンとよぶ．しかし，図 11・8 のように線形分離可能ではない，ハードマージンでは分離できない場合，データ点が誤って分類されることを許容するソフトマージンとよばれる手法が用いられる．誤りにどの程度厳しいかはコストパラメータ C に従う．C が小さすぎれば正しく分類しなくてもよくなってしまい，無限大に大きい場合はハードマージンになってしまうため，適切な値を設定する必要がある．これがハイパーパラメータの調整である．

[*2] 陽性・陰性というと疾病と関連付けてしまうかもしれないが，ネコ（陽: 1）か，ネコではない（陰: 0）かという場合にも利用される．

[*3] 多クラスでの混同行列も考え方は同じであるが，集計方法が複雑となる．

[*4] 正解率

$$accuracy = \frac{TP + TN}{TP + TN + FP + FN}$$

[*5] 適合率

$$precision = \frac{TP}{TP + FP}$$

[*6] 再現率

$$recall = \frac{TP}{TP + FN}$$

[*7] F1 値

$$F1 = \frac{2TP}{2TP + FN + FP}$$

11・3・3　モデル選択

a. 過小適合と過剰適合　　教師あり学習においては，教師データを正しく表現することができるモデルとなるようにパラメータを設定することが重要なので，それを検証するために，回帰では MSE，分類では正解率などの予測精度の指標を取上げた．これらの指標，いわゆる損失関数が大きな値の状態，つまりモデルが教師データにまったく適合していない状態を**過小適合**（underfitting）とよび[*1]，当然このようなモデルは使用に適さない．

しかし，図 11・1 でも示したように，教師あり学習の最終目的はあくまでも対象データ，言い換えれば未知のデータを正しく予測することであり，教師データの学習は過程に過ぎない．したがってモデル学習時に，MSE を下げたり，正解率を上げたりすることだけに固執してパラメータを設定してしまうと，本来の目的を達成できなくなる．本項では，この観点からモデルの適切な複雑さを見極めることの重要性について説明する．

図 11・9(a) では，9 点のデータに対して最小二乗法を用い，一次関数から十次関数までのモデルを構築した．各 x^n の係数は w で表され[*2]，次数が大きくなるほどパラメータ数が多いモデル，つまり複雑なモデルで表現される．教師データとの適合のみに着目すると，次数が大きいほど教師データにより適合していることがわかる．実際，八次以上の関数における MSE などの評価指標はほぼ 0 となる．

*1 過小適合は，過少適合，未学習とも記載される．

*2 図 11・9 では，入力が x_i のときの予測値は $\hat{y}_i = w_0 + \sum w_j x_i^j$ となり，n が大きいほどパラメータ w の数が多くなる．11・3・2a 項では，線形結合について説明した．このような多項式であっても w については線形であることに変わりない．

*3 あくまでも説明のためであり，精度のよいモデルを構築するにはデータ数が少ない．

(a) 教師データ

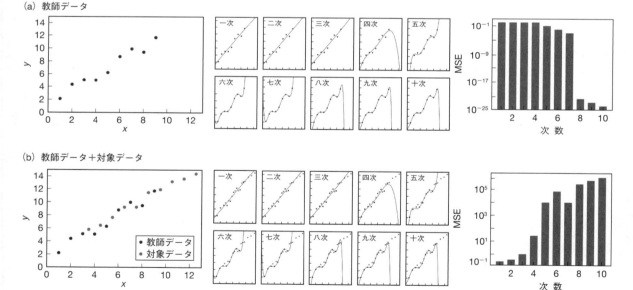

(b) 教師データ＋対象データ

図 11・9　モデルのパラメータの複雑さと予測精度[*3]

これだけを鑑みると，モデルは複雑であればあるほどよいように感じてしまう．そこで次は図 11・9(b) をみてほしい．図中央のモデルの実線と対象データが近い方が，予測精度がよい．この場合，一次関数から三次関数までの直線に近いモデルでよく予測できていることがわかる．一方で，四次関数以上のモデルでは解析対象データをまったく予測できていない[*4]．このように，学習データの予測精度がよい

にもかかわらず，学習データ以外のデータでは著しく予測精度が落ちることを**過剰適合**（overfitting）という[1,2]．このような状況は，たとえば問題集や小テストの答えを丸暗記して，本番のテストで悲惨な点数を取ることと似ている．

　教師あり学習においては，教師データの特徴を取込めていない過小適合のモデルは利用に値しないが，教師データに対して過剰適合したモデルも未知のデータに対して対応できず意味がない．このような未知のデータへの予測精度を**汎化性能**（generalization performance）とよび，機械学習モデル構築において最も重要視される．過小適合でも過剰適合でもプログラムでは結果が出力されるため，初心者はエラーが生じずに結果が出力されたことに満足してしまう場合が多く，注意を払う必要がある．

　単純に過小適合を防ぐには，学習したモデルの予測値と真の値の誤差が最小となればよいが，学習に用いたデータでは過剰適合になっている可能性を排除できない．モデルが過剰適合に陥っていないかを確認する方法として**ホールドアウト法**（holdout method）がある（図 11・10）．この方法ではまず，教師データを訓練データとテストデータの二つに分け[3]，訓練データを用いてモデルを構築する．そして，テストデータの説明変数から目的変数を予測し，目的変数の真の値と予測値を比較する．もし，訓練データと予測値との誤差が大きい場合には過小適合が生じている可能性が高い．一方，訓練データの予測精度が高くとも，テストデータの予測精度が著しく低い場合には過剰適合が生じていると考えられる．

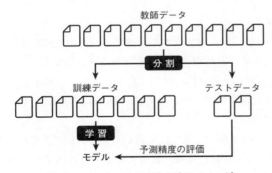

図 11・10　ホールドアウト法のイメージ

　ホールドアウト法は手軽な方法であり，教師データをランダムに訓練データとテストデータに分割して利用することが一般的である．そのため，訓練データとテストデータの間に偏りが生じる場合もあり，それがモデルの汎化性能の評価に影響を及ぼす可能性もある．このような偏りを軽減するために，**k-Fold 交差検証法**（k-Fold cross-validation）という方法が広く用いられる[4]．この方法では以下の手順でモデルの評価が行われる（図 11・11）．

　最初に，教師データをランダムに k 個のグループ（フォールド）に分割する[5]．そのうちの一つのフォールドをテストデータとし，残りの $k-1$ 個のフォールドを訓練データとしてモデルを構築する．次に，テストデータを使用してモデルの予測値を求め，この試行で得られたテストデータの予測精度を記録する．テストデータを変えながらモデル構築と予測を k 回繰返し，予測精度の平均でモデルの性能を評

*1　過適合，オーバーフィッティング，過学習などさまざまなよび方がある．

*2　深層学習を除く機械学習においては，不必要に複雑なモデルは過剰適合しやすいといわれている．14 世紀の神学者オッカムによる "何かを説明するために，必要以上に仮定を立てる必要はない" という趣旨の発言は，現代ではオッカムの剃刀として知られ，過剰適合の説明においてもよく用いられる．

*3　訓練データとテストデータは 8：2 で分割することが多いが，明確な決まりはない．データ数や種類によって調整する必要がある．

*4　単に交差検証やクロスバリデーションとよぶこともある．分割数 k の数は任意であるが 5〜10 とすることが多い．

*5　データ数だけ分割する場合，一つ抜き交差検証（LOOCV：leave-one-out cross-validation）とよぶ．

価することで，汎化性能も考慮した評価が可能となる．交差検証法は広く用いられる方法であり，ホールドアウト法よりも評価が適切であるとされる．ただし，k 回の学習とテストを繰返すため，計算時間がホールドアウト法よりも増加することに留意する必要がある．

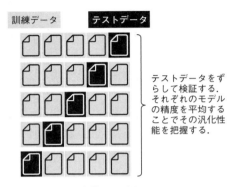

図 11・11 交差検証の例

b. ハイパーパラメータ　　ハイパーパラメータはモデルの性質を支配しているパラメータであり，学習時に人が定めなければならず，この値を調整することが予測精度向上のためにきわめて重要である．たとえば，SVM にもハイパーパラメータが複数存在するが，ここでは，"多項式の次数"と"コストパラメータ C"の 2 種類を例に説明する．

多項式の次数とは，SVM でクラスを分離するための決定境界に多項式を用いる場合のその次数である．これが大きいほど複雑な決定境界となる．一方，コストパラメータ C とは，ある決定境界内に誤ったクラスのデータが存在することをどれだけ許容しないかを表す値で，無限に大きい場合は一切の誤分類を許さないハードマージンと同じになる．

ハイパーパラメータの調整として広く用いられる方法に，**グリッドサーチ**（Grid Search）がある[1,2]．これは，機械学習モデルにおけるハイパーパラメータの最適

*1 ハイパーパラメータ調整には，グリッドサーチだけではなく，ランダムにパラメータを変化させるランダムサーチや，ベイズ最適化とよばれる手法を用いる場合もある．

*2 グリッドとは格子のことである．今回の説明では二つのパラメータを調整しているが，それ以上でも構わない．ただし，多いほど計算時間がかかることに留意すること．

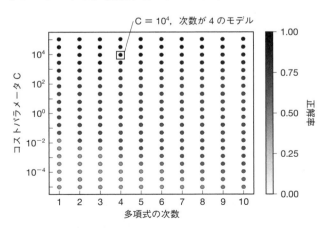

図 11・12　**SVM のハイパーパラメータのグリッドサーチの結果**
y 軸片対数グラフとなっている．

な設定をみつける方法の一つで，異なるハイパーパラメータの組合わせごとにモデルを構築し，それらの性能を評価する．

　図 11・12 では，図 11・3 で扱ったワインのデータを分類する SVM のモデルを構築する際に，ハイパーパラメータの調整にグリッドサーチを使う場合を考える．ハイパーパラメータとしてコストパラメータ C と多項式の次数を検討し，予測精度が最もよいこれらの組合わせをみつける．C の候補を 20 個（10^{-5}～10^5 の範囲），次数の候補を 10 個（1～10）とし，合計で 200 個の異なるハイパーパラメータの組合わせを検討している．図 11・12 の丸はハイパーパラメータの組合わせを表し，その色は各組合わせで訓練したモデルの正解率を示している．グリッドサーチによって，C の値が 10^2 以上だとモデルの予測精度がよく，多項式の次数の変化は C の変化ほど顕著に正解率に影響を与えないことがわかる．このようにして，最適なハイパーパラメータの設定をみつけるのがグリッドサーチである．

　しかし，ハイパーパラメータの調整においても，過剰適合が生じている可能性があるため，モデルの汎化性能を確認するためには予測精度を確認するプロセスを別に用意する必要がある．一般的には図 11・13 のような流れでモデルを選択する．

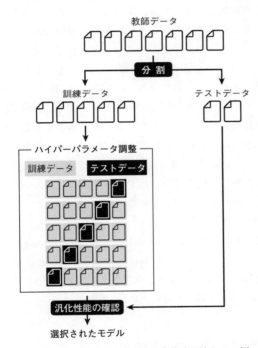

図 11・13　モデル選択の全体的な流れの一例

　まず，教師データを訓練データとテストデータに分割する*．訓練データはモデルの学習に使用し，テストデータはそのモデルの最終的な性能評価に使用する．ここで，k-Fold 交差検証法などの手法で訓練データをさらに訓練データとテストデータに分割する．この 2 種類のデータとグリッドサーチなどを組合わせて，ハイパーパラメータの最適化が行われる．

　しかし，これはあくまでも交差検証において最もよい予測精度が得られたハイ

* 汎化性能の確認において k-Fold 交差検証法を用いてもよいが，計算コストが非常に大きくなるため，ここではホールドアウト法で示している．

*1 図 11・12 では C=10⁴ で次
数が 4 のときの正解率は 0.98
であったが，テストデータに対
する予測では 0.88 であり，過
剰適合している可能性がある．
実際，テストデータに対する予
測精度が最もよいのは C=2.97
×10⁴ で次数が 1 のモデルで，
正解率は 0.94 であった．

パーパラメータで構築されたモデルに過ぎない．そこで，最終的な評価として最初
に分割したテストデータを用いて汎化性能の評価を行い，満足のいく予測精度であ
ればモデル構築が終了となる[*1]．

ここでの説明は一例であり，多様なモデル選択方法があるため，分析するデータ
に応じて方法を検討する必要がある．ただし，どのような場合でも，一連の学習と
検証を通じて，最も汎化性能の高いモデルを選択することが重要である．

演習 11・5 モデル選択 ─────────────────────

AIC（赤池情報量規準）について調べなさい．また，汎化性能を高くするためには，
説明変数の数は可能なだけ多い方がよいか，少ない方がよいか考えなさい．

11・3・4 強 化 学 習

強化学習（reinforcement learning）は，**エージェント**（agent）とよばれるモデ
ルが目標に向かって行動しながら学習する手法である．エージェントが行動する
と，その結果に応じた報酬が与えられる．この報酬を最大化するためにエージェン
トが適切な行動をするようになることが，強化学習の目標である[*2]．

強化学習は，エージェントが試行錯誤を通じて進化していくという点で，ほかの
機械学習の手法とは異なる．学習の初期においては最適な行動方法を知らないた
め，エージェントはランダムな行動を繰返す．しかし，試行錯誤の過程で報酬が高
い行動を発見すると，徐々に行動が偏るようになり，次第に報酬が低い行動を避け
るようになる．その結果，最終的に最適な行動戦略を獲得することが可能となる．

この手法は，ある限られた機能や領域において自律的な行動を学習させたい場面
で重要な役割を果たす．強化学習は，11・2・1 項で説明した AlphaZero や自動運
転，ロボティクス分野などで広く使用されている．また，ユニークな例として，強
化学習を利用してビデオゲームをプレイする AI などもある．

演習 11・6 強 化 学 習 ─────────────────────

Gymnasium は強化学習アルゴリズムを Python で開発するためのプログラムである．
以下のサイトの "Environments" には強化学習を用いたプログラムの例が示されてい
る．どのようなことができるか調べなさい．

https://github.com/Farama-Foundation/Gymnasium

11・4 深 層 学 習

これまで説明した教師なし学習，教師あり学習，強化学習などの機械学習は，必
ずしも技術的に新しいものではない．しかし，第三次 AI ブームとよばれる潮流が
2000 年代以降に巻き起こった中心には，深層学習という技術が鎮座している．

深層学習（DL：deep learning）は，ニューラルネットワークを使用して複雑な
データのパターンを学習し，高度な認識や予測を行うための手法である．従来の機
械学習との大きな違いは，データから注目すべき説明変数を発見することに長けた

特徴表現学習（feature engineering）にある．従来の機械学習では，データをそのまま利用してもよい学習になるとは限らず，人の手によってデータを加工したり，重要な説明変数を抽出したりして学習に用いていた*．しかし，深層学習では，学習プロセスにおいてデータの特徴を自動的に抽出し，変換する能力をもっている．たとえば，画像認識では，画像内のパターンや物体の特徴を自動的に抽出することでそれを認識している．これにより，画像認識やテキストデータ処理のような，複雑で高次元のデータを扱う分野で優れた成果を上げている．同様に，テキストデータの処理においては，単語どうしの関連性や大量のデータに基づく推論によって，自然な対話や翻訳が可能となっている．深層学習はこれらの分野における AI 技術の進歩をけん引しており，その中核であるニューラルネットワークについて本節で簡単に説明する．

* 説明変数の特徴を抽出するには，次元削減やデータの背景知識を利用するなどが行われた．

11・4・1　ニューラルネットワーク

　人間の脳は，100 億以上の神経細胞（ニューロン）で構成され，相互に情報をやりとりして思考や記憶を形成している．深層学習の技術的基盤は，脳をモデルにした**ニューラルネットワーク**（neural network）で，多層のノード（ニューロン）からなるネットワーク構造をもっている．このネットワーク構造は，入力された情報を，ネットワーク内のノード間を伝播させながら変換して出力する一種の関数である．ニューラルネットワークで用いられる人工的なニューロンは**パーセプトロン**（perceptron）とよばれ，ニューラルネットワークを構成する基本単位である．これも入力信号を変換して 0 から 1 の値として返す関数である．図 11・14 に示すのは，ニューラルネットワークの模式図である．

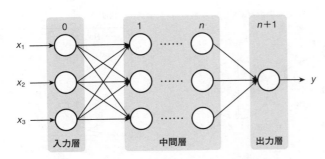

図 11・14　ニューラルネットワークの模式図
〇 がパーセプトロンを表す．

　ニューラルネットワークの構造は，10・1 節で説明したデータ構造のグラフに似ており，ノードはパーセプトロンに相当する．ニューラルネットワークでは，パーセプトロンが層を形成し，層の数は層の深さと捉えられる．層には，入力データを受取る**入力層**（input layer），結果を出力する**出力層**（output layer），そしてその間に位置する**中間層**（intermediate layer）がある．中間層は，入出力には携わらないため**隠れ層**（hidden layer）とよばれることもある．通常，深層学習には中間層が 2 層以上（$n \geq 2$），入出力層を合わせると 4 層以上からなる**ディープニューラルネットワーク**（DNN：deep neural network）が用いられる．

11・4・2　パーセプトロンによる情報伝達

　神経細胞や筋組織には，"全か無かの法則"とよばれる法則がある．たとえば，ニューロンでは入力信号の強さがしきい値より小さければ何も生じないが，大きければ興奮して情報を次のニューロンに伝達する．ニューロンを起源とするパーセプトロンも同様に，入力信号の合計がしきい値を越えると発火（活性化）して次の層に情報を伝達する．

　図 11・15(a) には，パーセプトロンによる情報伝達の概念図を示す．パーセプトロンαとβは，パーセプトロンγに情報を伝達するための"重み"とよばれるパラメータ w_1 と w_2 を用いて，入力信号 (x_1, x_2) の重要度の違いを調整している．w_0 はバイアス（bias）とよばれ，パーセプトロンの活性化のしきい値を実質的に支配している．次の層のパーセプトロンγには，これらの和である $u = w_0 + w_1 x_1 + w_2 x_2$ が伝えられる．

　パーセプトロンは，入力信号とパラメータの積の総和とバイアスの合計に応じて 0 から 1 までの値を出力する関数であり，入力と出力の関係を制御する関数を**活性化関数**（activation function）とよぶ[*1]．活性化関数には，**ステップ関数**（step function）や**シグモイド関数**（sigmoid function），**ReLU 関数**〔**レルー関数**（rectified linear unit function）〕など，さまざまな関数がある（図 11・15b）．最もシンプルな活性化関数はステップ関数であろう．これは入力が 0 以下ならば 0，0 より大きければ 1 を返す．シグモイド関数は入力に対して出力が滑らかに変化する．ReLU 関数は負の値を無視して正の値のみを伝達させる[*2]．使用する関数によって予測精度に影響が出るため，目的に適した関数を選ぶことが大切であるが，通常は ReLU 関数を用いることが多い．

[*1] u がしきい値を超えると活性化する．バイアスが大きいほど活性化しやすく，小さいほど活性化しにくくなる．

[*2] 活性化関数がステップ関数や ReLU 関数だと，u が 0 以下では返す値は 0 となるが，シグモイド関数の場合であれば 0 以下でも 0 より大きい値を返す．

[*3] 図 11・15 では，あくまでも説明のためにパーセプトロンとして図示しているが，実際はバイアスという入力信号はないことに注意．

(a) パーセプトロンの情報伝達

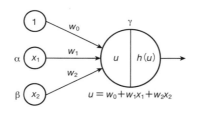

$u = w_0 + w_1 x_1 + w_2 x_2$

(b) 活性化関数

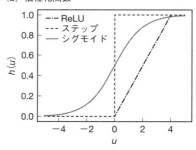

図 11・15　パーセプトロンの情報伝達（a）と活性化関数（b）[*3]

11・4・3　ニューラルネットワークの構造とパラメータ数

　これまでの説明を踏まえ，あらためてニューラルネットワークの構造を確認する．ここでは，深層学習において有名なデータセットである MNIST データセットを例に説明する（図 11・16）．このデータセットは，幅 28 ピクセル，高さ 28 ピクセルの 0〜9 の手描き文字の画像データセットである．

　データセットの画像一つを 10・1 節で説明した配列として考えると，一つの画像は 28×28 = 784 の要素をもつ配列となる．そのため，入力層は 784 ノードとなる．ここでは 784 ノードの中間層が 2 層あるとし，出力層を 0 から 9 の予測結果に相当

する 10 ノードとする．入力層の 1 ノードがもつ重み w の数は中間層 1 のノード数と同じであるため 784 個である．また，中間層の各ノードには，それぞれにバイアスが存在する．したがって，入力層と中間層 1 の間のパラメータ数は 615,440 個〔$784 \times (784+1)$〕となる．そして，中間層 1 と 2 の間にも同じ数のパラメータが存在し，ネットワーク全体では約 123 万以上のパラメータが存在することとなる[*1,2]．

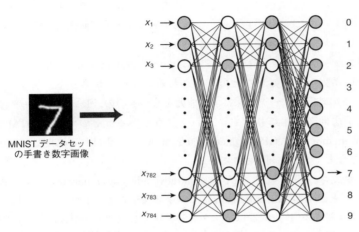

図 11・16　ニューラルネットワークの学習についてのイメージ

11・4・4　誤 差 逆 伝 播 法

　ニューラルネットワークの学習でも，11・3・2 項で説明した教師あり学習と同様，損失関数を最小化するパラメータを決定する．このとき，**誤差逆伝播法**〔バックプロパゲーション（backpropagation）〕とよばれるアルゴリズムが使用される．これは，ニューラルネットワークの損失関数の値がどのパーセプトロンの出力結果によって生じたのかを，出力層から逆にたどっていくアルゴリズムである．そして，原因となるパーセプトロンの重みを正しい予測結果となるように更新するのである．

　ニューラルネットワークの入出力は，伝言ゲームに似ている．最初に伝えられた文章のなかから，重要な内容やキーワードが次の人に伝えられる．何が重要であるのか，伝えるべきか否かが重みや発火である．誤差逆伝播法は最後の人から伝言を聞き取り，誰が情報損失の原因であるかを突き止めるようなものである．

　誤差逆伝播法は出力層から入力層に遡って重みの修正を行うが，ニューラルネットワークが深くなると，出力層から遠くなる層が増える．それにつれてパーセプトロンのもつ影響が小さくなり，更新がほとんどされなくなる場合がある．これを**勾配消失問題**（vanishing gradient problem）という．従来，活性化関数としてシグモイド関数が広く用いられてきたが，勾配消失問題が生じやすいという難点があった．そこで，勾配消失の影響が小さい ReLU 関数が広く用いられることとなった[*3]．

11・4・5　さまざまなニューラルネットワーク

　ここまで説明してきたニューラルネットワークは，順伝播型ニューラルネットワークとよばれるもので，先ほどの伝言ゲームの例え話のように，順番に伝播して

*1 本来，MNIST データセットの分類モデルにおいて，ここまで中間層のノード数を多くする必要はない．あくまでも説明をわかりやすくするために過剰に表現している．

　図 11・16 でも複雑なモデルのように感じるが，MNIST の画像は小さくモノクロである．たとえば iPhone 14 の写真は 120 万ピクセルであり，さらに RGB の三つの値をもっているため，より複雑なネットワークモデルが必要となる．

*2 11・3・3 項ではパラメータ数が多いほど過剰適合しやすいと説明した．しかし，深層学習においてはパラメータ数が多いほど性能がよいということが知られている．たとえば，生成 AI サービス ChatGPT に利用されているモデル GPT 3.5 には 1750 億個のパラメータが存在する．パラメータと性能の関連性について，従来の機械学習との違いに注目した研究が進んでいる．

　パラメータ数が多いほどよいモデルになるとはいえ，個人で作成するには限界がある．GPT 3.5 の学習にかかるコンピュータの利用料を試算した結果，最低でも約 5 億円は必要といわれている．

*3 深層学習においても過小適合や過剰適合の問題があり，モデル選択を行う必要がある．

いくネットワークである．これを基本として，社会で用いられているニューラルネットワークには特殊な構造やアルゴリズムを用いているものがある．いくつかを簡単に紹介する．

第三次 AI ブームのきっかけとなる，ジェフリー・ヒントンらによって開発された AlexNet は，**畳み込みニューラルネットワーク**（CNN: convolutional neural network）という構造を用いていた．畳み込みニューラルネットワークは，畳み込み層やプーリング層とよばれる特殊な隠れ層をもったニューラルネットワークであり，画像認識などによく用いられる．これらの層によって，画像内の重要な特徴を抽出し，より効率的に認識を行うことができる．

再帰型ニューラルネットワーク（RNN: recurrent neural network）は，自然言語処理や時系列データ処理などで利用されるニューラルネットワークである．RNN は過去の時系列データを保持する能力をもつものの，長い系列データに対しては勾配消失問題が起こりやすいという欠点がある．そのため，LSTM（long short-term memory）や GRU（gated recurrent unit）とよばれる改良型があり，**翻訳サービスなどでもよく利用されている．

敵対的生成ネットワーク（GAN: generative adversarial network）は，生成器（generator）と識別器（discriminator）という 2 種類のネットワークを対抗させる特殊なモデルである*．生成器はデータを基に類似したデータを作成する役割をもち，識別器は生成されたデータと本物のデータを見分ける役割をもつ．そして，生成器は識別器をだますように，識別器はデータを区別できるように，それぞれ競い合いながら学習し，このプロセスの過程で本物とうり二つの画像などが作成される．

* 深層学習の分野では敵対的攻撃（adversarial attack）とよばれる，名前は類似しているが敵対的生成ネットワーク（GAN）とは異なる目的と方法をもつ分野がある．敵対的攻撃の目的は既存のモデルを誤認識させることであり，予測結果を変更させるために入力データに微小なノイズを加える．たとえば，パンダの画像データに人の目にはわからないようなノイズを加えると，テナガザルと誤認識させることができる．この技術を利用し，顔認識による個人特定を防ぐことなどができる．しかし，自動運転の際に誤った方向に進ませるなどの悪用も可能であり，それに対する防御手法についても研究が進んでいる．

演習 11・7 深層学習

1) 以下のサイトでは，畳み込みニューラルネットワークがどのように画像を識別しているかが可視化されている．画像ごとの重みの違いについて確認し考えなさい．

https://poloclub.github.io/cnn-explainer/

2) 以下のサイトでは，GAN によって画像が生成される過程が可視化されている．どのようなことが生じているか考えなさい．

https://poloclub.github.io/ganlab/

以上，第 11 章では，AI と機械学習，深層学習について初歩的な説明を行った．性能向上によって，人間の技能よりも高い精度で機能する AI も多く誕生している一方，その利用に関しては，世界各国で倫理的な問題がもち上がり，議論をひき起こしている．次の第 12 章では，このような倫理的問題に関して説明する．

データサイエンスの倫理 **12**

データサイエンスの成果はすでに多方面で活かされているが，そのさまざまなプロセスと関わる倫理的問題も多く指摘されている．そうした問題は複雑に絡み合っており，本来，単純に分けて捉えることはできない．ここでは便宜上，比較的表層的な問題をデータの取得および利用に関わる倫理として確認し，その後にデータサイエンスに潜むより深い問題を考える．

12・1 データの取得に関わる倫理
12・1・1 インフォームドコンセント

スマートフォンやICカードを利用することで，個人の行動がデータとして取得され，データサイエンスにおいて活用されている．われわれが日常生活を営むなかで，すでに膨大なデータが収集されている．

このような個人からのデータ取得の前に必要とされるのは，それに関する十分な説明と，データ提供者となる個人の自由意志に基づく同意である．この手続きは，"十分な情報に基づく同意"という意味で，**インフォームドコンセント**（informed consent）とよばれる．

インフォームドコンセントという言葉は，医療行為の前に，医療従事者が患者に対してそれを十分に説明し，本人の同意を得る手続きとしてもっぱら知られている．だが，より一般的な文脈では，個人が自由に考え，決断，行動することを尊重するために必要とされる手続きである．したがってこれは，基本的人権を尊重する行為の一つとして，データサイエンスにおいても原則とすべきものとされている．

インフォームドコンセントは，単なる同意ではなく，本人の自由意志に基づく同意，言い換えれば，強制されない同意でなければならない．たとえば，大学の授業時間内でのアンケート調査は，たとえ学生の同意が得られたとしても，それが本人の自由意志に基づく同意であるかどうかは自明ではない．授業中は，調査に協力して回答しなければならない，という暗黙の強制力が働くからである[*1]．

類似の問題は，実はスマートフォンやICカードをめぐる状況においても存在している．こうした機器は，現代人の生活においてはほとんど必要不可欠なものとなっており，その利用に関する自主性，任意性はそれほど高くない．したがって，形式上，データ提供に同意する手続きがあったとしても，本当に自由意志に基づいてそれを選択できるかどうかは自明ではない[*2]．データ提供に関してユーザが個別に設定する方法が用意されていることもあるが，設定できる範囲が限定されていたり，そのための説明が不十分であったりする．また，そうした設定は煩雑であることも多く，それがユーザの自由な意志決定を阻害しているという側面もある．

X（旧 Twitter）や Facebook のような SNS にユーザが自ら投稿するデータには，さらに込み入った問題もある．ユーザの自由意志に基づいて公開されたデータであ

る以上，それが一定の範囲内で利用されることには同意済みであるといえる．しかし，データの利用のされ方は，当初の予想を超えていく可能性がある．たとえば，データが特定の社会集団の分析に利用されることで，ある種の偏見が助長されることがあるかもしれない．あるいは，ある人が SNS で公開したイラストが AI の学習データとして利用されることで，その人の生活が脅かされるといった事態も，今後は考えられるだろう．こうした問題の発生が事前に明らかであれば，データは公開されなかった可能性もある．しかし，それを予期することは困難であることも多く，インフォームドコンセントとしての事前説明のなかにそれを具体的に組み入れることも，同様に困難な場合がある．

12・1・2　個人情報の保護

データサイエンスに用いられるデータの多くは，特定の個人に関する情報，すなわち，**個人情報**（personal information，personal data）である．

日本の**個人情報保護法**（正式名称は“個人情報の保護に関する法律”）における個人情報は，1）生存する，2）個人の，3）個人識別性のある情報，として定義されていると解釈できる．1）は，死者は含まないということ，2）は，外国人なども含めた個人であるが，法人その他の団体は含まないということである．よって，3）の個人識別性のある情報が，個人情報を実質的に規定するものとなる．

個人識別性のある情報とは，第一義的には，“当該情報に含まれる氏名，生年月日その他の記述等により特定の個人を識別することができる”[*1] 情報である．氏名や生年月日の記載によって個人識別が可能な個人に関する情報のほか，特定の人物として識別できる顔写真やそれを含む情報，内容から個人識別が可能な音声録音データや映像なども，これに該当する．

単体では個人識別ができなくても，“他の情報と容易に照合することができ，それにより特定の個人を識別することができる”[*2] 情報も，個人情報に含まれる．たとえば，電話番号はそれ単体では個人識別ができないが，誰にどの番号を割り当てているかという情報（典型的には電話会社のもつ情報）と照合すれば，個人識別が可能である．メールアドレス，学籍番号，ポイントカードの番号なども同様に，それらを含む情報は，一般に個人情報であるとみなされる．

さらに，近年の法改正によって個人情報に該当することが明確にされたのが，**個人識別符号**である．これは次の二つに大別される[*3]．一つは，指紋や声紋，目の虹彩，DNA，顔認証のデータなど，特定の個人の身体を特徴づけるデータである．もう一つは，旅券番号（パスポート番号），基礎年金番号，運転免許証番号，マイナンバーなど，公的機関が特定の個人に割り当てる番号である．

個人情報保護法では，上記のような個人情報を取得するときには，その利用目的をできる限り特定し，それをあらかじめ公表，あるいは本人に通知しなければならないとされている[*4]．また，実際にその範囲内での利用にとどめ，それを超えた取扱いをする場合は，利用目的を改めて公表，あるいは本人に通知しなければならない．

こうした個人情報の定義や扱い方に関するルールは，基本的に国や文化によって異なっている．そうした違いを理解し，それを尊重することは本来きわめて重要であるが，近年，データサイエンスの発展によって国境を超えた個人情報の流通が加

[*1] 個人情報保護法第2条第1項.

[*2] 個人情報保護法第2条第1項.

[*3] 個人情報保護法第2条第2項.

[*4] 個人情報保護法第17条および第21条. なお，取得の際にさらに強い制限がかかる個人情報として，後述の“要配慮個人情報”がある.

速しており，各国で法的な調整が行われつつある．

　2023 年現在，個人情報に関わる国際的なルールとして強い影響力があるのは，2018 年に欧州で施行された **EU 一般データ保護規則**（GDPR: General Data Protection Regulation）である．これは EU（欧州連合）域内の各国[*1] に適用されるデータ保護に関する規則であるが，域内での個人情報の取得と利用についてだけでなく，域外への個人情報の移転についても規定している．GDPR は，日本の個人情報保護法に比べ，データの取得者や管理者に対して厳しい規定が多く，個人情報の主体である個人〔GDPR では**データ主体**（data subject）とよぶ〕の権利をより明確に保護するものとなっている．データ主体の権利強化は，次にみるプライバシーの保護という点にも現れている．

演習 12・1

　以下に列挙したものを，日本の個人情報保護法における個人情報に該当するもの（その可能性のあるもの）と，該当しないものに分けなさい．

　　旅券番号，故人の顔写真，防犯カメラの映像，個人の DNA データ，
　　個人の携帯電話番号，飲食店の店舗紹介カード，通販サイトでの購入履歴

12・1・3　プライバシーの保護

　一般に，**プライバシー**（privacy）とは，他人に知られたくない私的な事柄をさす．プライバシーは，個人の主観に依拠するという点で，個人情報とは似て非なる概念である．たとえば，性別は氏名との組合わせにおいては明確に個人情報であるが，プライバシーに該当するかどうかは本人の捉え方による．本人がそれを他人に知られたくなければプライバシーであり，知られてもよければプライバシーではない．

　こうした特性から，プライバシーの範囲を一様に定義することは難しく，プライバシーの保護を権利として明確に規定する法律も，現在の日本には存在しない．しかし，プライバシーを侵し，損なう行為は，一般にプライバシーの侵害とよばれ，個々の裁判において判断されてきている．プライバシーの保護に関する権利は，主として日本国憲法第 13 条[*2] で保障されている個人の"幸福追求権"との関係で捉えられており，私生活をみだりに公開されない権利，公的な関心から自由でいる権利，他人の詮索や干渉から逃れる権利などと考えられている．

　プライバシーは，個人情報保護法の 2015 年の改正（2017 年施行）によって新たに定められた**要配慮個人情報**とも関わりが深い．これは個人情報の一部で，"本人の人種，信条，社会的身分，病歴，犯罪の経歴，犯罪により害を被った事実その他本人に対する不当な差別，偏見その他の不利益が生じないようにその取扱いに特に配慮を要するものとして政令で定める記述等が含まれる個人情報"[*3] と定義されている．

　要配慮個人情報は，むやみに他人に知られたくない事柄，すなわち，一般にプライバシーとなりやすい，センシティブな個人情報である．差別の要因となる可能性があることから，原則として本人の同意なく取得することが禁止されている[*4]．

要配慮個人情報に関する規定は，先述の GDPR との関係から，国際的に整備が求められたという背景がある．GDPR では，さらにプライバシー保護の一環として，**消去権**（right to erasure）[1] の規定が設けられている．これは**忘れられる権利**（right to be forgotten）ともよばれ，他人に知られたくない個人情報の消去を求める権利である[2]．

消去権は，データ管理者にデータを消去させる権利だけでなく，Google のような検索エンジンの検索結果に，当該のデータやそれへのリンクを表示させないように求める権利も含めて考えられている．電子データは容易に複製が可能であるため，Web 上などに一度公開された個人情報は，最初のデータ管理者の手を離れて世の中に存在し続ける可能性がある[3]．そこで検索サービスの提供者なども，規制の対象に含めることに一定の合理性があると考えられている[4]．

消去権に関する法的規定は，2023 年現在，日本にはまだ存在していない．しかし，国際的な動向に応じた調整は今後もなされていくだろう．実際，個人情報保護法には，3 年ごとの見直し規定がある．これは国際的動向への対応だけでなく，"情報通信技術の進展，それに伴う個人情報を活用した新たな産業の創出及び発展の状況等を勘案"[5] するためともされている．

つまり，こうした法的整備は，必ずしも個人の権利強化という流れのなかにあるわけではない．個人情報をはじめとするデータを大量に収集し，産業的に活用するために促進されているものでもある．だからこそ，SNS への投稿や AI への質問時など，サービスの利用者，データの提供者となる立場においては，安易に個人情報やプライバシー情報を入力しないといった個人的対策も忘れてはならない．

演習 12・2

消去権ないし忘れられる権利に関連する事件や裁判として，どのようなものがあるか，国内外の事例を調べなさい．

演習 12・3

個人の消去権ないし忘れられる権利が，一般の人々の知る権利や表現の自由と抵触する可能性があるのはどのようなときか．具体的な状況を想像して答えなさい．

12・2　データの利用に関わる倫理
12・2・1　オプトインとオプトアウト

個人情報などのデータを利用する場面では，**オプトアウト**（opt-out）とよばれる方式が近年多用されている．これは，拒否（out）することを選択する（opt）という意味で，データサイエンスの文脈においては，取得されたデータは利用されるのが原則で，本人が拒否した場合に初めてそれが停止されるような方式をさす．これとは逆に，本人が承諾（in）した場合に初めてデータ利用が開始されるような方式は，**オプトイン**（opt-in）方式とよばれる（図 12・1）．

一般に，オプトイン方式よりもオプトアウト方式の方が，その対象となっている

---

[1] GDPR 第 17 条．

[2] これはデータの対称性を求める権利とも関連している．データサイエンスの進展によって，データをもつ側の力は必然的に大きくなっている．健全な民主主義の擁護という点から，この不均衡を是正しようという動きがある．

[3] 一度入れると完全に消すのが困難なタトゥー（入れ墨）になぞらえて，こうした個人情報は"デジタルタトゥー"ともよばれる．

[4] ただし，これは一般の人々の知る権利や表現の自由と抵触する側面もあるため，それぞれの事情に応じた判断が求められる．

[5] 個人情報保護法附則（令和二年六月一二日法律第四四号）第 10 条．

活動や行為は促進されやすい．たとえば，電子メールによる広告などの案内は，オプトアウト方式の方がその送信対象者は多くなる[*1]．これと意外なつながりがあるのが，脳死者などからの臓器移植件数である．拒否の意思がなければ原則として臓器提供が行われる方式，すなわち，臓器提供に関してオプトアウト方式を採用している国の方が，人口当たりの臓器移植件数は多い[*2]．いずれにしてもオプトアウト方式では，当事者が希望した場合は速やかにそれを停止する仕組みを用意する必要がある．

*1 2023 年現在の日本では，広告や宣伝を目的とした電子メールをオプトアウト方式で送信することは，原則として禁止されている．

*2 2023 年現在の日本では，臓器提供意思表示カードや運転免許証の意思表示欄に，臓器提供の意思が示されているかどうかが重視されている．つまり，オプトイン方式である．

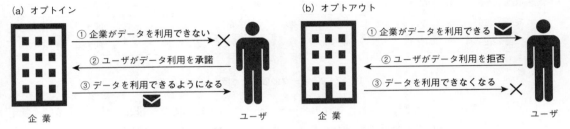

(a) オプトイン

① 企業がデータを利用できない　×
② ユーザがデータ利用を承諾
③ データを利用できるようになる

企業　　　　　ユーザ

(b) オプトアウト

① 企業がデータを利用できる
② ユーザがデータ利用を拒否
③ データを利用できなくなる　×

企業　　　　　ユーザ

図 12・1　オプトイン (a) とオプトアウト (b) の違い
企業からの電子メール送付の例．

　データサイエンスでは，データの提供者および取得者以外の者，すなわち，**第三者** (third party) に対するデータ提供も，オプトアウト方式で行われることが増えつつある．個人情報の第三者提供についても，一定の条件を満たす場合には，オプトアウト方式が認められている[*3]．ただし，前述の要配慮個人情報の第三者提供に関しては，オプトイン方式のみが認められている．つまり，あらかじめ本人の明示的な同意が必要である．

*3 個人情報保護法第 27 条第 2 項．なお，外国にある第三者への提供については，同法第 28 条によって別途定められている．

12・2・2　個人情報の仮名化と匿名化

　個人情報をデータサイエンスにおいて利用する際は，データを適切に加工し，個人識別性を低減させる措置がしばしば必要となる．

　個人情報に含まれる特定の個人を識別できる氏名などの情報を，削除ないし別の記述に置き換えることを，**仮名化** (pseudonymisation) という（図 12・2b）．仮名化された個人情報は，削除情報や加工方法に関する情報と照合しない限り，特定の個人を識別することができない．逆に言えば，適切な追加情報があれば，元の個人情報に復元することができるのが仮名化である．よって，この復元に必要な情報は，技術的，組織的に適切に管理されなければならない．

　このような仮名化は，GDPR 第 4 条において定義されているが，日本の個人情報保護法でも，**仮名加工情報**としてこれに相当するものを定義し，その取扱いを定めている[*4]．仮名加工情報は，多くの場合，法的には個人情報の範疇である．しかし，利用目的をあとから変更できるという点で，通常の個人情報よりも緩やかな取扱いが認められている．これもデータサイエンスにおけるデータの活用を想定した規定といってよい．ただし，仮名加工情報は，原則として第三者への提供はできない．

　個人情報をさらに加工し，元の個人情報に復元することができないようにするこ

*4 個人情報保護法第 2 条第 5 項（定義），第 41 条（仮名加工情報の作成等），第 42 条（仮名加工情報の第三者提供の制限等）など．これらは，個人情報保護法の 2020 年の改正（2022 年施行）によって追加された．

*1 個人情報保護法第 2 条第 6 項．匿名加工情報は，個人情報保護法の 2015 年の改正（2017 年施行）によって定められた．

*2 個人情報保護法第 43 条〜第 46 条（匿名加工情報取扱事業者等の義務）など．

とを，**匿名化**（anonymisation）という（図 12・2c）．個人情報保護法では，"特定の個人を識別することができないように個人情報を加工して得られる個人に関する情報であって，当該個人情報を復元することができないようにしたもの"[*1] を，**匿名加工情報**と定義している．匿名加工情報は個人情報の範疇から外れるため，一定の条件下で，本人の同意なく第三者提供や目的外利用が可能となる[*2]．つまり，利用に関する制約がさらに少なくなる．

(a) 元データ					(b) 仮名加工情報					(c) 匿名加工情報			
氏名	年齢	性別	体重		氏名	年齢	性別	体重		氏名	年齢	性別	体重
東京 太郎	23	男	62.4	仮名化	7641234	23	男	62.4	匿名化	—	20 代	男	62.4
化学 花子	28	女	59.1		5879138	28	女	59.1		—	20 代	女	59.1
同人 二郎	29	男	62.4		9254872	29	男	62.4		—	20 代	男	62.4
⋮					⋮					⋮			

図 12・2　データの仮名化と匿名化

*3 動画の閲覧履歴には，個人の趣味嗜好だけでなく，思想や政治信条なども表れるため，一般にそれはプライバシーとして扱われる．図書館の資料貸出履歴なども同様である．

ただし，匿名化されたデータであっても，外部的な情報との照合によって，特定の個人が再識別されてしまう可能性も皆無ではない．実際に米国では，動画配信サービスの Netflix が研究者用に公開した匿名化データが，特定の個人と再び結びつけられてしまった例がある[*3]．これは Netflix とは無関係のサイトに投稿されていたレビュー情報が手がかりとなったためである．個人識別性の再獲得は，秘密の暴露やそれを元にした差別のような倫理的問題へと発展しかねない深刻な事態である．データを匿名化しても，こうしたリスクをゼロにはできないことに注意しなければならない．

演習 12・4

図 12・2 の (a) から (b) への加工は，どのデータをどのように加工していて，なぜそれが仮名化に該当するのか，同様に，図 12・2 の (b) から (c) への加工は，どのデータをどのように加工していて，なぜそれが匿名化に該当するのか，確認しなさい．

12・2・3　データの捏造，改ざん，盗用

データは人間が作成，利用するものであるからこそ，その人間の意図や思惑に由来する問題も，ときとして生じる．

捏造（fabrication）は，存在しないデータや事実をつくりあげることである．学術研究においても，実験結果などの捏造が発覚し，大問題となることがしばしばある．研究者の場合，これは本人の名誉欲や周囲からの精神的圧力に由来するものが多いようだが，統計データなどでは手抜き調査が原因となって行われることもある．

改ざん（falsification）は，文字や語句，データなどを偽りのものに加工することである．近年の例として有名な"ディオバン事件"は，高血圧の治療薬ディオバンの臨床試験に製薬会社の社員が統計解析者として関与し，データを都合のよいように改ざんしてしまった事件である[*4]．改ざんは，古くはメンデルによるエンドウ豆の交配実験においても行われていたという疑いもある．メンデルは，丸い豆とシワ

*4 ディオバン事件は，研究の信頼性が経済的な利益関係によって脅かされた，利益相反の事例でもある．

のある豆を掛け合わせると，孫世代の豆は 3 対 1 で丸い豆になることを示したが，後にそのデータを検証した統計学者のフィッシャーによって，データが理論に合いすぎていると指摘されている[*1].

　　盗用（plagiarism）は，剽窃^(ひょうせつ)[*2]ともよばれ，他人のアイデアや文章，データなどを，本人の了解や適切な引用・出典方法をとらずに使用することである．人文社会系で多いとされる不正行為だが，自然科学系における事案も少なくない[*3]．たとえば，昔からよく語られるものとして，ワトソンとクリックによる DNA 二重らせん構造の提唱の際に，女性研究者フランクリンの X 線結晶回折画像が盗用されたという疑惑がある[*4].

　　データの利用に関わる不正行為はほかにもいろいろあるが，上記の捏造，改ざん，盗用は "特定不正行為"[*5] とよばれ，信頼を失うだけでなく，懲戒処分などの対象ともなる重大な反倫理的行為として位置付けられている．

12・3　データサイエンスに潜む問題

12・3・1　データのバイアス

　　データサイエンスにとって重要なのは，文字どおりデータである．データには，従来から経済に活用されてきた顧客データや販売データ，近年ソーシャルメディア上でやりとりされるテキストデータや画像データ，GPS などによる位置情報データ，多くのスマートフォンにも搭載されている温度センサーや加速度センサーのデータなど，実に多様なものが存在する．しかもその量は日々増大し，人間が直接把握することができないほど膨大なデータ，いわゆる**ビッグデータ**（big data）となっている．

　　データサイエンスはそうしたデータを活用しようとする営みだが，データにはさまざまな**バイアス**（bias），すなわち偏りが含まれる可能性があることに注意しなければならない．いくら適切なモデルやアルゴリズムで分析したとしても，バイアスのあるデータからは，不適切な結果しか得ることができない．

　　標本選択バイアス（sample selection bias）は，調査の全対象（母集団）の性質を反映するような**標本**（sample）が選択されていないことで生じる，データないしその分析結果の偏りである．従来の統計学的分析においては，基本的に**無作為抽出**（random sampling）によってこの種のバイアスの発生を避けてきた．それに対してビッグデータの時代は，一部の標本を選択するのではなく，全量を調査対象とすることができるとしばしばいわれる．しかし，いくら大量のデータでも，その取得方法に依存して標本選択バイアスと同種のバイアスが生じている可能性は常にある．すでに得られたデータ（過去の標本）から未来の状況（未来の母集団）を予測しようとする問題においても，同様のバイアスが潜んでいる[*6].

　　すでに存在するデータに含まれている可能性があるという意味で，これと似ているのが**公表バイアス**（publication bias）ないし**出版バイアス**である．一般に，論文や書籍などで公表されるデータは，何らかの成果が得られたときのデータである．期待された成果が得られなかった場合や，公表する意義が小さいと判断されるような場合は，データは公表されないことが多い．逆に言えば，公表されているデータには，常にこの種のバイアスが含まれている可能性があるということである．

----

*1 ただし，メンデルの実験データをフィッシャーが誤って解釈しているという意見もある．

*2 第 5 章参照．

*3 文部科学省"研究活動における不正行為・不適切な行為の防止について"（2022）.

*4 この疑惑はフェミニズム的関心を喚起するものでもあり，多くの書籍で取上げられ，映画も制作されているが，現在でも不正行為として確定的な評価には至っていない．

*5 "研究活動における不正行為への対応等に関するガイドライン"（平成 26 年 8 月 26 日文部科学大臣決定）.

*6 未来の標本を得ることはできないから，これは厳密には標本選択バイアスとはいえないが，（未来の）母集団を反映するような（過去の）標本を選択できているかという点では，同じである．

公表バイアスは，特に医学や薬学の分野では，深刻な事態の要因となる可能性がある．ネガティブな成果が結果として隠され，ポジティブな成果が強調されることで，治療の有効性や薬の安全性に関する誤った認識が生じる危険性があるからである．これを防ぐための取組みとして，調査内容を事前に登録しておく**臨床試験登録**（clinical trials registry）のような制度が，国際的に推進されている．

一方，データや論文が作成される時点で紛れ込む可能性があるのが，**確証バイアス**（confirmation bias）である．これは"結論ありき"の態度から生まれるバイアスで，自分の意見や仮説に合致する情報ばかりを集めてしまう，人間の認知的傾向のことである．自分にとって都合の悪い結果を無視したり，反証を探さなかったり，引用しなかったりすることも同じである．

確証バイアスが特に厄介であるのは，当人に自覚がないこともしばしばあるという点である．しかし，捏造や改ざんのような意図はなくとも，結果としてそれらと同等の事態となりうるということは，知っておかなければならない．

アノテーションバイアス（annotation bias）は，人間がタグやメタデータ*1のような**注釈**（annotation）をデータに付与することに関わって生じるバイアスである．たとえば，通販サイトにおける商品や出品者の評価は，すでに付与されている評価に影響を受ける傾向がある．それが積み重なれば，本来とは異なる偏った評価が定着するかもしれない．データサイエンスにおいては，教師あり学習のように，人間がタグ付けするデータに大きな意味がある場合も少なくない．その際にも，タグ付けを行う状況や，それを行う人間の認知に由来するバイアスが発生するおそれがある*2．

12・3・2 認知バイアス

確証バイアスやアノテーションバイアスは，先入観や偏見*3のような人間の認知に大きく依存するバイアスである．こうした人間の認知に由来するバイアスは，総称的に**認知バイアス**（cognitive bias）とよばれている．人間の認知にはバイアスがあること，データサイエンスが扱うデータやその分析結果にも，それに由来するさまざまなバイアスが潜む可能性があるということは，理解しておく必要がある．

ただし，人間の認知それ自体にバイアスがあるという表現は，必ずしも適切なものではない．"バイアス"という言葉には，それのないプレーンな状態が基本としてまずあって，そこから偏向しているというニュアンスがある．しかし，第1章でみたように，われわれ人間は常にすでに何らかの状況に投げ込まれており*4，バイアスのない，まっさらな白紙の状態にあるなどということは本来的にありえない．

これはデータが先か，情報が先かという問題とも通じている．通俗的な理解では，まずプレーンなデータがあって，何らかの目的のもとに，そこから引き出されるものが情報であるとされている．だがデータとは，機械によって形式的な処理が可能となった情報であり，本来の生命情報*5のごく一部が転化したものである．プレーンな状態やプレーンなデータを前提とするような捉え方は，生命や人間の存在の仕方や，情報現象の歴史的展開を無視することによってはじめて成り立つ，転倒した捉え方である．

そもそもデータとは，現象の一側面を捉えたものに過ぎない．測定できないデータや，測定に多大なコストのかかるデータ，測定できても正確性に難のあるデータ

*1 データのデータのこと．たとえば一冊の本を一つのデータとすれば，その本のタイトルや著者名はメタデータである．SNSで用いられるハッシュタグも，通販サイトやグルメサイトにおける商品や店舗の評価も，一種のメタデータである．

*2 タグ付けを機械学習モデルで行う場合もあるが，そのモデルの教師データは人間がつくるため，同じである．

*3 レッテルを貼る，という言葉があるように，タグやメタデータの付与は，物事を固定的，類型的に捉えてしまう人間の認知の傾向と関わりが深い．

*4 ハイデッガーはこれを人間の"被投性（Geworfenheit）"とよんだ．

*5 生命情報については1・3・3項を参照．

などを思い浮かべてみるとよい．さらにいえば，どんな測定も特定の観察の仕方に
依拠しており，その背後には，何らかの理論ないし暗黙的な前提がある[*1]．それが
異なれば，同じ対象を前にしても，異なる現象にみえる．この点からも，世界をプ
レーンなデータの集まりとして捉えることはできないということがわかるだろう．

*1 科学哲学では，これを観察
の理論負荷性とよぶ．

演習 12・5

　2018 年，Amazon 社の人材採用システムに使用されていた AI に，女性差別的傾向が
あったことがニュースとなった．これについて調べ，その原因が上記のどのバイアスと
関わりが深いか，考えなさい．

12・3・3　モデルや AI の問題

　データサイエンスには，データを分析するためのモデルや AI の方にも問題が潜
んでいる．
　まず，モデルは現実を捉えるための文字どおり一つの**型**（model）であり，その
モデル特有の面から，現実を近似的に捉えるものにすぎない．たとえば "ネコ" と
"ネコでないもの" を区別する二値分類モデルは，どんな入力もこのどちらかに分
類する．"トラやヒョウはネコとは異なるが，同じネコ科である" といった微妙な
判断を，このモデルを用いて行うことはできない．なぜならこのモデルは，現実を
ネコかネコでないかという見方でしか捉えないからである．言い換えれば，このモ
デルにはそうしたバイアスがある．
　トラやヒョウをネコと区別するよう学習させたモデルであっても，今度はそのバ
イアスのもとに現実が分類されることになる．実際，この意味でのバイアスは，ど
んなモデルにも存在し，**帰納バイアス**（inductive bias）とよばれている．帰納と
は，個々の事例の集まりから，それらに共通する一般法則を導き出すことである．
機械学習においても，個々の学習データから，一般的なトラの特徴やヒョウ的特徴
を導き出し，それに基づいて未知の入力データを判定するということが行われてい
る．このモデルを用いる限り，"入力データはトラかもしれない" といった帰納的
なバイアスが常にかかっているということである．
　帰納バイアスそれ自体は避けられないが，それに付随する問題には意識的である
必要がある．たとえば第 11 章でみたように，モデルは一般に複雑な方が，過剰適
合が起こりやすい．よってデータサイエンスでは，相対的に単純なモデルの方が好
まれる．しかし単純なモデルほど，必然的にマイナーな部分が無視されてしまう．
先の例でいえば，トラは無視されてネコとみなされる，といったことが起こる．も
しこれが人間集団に関わることであれば，特定のマイノリティが無視され，彼らに
対する差別が生じるといった事態も考えられることになる．
　一方，機械学習によって構築される AI には，**ブラックボックス**（black box）化
の問題もある．コンピュータによる従来の計算処理では，その処理手続きであるア
ルゴリズムをプログラムとして明示的に指定するため，ソースコードを読み解けば
人間もそれを理解することができた．しかし，近年の AI，とくに深層学習のよう
な多層のニューラルネットワークを用いる AI は，学習を通じて調整されるパラ

メータが膨大で，なぜその出力に至ったのかを人間が理解することが難しくなっている．AI が，内部の見えない黒い箱のようになっているのである．

AI のブラックボックス化は，出力に何らかの意味での間違いがあったとき，特に問題となる．典型的には，医療 AI における診断ミスや，自動運転車による事故が発生した場合などである．ブラックボックス化によって，間違った出力に関与した部分を特定することができなければ，同じ間違いを繰返さないように改善することができない．

さらに，そうした AI の間違いの責任を誰に問うべきかという問題もある．もし，その AI が真に自律的な存在であるならば，AI 自身にその責任を問うこともできるだろう．一般に責任能力は，自ら判断し，決定することができる能力に依存するからである[*1]．しかし，現在の AI は，いずれも人間が指定するアルゴリズムに基づいて構築されており，真の意味で自律的な存在ではない．では特定のアルゴリズムに問題があったのかといえば，それも定かではない．ブラックボックス化によって，特定の出力に至る過程を追うことが困難になっているからである[*2]．

こうした事情から，近年求められるようになってきているのが，**説明可能な AI**（**XAI**: explainable AI）である．これは AI の脱ブラックボックス化を目指す動きで，人間にとってわかりやすい説明を近似的に提示しようとするものや，AI 自身に説明方法を学習させようとするものなど，さまざまなアプローチが模索されている．AI の出力を説明できるか，その判定の根拠を提示できるかという問題は，その AI を信頼できるかという問題でもあるため，XAI は AI ビジネスの発展という面でも期待されている．

12・3・4　データサイエンスの危険領域

ブラックボックス化は，より一般的なデータサイエンスの問題としてみることもできる．

コンウェイは，スキルセットとしてのデータサイエンスの領域を，ハッキングスキルと特定分野の実質的な専門知識，そして数学と統計学の知識が重なる領域とし

[*1] 人間は，自ら判断，決定する（さらにそれに基づいて行動する）ことができるからこそ，そこに責任が伴う倫理的存在である．

[*2] このような場合，責任の所在を個人に限定することは困難であり，企業や団体などの組織的責任を考える必要が出てくる．さらに複数の AI が連携して作動する場合や，どこにも過失が認められない場合などを想定し，より大きな社会の問題として補償や再発防止を考える"集合的責任"の議論も必要であるとされる．詳細は，河島茂生 著，『未来技術の倫理: 人工知能・ロボット・サイボーグ』，勁草書房（2020）を参照．

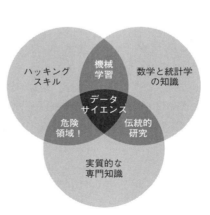

図 12・3　データサイエンスのベン図[*3]

[*3] Drew Conway, "The data science venn diagram" (2010)†

†　http://drewconway.com/zia/2013/3/26/the-data-science-venn-diagram（2023 年 10 月 7 日アクセス）

て示し，そのなかの一画を"危険領域"とした（図 12・3）．これは，ハッキングスキルと実質的な専門知識はもっているが，数学と統計学の知識の欠けた領域である．

　近年のデータサイエンス活用の高まりを受けて，データサイエンス関連のプログラム部品に相当するライブラリや API が，すでに多く開発されている．ハッキングスキルの習得（というよりも利用）は，以前よりもかなり容易になってきているといってよい．これに特定分野の専門知識があれば，データサイエンス的に正当な分析のようにみえるものを，比較的簡単につくり出すことができる．だが，もし数学と統計学の知識がなければ，自らの分析を批判的に検討することができない．先に述べたデータのバイアスの問題などにも気付かぬまま，ただその結果を受け入れることになる．数学と統計学の知識不足によって，自らの分析がブラックボックス化してしまうのである．

　分析の結果として得られたものが常識的なものであったり，逆に明らかに非常識的なものであったりすれば，数学と統計学の知識がなくとも一定の評価は可能だろう．だが，もっと微妙な問題はいくらでもありうる．しかも，その問題がもたらす結果が些細なものであるという保証はなく，最終的に大きな金銭的損害が生じたり，特定集団の差別につながったりすることもあるかもしれない．危険領域といわれる所以はここにある．

　この状況をさらに悪くしうるのが，AI のイメージに付随する暗黙的な権威性である．AI は人間のような感情をもたないから，公正，公平な判断が可能で，間違えることがないというイメージは根強く存在している．"これは AI による分析の結果である"などといわれると，暗黙のうちに正しいもののように感じられてしまう．

　しかし，そうした無謬性は，記号的な論理推論を核とする第一次 AI ブームの時代や，知識ベースの推論処理を核とする第二次 AI ブームの時代の AI イメージにもっぱら依拠している．これに対して第三次 AI ブームといわれる現在の AI は，ビッグデータに基づく統計的な推論が核となっている．これはあくまで統計的な確からしさであり，論理的に正しくない回答を得ることもまれではない．

　しばしば指摘されているように，ChatGPT のような AI も，まるで幻覚〔ハルシネーション（hallucination）〕をみているかのような間違った返答をたびたびする．特に固有名詞に関わる問題は，おそらく関連する学習データが不十分であるために，不得手なようである．AI の発展史や，AI の正しい仕組み理解のもと，われわれは AI のイメージを変えていく必要がある．

12・3・5　AI関連の指針や規則

　AI のような技術は，単に便利なだけでなく，われわれの社会を大きく変える可能性を秘めている．そうした新しい技術に関連して発生する倫理的，法的，社会的課題は，1990 年代のヒトゲノム解析の時代に注目され，**ELSI**〔エルシー（ethical, legal and social issues）〕*とよばれるようになった．ELSI 研究は，当初は生命科学分野をおもな対象としていたが，現在では，脳科学やナノテクノロジー，AI やデータサイエンスといった分野にまで拡大している．

　こうした流れのなかで，国や企業，国家間など，多様なレベルで近年推進されているのが，AI 関連の指針や規則の策定である．

* 当初，最後の I は implications（影響）とされていた．また，ヨーロッパでは I の代わりに aspects（側面）の A をとって ELSA とよばれる．

*1 統合イノベーション戦略推進会議決定 "人間中心の AI 社会原則" 平成 31 年 3 月 29 日 (2019).

*2 後述のように，これは AI ではなく IA としてのコンピュータ観に近い.

日本では，2019 年に**人間中心の AI 社会原則**（Principles of Human-centric AI society）[*1, †]が定められた．これは理想的な社会の実現のため，AI のステークホルダー（利害関係者）に求められるとされる七つの原則である．AI を人間に代わるものというよりも，人間の能力を拡張する道具[*2]として位置付ける "人間中心の原則"，パーソナルデータの利用に伴うリスクへの対処を求める "プライバシー確保の原則"，特定の人々の差別や不当な扱いを防ぐため，意思決定の公平性や透明性，結果に対する説明責任の確保などを求める "公平性，説明責任及び透明性の原則" などによって構成されている．

人間中心の AI 社会原則は，EU や OECD（経済協力開発機構）が掲げる "信頼できる AI" に関する指針や原則と方向性が同じであり，**AI に関するグローバルパートナーシップ**（**GPAI**：Global Partnership on AI）の設立につながった．GPAI は**責任ある AI**（Responsible AI）の開発および利用を実現するために設立された，国際的な官民連携の組織である[*3]．

*3 2022 年には 3 回目の年次総会が日本で開かれている.

Google，Microsoft，IBM や，NEC，富士通，ソニー，NTT データといった企業も，AI に関する指針や提言，報告書などをそれぞれ作成，公開している．これらはおおむね，上記のような国際的な動きに各企業のビジョンを加味したもので，基本的な方向性は一致しているといってよい．世界各国の大学や学協会が定める指針や原則なども同様である．

これらはソフトローとよばれる法的拘束力のない，あるいは弱い，指針や原則を定める動きだが，EU は法的拘束力のある規則の制定に向けて動いている．その特徴は，AI をリスクに応じて類型化し，それぞれへの対応を定める**リスクベースアプローチ**（risk-based approach）にある（表 12・1）．この法案が成立すれば，包括的に AI を規制する世界初の **AI 法**（AI act，AI law）となる見込みである[*4]．

*4 2023 年 6 月，欧州議会で修正案が採択され，現在，早期の立法化に向けて協議が進められている.

EU の AI 規制案では，ChatGPT のようなコンテンツの**生成 AI**（generative

表 12・1　EU AI 法案のリスクベースアプローチ[a]

リスク類型	具体例	対応
容認できないリスク（unacceptable risk）	公的機関による個人のスコアリング 生体認証技術を用いたリアルタイム監視 危険な行動を助長する音声アシスト玩具	禁止
ハイリスク（high risk）	人材採用や試験採点に関わるシステム 医療機器の安全性に関わるコンポーネント 証拠の信頼性評価や具体的事実への法適用 個人融資に関連した信用スコアリング	規制 （事前の評価，記録，監視などの各種の義務）
限定リスク（limited risk）	チャットボット コンテンツ生成 AI	透明性要件への準拠 （利用者への開示など）
最小リスク（minimal risk）	AI 対応のビデオゲーム スパムフィルター	なし

a) European Commission, "Regulatory framework proposal on artificial intelligence"（2023, https://digital-strategy.ec.europa.eu/en/policies/regulatory-framework-ai）および European Parliament, "EU AI Act: first regulation on artificial intelligence"（2023, https://www.europarl.europa.eu/news/en/headlines/society/20230601STO93804/eu-ai-act-first-regulation-on-artificial-intelligence）を参考に作成（ともに 2023 年 10 月 7 日アクセス）.

---

†　https://www.cas.go.jp/jp/seisaku/jinkouchinou/pdf/aigensoku.pdf

AI)*1 は，そのコンテンツが AI による生成物であることを利用者に知らせる必要や，学習に使用した著作物などの概要を公開する必要があるとされている．これはすでに米国や日本の議論に影響を与えており，世界的に同様の動きをもたらしていく可能性がある．

　近年のコンテンツ生成 AI は，著作権*2 の問題とも密接な関係にある．日本の文化庁の整理*3,† によれば，これは AI の開発ないし学習の段階と，コンテンツの生成や利用の段階に分けて考えることができるという．

　AI の開発や学習の段階では，学習用データとしての著作物利用が考えられるが，日本の著作権法では，これは "情報解析の用に供する場合"*4 に該当するため，原則として自由に行うことができる．一方，コンテンツの生成，利用の段階では，AI 利用の有無にかかわらず，既存の著作物との類似性や依拠性によって著作権侵害にあたるかどうかが判断される*5．

　くわえて，AI の生成物が著作物となるかという問題がある．現行の日本の著作権法では，AI の生成物は著作物に該当しないと考えられるが，人間が自身の思想や感情を創作的に表現するための道具として AI を利用した場合*6 は，その AI を利用した人間の著作物となる可能性がある*7．

　道具としての AI という考え方は，実は，コンピュータ自体を自律的な知的主体にしようとする AI の発想とは対照的である．特に人間の知能拡張のための道具という発想は，AI ではなく **IA**〔知能増幅（intelligence amplification）〕として探究されてきた歴史があり，近年の AI ブームのなかでも再注目される考え方となっている*8．

　だが，道具であればこそ，それを使いこなす力と倫理観が問われる．単に思いどおりに操る能力ではなく，バイアスや誤情報を見抜く力，悪用や過度な依存を避ける倫理観などを，われわれ一人ひとりが養わなければならない．

演習 12・6

　ChatGPT のような文章コンテンツ生成 AI を，IA として有効に使う方法を考えなさい．使用場面を具体的に想定するとよい．

---

*1 パターン認識や文字認識などを行う従来の識別系の AI に対し，文章や画像などのコンテンツを生成する AI は，生成 AI や生成系 AI とよばれる．

*2 著作権については第 5 章も参照．

*3 文化庁著作権課 "AI と著作権" 令和 5 年 6 月（2023）．

*4 著作権法第 30 条の 4．なお，諸外国に比べてこの規定はかなり明確で，著作権保護という点で懸念の声もある．

*5 コンテンツに類似性や依拠性があったとしても，私的に鑑賞するためであれば，著作物の私的使用にあたり，問題はない．だがそれを SNS にアップロードしたり，販売したりすれば問題となる．

*6 写真家が表現のためにカメラを使用する場合に相当する．

*7 より正確にいえば，これにはその人間の "創作意図" と "創作的寄与" が求められる．

*8 西垣通 編著訳，『思想としてのパソコン』，NTT 出版（1997），鈴木貴之 編著，『人工知能とどうつきあうか: 哲学から考える』，勁草書房（2023）などを参照．

---

† https://www.bunka.go.jp/seisaku/chosakuken/93903601.html（2023 年 10 月 7 日アクセス）

13 Unix コマンドと プログラミング入門

*1 アセンブラとはアセンブリ言語を機械語に変換するプログラムである. 詳細は 13・3 節で説明する.

1969 年, ベル研究所のケン・トンプソンは家族が 1 カ月のカリフォルニア旅行に出かけている間に Unix を開発したといわれている. このとき, 彼は OS, シェル, エディタ, アセンブラ[*1] 環境の構築にそれぞれ 1 週間の開発時間を割り当てた. すなわち, これらがいずれも Unix にとって重要な要素だと考えていたことがわかる. 本章ではシェル, CUI 標準のテキストエディタである vi, そしてプログラミング言語について説明する.

13・1 シェル

13・1・1 シェルの役割

コンピュータ上での処理は OS の中核部分であるカーネルによって処理されている. しかし, カーネルそのものとユーザは直接やりとりができない. そこで, ユーザとカーネルの仲介役としてシェル (shell) とよばれるプログラムがあり[*2], ユーザが入力した内容を逐次解釈しながらカーネルへ伝える役を担う. 図 13・1 では, ls コマンドの実行 (4・4・5 d 項参照) の概要を示している. ターミナルで入力された文字列 ls をシェルが解釈し, カーネルに ls コマンドの起動を依頼する. このあと, ls コマンドのプログラムがカーネルによって実行され, 最終的にはターミナルの画面上にファイルが表示される.

*2 ユーザとカーネル (核) の間にあることからシェル (殻) とよばれているとされる.

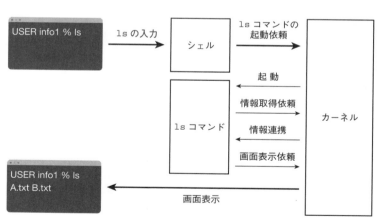

図 13・1　ls コマンド実行時のシェルとカーネルの関係

キャラクターユーザインターフェース (CUI) 操作を補助するシェルをコマンドラインシェルとよぶ. コマンドラインシェルには多様な種類があるが, よく知られている Unix 系 OS のシェルに bash, csh, tcsh などがある. macOS では 10.15 以

前はデフォルトシェルとして bash（バッシュ）が，それ以降は zsh〔ズィーシェル（Z Shell）〕が採用されている．シェルには大きく分けて sh と csh の二系統があり，具体的なコマンドも異なる場合が多く，深く利用しようとするとシェルの違いによってエラーが発生することがある．そのため，CUI を利用する際には，コマンドラインシェルが何であるか確認することが好ましい．

また，シェルは CUI を補助するものだけではなく，GUI 環境へのインターフェースとしてグラフィカルシェルが存在する．たとえば，Mac の Finder や Windows のエクスプローラーは，いずれもグラフィカルシェルである．これにより GUI の直感的な操作が提供されている．

13・1・2　シェルの機能

ターミナルに入力したコマンドはシェルがカーネルへ伝達することで実行されている．すなわち，第 4 章でターミナルを用いたときは，無意識にシェルを利用していた．しかし，シェルは単純なコマンド入力を可能にするだけではなく，ほかにも多くの機能を提供している．本項では，第 4 章では扱わなかったシェルの機能のいくつかを説明する．

a. 補完機能　コマンドやファイル名を入力する際に，入力されている文字列に基づいて候補を表示する機能である．たとえば，"Desktop" と入力したいときに，"Desk" まで入力すると残りの "top" が補完される．この機能は，補完したいタイミングで［tab］キーを押すことにより利用できる．ただし，補完されるべき候補が存在しない場合には，この機能は働かない[*1]．しかし，この機能を用いれば，必要なコマンドやファイルの存在を確認することができる．

b. ヒストリ機能　過去に利用したことのあるコマンドは，ヒストリリストに記録される[*2]．上矢印［↑］キーを押すと，過去に入力したコマンドが降順で表示される．これは，同じ作業を繰返す必要がある場合に便利である．また，［↑］キーを何回か押したり，history コマンドを実行したりすることで，どのような作業を経て現状に至ったかを調べることもできる．

[*1] 補完候補が複数ある場合は［tab］キーを 1 回押しても反応しないようにみえるときがある．この場合は，何度か押すことで複数の候補が表示される．

[*2] ヒストリの情報はコマンドラインシェルが zsh であれば ~/.zsh_history というファイルに保存されている．

演習 13・1　補完機能とヒストリ機能

次の操作を行いなさい．

1) ターミナルを起動し，以下の文字列を入力してから［tab］キーを押す．

```
% cd Desk
```

2) Desk 以降の文字列が補完され，cd Desktop となることを確認し，コマンドを実行する．

3) カレントディレクトリの絶対パスを出力し，最後の階層が Desktop となっていることを確認する（ヒント：pwd コマンド）．

4) カレントディレクトリを Desktop の階層にある info1 ディレクトリに変更する（ヒント：cd コマンド）[*3]．

5) 3) で実行したカレントディレクトリの絶対パスを出力するコマンドが表示されるまで［↑］キーを押し，コマンドを実行する．

[*3] info1 ディレクトリは第 4 章で作成したことを想定しているが，作成していない場合には mkdir コマンドで作成すること．

6) 表示されたカレントディレクトリのパスが info1 となっていることを確認する.

7) 新規ディレクトリ lec13 を作成する（ヒント: mkdir コマンド）.

8) カレントディレクトリを, 作成した lec13 に変更する.

9) history コマンドを入力し, ヒストリリストを表示する.

c. 入 出 力 リ ダ イ レ ク ト　　コマンドを使用する際, 特別な指示がない限り, 通常は入力をキーボードから行い, 出力をディスプレイに表示させる. これを**標準入力**（stdin: standard input）, **標準出力**（stdout: standard output）とよぶ. たとえば, cd コマンドを実行するとき, カレントディレクトリの変更先のパスはキーボードから入力し, pwd コマンドの結果であるカレントディレクトリの絶対パスはディスプレイに表示される. このような, 入力元はキーボード, 出力先はディスプレイという関係を変更することが入出力の**リダイレクト**（redirect）である.

　　入力リダイレクトを利用する場合には,

> ％ コマンド ＜ 入力ファイル名

* ここで, 入力ファイル名の記述がある箇所は, ファイルのパスを入力してもよい.

と記述する*. これは, 任意のコマンドが＜以降で指示されたファイルに記載された内容を入力して実行するということである. たとえば, 文字数や行数を計算する wc コマンドに対して, ＜の後にテキストファイル名を入力すると, 図 13・2 のようにテキストファイル内の文字数や行数が計算される.

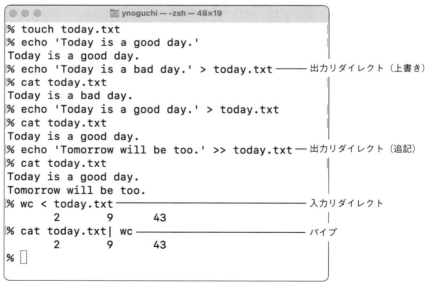

図 13・2　入出力リダイレクトとパイプ

　　また, 出力リダイレクトを利用する場合には,

> ％ コマンド ＞ 出力ファイル名

と記述する．これは，任意のコマンドの出力結果が > 以降で指示されたファイル
に書き込まれることを示す．ただし，すでに同名のファイルが出力先に存在する場
合，この出力は既存のファイルへの"上書き"となる．もし，既存のファイルの
データを保持したまま，コマンドによる新しいデータの出力を既存ファイルの最後
尾に"追記"したい場合には，

```
% コマンド >> 出力ファイル名
```

とする．> と >> を必要に応じて使い分けることにより，データを"上書き"す
るか"追記"するかを選択することができる．これらの違いについても図13・2に
示す．

d. パ　イ　プ　　あるコマンドの出力結果を，異なるコマンドの入力情報とする
場合がある．これに前述した入出力リダイレクトを利用するとき，コマンドの結果
を出力リダイレクトでいったんファイルとして書き出し，そのファイルを入力リダ
イレクトで別のコマンドに読み込ませる必要がある．しかし，情報を受渡すためだ
けに不要なファイルが作成されてしまう．これを避けるために，コマンドの出力結
果を，別のコマンドの入力内容として直接引渡す．このような，あるコマンドの標
準出力を別のコマンドの標準入力としてつなぐことを**パイプ**（pipe）とよび，記号
| （バーティカルバー）*で表す．

* バーティカルバーは［shift］
＋［¥］キーで入力することがで
きる．また，パイプ文字や縦棒
とよばれることもある．

演習 13・2 入出力リダイレクトとパイプ ─────────

　次の操作を行いなさい．
1) today.txt という名前の空ファイルを作成する（ヒント: touch コマンド）．
2) 以下のコマンドを実行し，"Today is a good day." という文字列が表示されることを
　確認する．

```
% echo 'Today is a good day.'
```

3) 以下のコマンドを実行する．また，2) と違い，文字列が表示されないことを確認す
　る．

```
% echo 'Today is a bad day.' > today.txt
```

4) today.txt の内容が，3) で入力した文字列と同じであることを確認する（ヒント:
　cat コマンド）．
5) 以下のコマンドを実行する．

```
% echo 'Today is a good day.' > today.txt
```

6) today.txt の内容が，5) で入力した文字列に代わっていることを確認する（ヒン
　ト: cat コマンド）．
7) 以下のコマンドを実行する．

```
% echo 'Tomorrow will be too.' >> today.txt
```

8) today.txt の内容が，5) と 7) で入力した文字列であることを確認する（ヒント:
　cat コマンド）．

9) 以下のコマンドを実行し, 文字数や行数を確認する.

```
% wc < today.txt
```

10) 以下のコマンドを実行し, 文字数や行数を確認する.

```
% cat today.txt | wc
```

e. 制 御 構 造　　シェルを用いて複雑な処理を行う場合, 単にコマンドを入力するだけでは処理できない場合がある. そのような場合は, "分岐"や"反復"の処理が必要となる. これらを**制御構造**（control structure）とよび, 用いることでより複雑な処理を実行できる. 詳細は 13・3・4 項でも説明するが, たとえば, 図 13・3 では touch コマンドを 20 回繰返し, 空ファイルを 20 個作成している.

<table>
<tr><td colspan="2">●　●　●　　　　　　　　　　　🗂 lec13 — -zsh — 62×12</td></tr>
<tr><td><code>% i=0</code></td><td>i という変数を 0 で初期化</td></tr>
<tr><td><code>% while [$i -lt 20]</code></td><td>i が 20 より小さい間, do から done までを繰返す</td></tr>
<tr><td><code>while> do</code></td><td>do（繰返す部分の始まり）</td></tr>
<tr><td><code>while> touch test$i.txt</code></td><td>test[変数 i の値].txt というファイルを作成</td></tr>
<tr><td><code>while> i=`expr $i + 1`</code></td><td>i に 1 を足す（` はバッククォート）</td></tr>
<tr><td><code>while> done</code></td><td>done（繰返す部分の終わり）</td></tr>
<tr><td><code>% unset i</code></td><td>変数 i を削除（無効化）</td></tr>
<tr><td><code>%</code></td><td></td></tr>
</table>

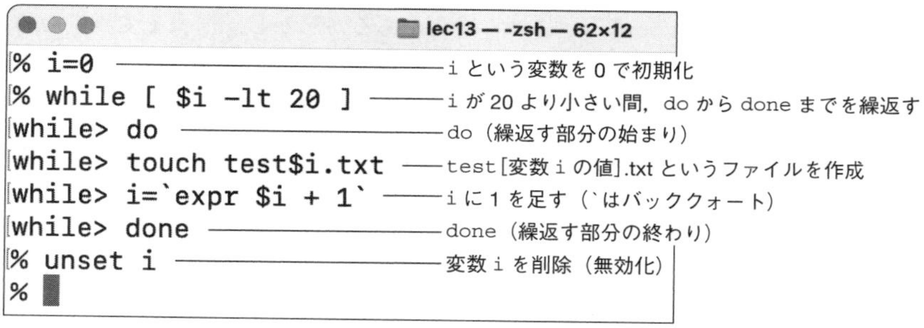

図 13・3　制 御 構 造[*1,2]

*1 半角スペース（ここでは␣と示す）を入れる箇所を誤りやすい.
`while␣[␣$i␣-lt␣20␣]`
のように入力する必要がある.

*2 i=`expr $i + 1` の ` はバッククォートとよばれる記号で, [shift]＋[@] キーにより入力できる. この例では ＝ と ` の間に半角スペースを入れてはいけない.

演習 13・3 **制 御 構 造**

以下の操作を行いなさい.
1) カレントディレクトリが lec13 であることを確認する.
2) 図 13・3 で示した制御構造の例を 1 行ずつ入力する. なお, 説明箇所は入力する必要はない〔エラーが発生した場合には入力ミスの可能性が高い. 再度確認して入力すること. また, while 以降のミスでコマンドが終了しない場合は, コマンドの強制終了（[control]＋[C] キー）を行う〕.
3) どのような名前のファイルが作成されたか確認する（ヒント: ls コマンド）.

*3 ワイルドカードとはもともと, トランプの JOKER のようなほかのカードを代替することができる札である.

*4 ここでの文字はアルファベットや数字, ひらがなや漢字も含む.

*5 * は 0 文字以上であるため, その箇所に文字が入らない場合でも該当する. 一方, ? は任意の 1 文字を意味するので, その箇所には必ず何か 1 文字が入らなければならない.

f. ワイルドカード　　ワイルドカード（wild card）[*3]とは文字列の集合を一つの文字（または文字列）で表現する際に用いられる文字記号で, 任意の未確定な文字を別の記号で表現する[*4]. たとえば, ? は任意の 1 文字を意味するワイルドカードであり, * は 0 文字以上の任意の文字列を意味する[*5]. 図 13・3 の制御構造の例では 20 個の空ファイルが作成された. これらのファイルから, ファイル名に 10 以上の数字がついたファイルだけをすべて表示したい場合, 以下のような処理を行えばよい.

```
% ls test1?.txt
```

また，［ ］は大括弧で囲われたいずれかの文字を意味する．たとえば，

```
% ls test[789].txt
```

の場合は，7 か 8 か 9 のいずれかを含む文字列を意味する．{ , } はカンマで区切られたすべての文字列を意味する．たとえば，

```
% ls test{1,12}.txt
```

であれば，test1.txt と test12.txt のファイルが表示される．ワイルドカードによる文字列集合の表現はシェルがカーネルにデータを伝える際に展開[*1] されている（図 13・4）．第 4 章ではホームディレクトリを ~（チルダ）で表せることを説明したが，これもシェルが ~ をホームディレクトリのパスに展開するため利用可能となっている．

*1 ここでの "展開" とは，ワイルドカード表現に該当する文字列をすべて表示することである．

```
(base) ynoguchi@tytpmc2 lec13 % sh -x -c "ls test1?.txt"
+ ls test10.txt test11.txt test12.txt test13.txt test14.txt test15.txt test16.txt
test17.txt test18.txt test19.txt
test10.txt        test12.txt        test14.txt        test16.txt        test18.txt
test11.txt        test13.txt        test15.txt        test17.txt        test19.txt
(base) ynoguchi@tytpmc2 lec13 % sh -x -c "cd ~"
+ cd /Users/ynoguchi
(base) ynoguchi@tytpmc2 lec13 %
```

シェルによってワイルドカードが展開され，カーネルへ渡されている

ホームディレクトリも同様に，シェルによって展開されカーネルへ渡されている

図 13・4　シェルによる文字列の展開[*2]

*2 sh の x オプションはデバッグ用のオプションで実行されたコマンドの変数を展開して表示する．c オプションは引数としてコマンドを入力するために用いる．

演習 13・4　ワイルドカード

以下の操作を行いなさい．

1) カレントディレクトリが lec13 であることを確認する．
2) 以下のコマンドを実行し，結果を確認する．また，なぜそれが表示されるのか考える．
- % ls *.txt
- % ls test*.txt
- % ls test?.txt
- % ls test[10].txt
- % ls test{10,1}.txt

13・2　vi

13・2・1　Unix 系 OS で標準のテキストエディタ

Mac の "テキストエディット" や Windows の "メモ帳" のようなテキストエディタは，GUI 環境での使用を前提としており，これらは第 4 章で学んだ CUI 環境では利用することができない．これは CUI 環境ではテキスト編集ができないということではなく，CUI 環境に適したテキストエディタが存在する．Unix 系 OS において広く用いられているテキストエディタには **vi**（ヴィーアイ）[*3] と **Emacs**（イーマックス）がある[*4]．それぞれに長所と短所があり，どちらがよいエディタかに関しては長く論争が続いている．本節では，Unix 系 OS の標準テキストエディタである ed（イーディー）をベースに開発された vi を取上げる．

*3 "ブイアイ" や "ヴィ" とよぶこともある．

*4 vi は visual editor の略だといわれている．一方，Emacs は editing macros の略だといわれている．

13・2・2　vi の開発と互換エディタ

　vi は，1976 年にカリフォルニア大学バークレー校でビル・ジョイが開発したテキストエディタである．当時学生であったビル・ジョイは，Pascal というプログラミング言語で書かれたプログラムを編集するため，テキストエディタの ed を拡張した．Unix 系 OS に標準搭載されていた ed や，その拡張である ex は，ラインエディタとよばれる 1 行単位のエディタであった．一方，vi はスクリーンエディタとよばれる画面単位のエディタである．また，高速な処理が行え，ファイルサイズが小さいため利用する機器の制限が少なく，Unix 系 OS のユーザによって広く用いられるテキストエディタとなった．

　人気のエディタである vi には，派生や模倣した互換エディタが多く生み出された．そのなかでも広く用いられているものが **Vim**（ヴィム）である[*1]．Vim は，人気があった vi をより使いやすく改良したテキストエディタであり，MS-Windows や Mac など，ほかの OS 環境下でも動作する．現在，ビル・ジョイが開発したオリジナルの vi が用いられることは滅多になく，vi と称されているプログラムの実体は Vim である．実際，Mac で標準搭載されているのは Vim である[*2]．しかし，Vim の基本的な操作方法は vi と同じなので，ここでも vi と表記する．

13・2・3　vi の特徴

　vi は "モード" とよばれるほかのテキストエディタにない特殊な機能を利用するテキストエディタである．このモードには大きく**コマンドモード**（command mode）と**入力モード**（insert mode），**ex モード**（ex mode）の 3 種類が存在する（図 13・5）[*3]．コマンドモードはカーソルの移動や文字の削除，コピー ＆ ペースト，検索などを行うことができるモードであり，入力モードは直接文字を入力することができるモードである．ex モードは，前述した ex エディタのコマンドを利用するモードである．

　vi を起動した直後はコマンドモードであるため，いきなり文字を入力することはできない．文字を入力するには，入力モードに移行する必要がある．また，保存や終了を行う際には，入力モードからコマンドモード，さらに ex モードに移行する．このように，vi はモードを切替えながら作業するテキストエディタである．

[*1] もともと Vim の由来は "vi imitation（vi の模造品）" であったが，徐々に機能が向上し，現在では "vi improved（vi の改良版）" とされている．
　Vim はオランダのプログラマーであるブラム・ムールナーによって作成，管理されてきた．彼は慈善家としても知られており，Vim による収益で慈善活動を行っていた．

[*2] Mac では vi のほかに nano（ナノ）とよばれるテキストエディタも標準搭載されている．

[*3] Vim ではコマンドモードをノーマルモード，ex モードをコマンドラインモードとよぶ．また，このほかに以下のようなモードがあるとされる．
- ヴィジュアルモード
- 選択モード
- 置換モード
- ex モード
- Terminal-Job モード

詳細な使用方法についてはコミュニティサイト[†]を参照．

図 13・5　vi の三つのモード

† https://vim-jp.org/vimdoc-ja/intro.html#vim-modes-intro

13・2・4 vi の基本操作

本項では，vi の基本的な操作方法として，vi の起動，モードの切替え，カーソルの移動，コマンドモードでの編集，入力モードでの編集，ファイルの保存と終了について説明する．

a. vi の起動　vi を起動するには，ターミナルのコマンドラインに以下のように入力する[*1]．

```
% vi 編集ファイル名（パス）
```

編集ファイルに既存のファイル名（またはパス）を指定すると，指定したファイルを開くことができる．ファイル内容が表示される際，空行には ~ が表示され，最下行には状況に応じてメッセージが表示される．起動直後はコマンドモードとなっており，モードの切替えを行わずに文字の入力はできない．

　もし，存在しないファイル名を指定した場合は，新規ファイルとして作成される[*2]．ファイル名を省略して起動することも可能であるが，その場合は後でファイル名を定めて保存する必要がある．

b. モードの切替え　コマンドモードから入力モードへの切替えは，i を入力する[*3]．左下に -- INSERT -- と表示されていれば，入力モードに切替わっており，カーソル位置からの入力ができる．一方，入力モードからコマンドモードに切替えるときは，[esc]キーを押す．

　コマンドモードから ex モードに切替える場合は，: を入力する．このとき，左下に : とカーソルが表示されれば ex モードに切替わっている．ex モードからコマンドモードへの切替えは，: を削除する．どのモードであるか不明となってしまった場合は，何度か [esc]キーを押すことによって，どちらのモードからでもコマンドモードに戻ることができる．

c. カーソルの移動　ビル・ジョイが vi を開発した当時は，キーボードに矢印キーはなかった．そのため，彼はカーソルの移動に [H], [J], [K], [L] キーを割り当てた（図 13・6）．[H] キー以外のキーはキーボード上で右手のホームポジションと一致するため，慣れれば矢印キーよりもカーソル移動がきわめてスムーズに行える．また，vi では，コマンドの前に数値を入力すると，その数値はコマンドの繰返し回数として処理される．たとえば，5 行下にカーソル移動する場合は，コマンドモードで以下のように入力する．

```
5j
```

これ以外にも，文頭や文末に移動したり，画面を移動したりするコマンドなどが

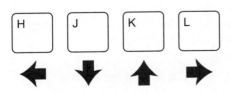

図 13・6　vi のカーソル移動

*1 ファイル名のスペルミスやカレントディレクトリの認識誤りなどで，意図せずファイルを新規作成する場合があり，これを vi の操作ミスによるデータ破損と間違える人が多い．この場合，正しいファイル名を引数として指定しているか確認する必要がある．

*2 意図せずファイル名をもたない新規ファイルを作成してしまった場合は，vi を保存せずに終了（13・2・4f項参照）し，入力内容を確認するとよい．

*3 本書では入力モードへの切替えとして一般的な i を基本としているが，切替える方法はほかにもある．詳細は付録 A・3 を参照．

*1 Vim においても [H], [J], [K], [L] キーによる正統的なカーソル移動はコマンドモードで行う.

ある（付録 A・3・2a, b 項参照）. このようにカーソル移動ができるのは本来の vi ではコマンドモードだけである[*1].

現在 vi として用いられている Vim は，機能拡張によって矢印キーでカーソル移動ができ，これにより入力モードでもカーソルの移動が可能となった. より効率的に利用するためには正統的なカーソル移動を習得するとよいが，不慣れな場合には矢印キーでも構わない.

d. コマンドモードでの編集　　文字の削除や入力，コピー＆ペースト，操作の取消しなどもコマンドモードで行うことができる（付録 A・3・2c〜e 項参照）. これらのコマンドも先のカーソル移動と同様に，繰返し回数を指定して実行することができる. たとえば，カーソル位置の 1 文字を削除するコマンド x を利用して 5 文字削除する場合は，5x と入力する.

*2 入力モードでの編集も vi では一種のコマンドとして扱われている. そのため，以下のような手順を行うと，3) の編集が 5 回繰返される. 大きい数字を入力するときには注意が必要である.

1) コマンドモードで 5 を入力する.
2) 入力モードに移行する.
3) 文字を入力または削除する.
4) コマンドモードに移行する.

e. 入力モードでの編集　　文字の入力は入力モードで行うことができる[*2]. コマンドモードから入力モードへの移行は，i または a の入力が一般的である. ただし，入力モードへの移行時にカーソル位置の変更を伴いたい場合は，ほかにも適したコマンドがある（付録 A・3・2d 項参照）.

f. ファイルの保存と終了　　ファイルの保存と終了は ex モードで行うこともできる. ファイルに変更を加えていない場合には，コマンドモードで:q を実行すれば vi が終了する. しかし，ファイルに変更を加えている場合には，:q コマンド実行時にエラーが発生する. その場合，修正内容を保存するか破棄するかを選択しなければならない. 修正内容を保存するなら:wq を，修正内容を破棄するなら:q! を実行する必要がある. ex モードではほかにも，多様な ex コマンドが利用可能であり，より高度な編集が可能となる.

演習 13・5 **vi の基本操作**

付録 A・3 を参照しながら，以下の操作を行いなさい.

*3 cal コマンドはカレンダーを表示するコマンドである. 通常では 1 カ月のカレンダー，-y オプションを加えると 1 カ年のカレンダーが表示される.

1) ターミナルを開き，以下のコマンドを実行する[*3].

```
% cal > cal.txt
```

2) cal.txt を vi で開く.

3) [H], [J], [K], [L] キーを用いてカーソルを移動する.

4) カーソルをファイル末尾に移動する.

5) カーソルをファイル 5 行目に移動する.

6) 現在行を削除する.

7) 西暦を表す連続した 4 文字を一度に削除する.

8) 任意の位置の 0 にカーソル位置を移動する.

9) カーソル位置にある 0 を 5 に置換する.

10) :q コマンドを実行し，エラーが発生することを確認する.

11) ファイルの変更を保存せずに終了する.

12) cal.txt を vi で開く.

13) i コマンドで入力モードに移行し，自由に編集する.

14) [esc] キーを押してコマンドモードに戻る.

15) 任意の 1 行をコピーし，別の場所にペーストする．

16) 直前のコマンドを取消す．

17) 2 行目を 3 行目の直後に移動する．

18) 行番号を表示するように設定する．

19) ファイルの変更を保存して終了する．

20) 再度 cal.txt を開き，内容を確認する．なお，18) で設定した行番号の表示は引継がれない．

13・3 プログラミング入門

13・3・1 プログラムと機械語

ディレクトリの作成も，テキストの編集も，Unix のコマンドも，われわれがコンピュータ上で行う処理は，第 1 章で述べたように，すべてあらかじめ定められた流れで実行される．このような，あらかじめ流れが定められた処理を**プログラム**（program）とよぶ（1・2・5 項参照）．プログラムの実行は，おもに CPU （プロセッサ）が行う．しかし，CPU が直接理解するのは，0 と 1 からなるビット列だけであり，ビット列による命令に従ってコンピュータは処理を行う．このビット列による命令（人工言語）を，**機械語**（machine language）とよぶ．要するに，コンピュータ上で行われる処理はすべて機械語でプログラムが書かれる必要がある．しかし，機械語は CPU やメモリの構造に沿った処理を行うため，人間が抽象概念を表現するのに用いる自然言語とは大きく異なる．そのため，より自然言語に近い形式の人工言語を機械語に翻訳し，プログラムを実行する方法が用いられるようになった．このような，機械語を含め，プログラムを記述する人工言語を**プログラミング言語**（programming language）とよぶ[*1]．

13・3・2 プログラミング言語

プログラミング言語は，8,000 以上存在するとされている．これらのプログラミング言語を分類する方法にはさまざまな考え方がある．その一つとして，システムの階層構造において，よりハードウェアが理解しやすい階層に位置する低水準言語と，より人間が理解しやすい階層に位置する高水準言語に分類する考え方がある[*2]．

プログラミング言語で書かれたプログラムのことを，**ソースコード**（source code）とよぶ．ソースコードはテキスト形式で書かれており，人間は理解できるが CPU は理解できない．そこで，ソースコードは機械語に翻訳される必要がある．翻訳によってコンピュータが直接理解できるようになったコードを，**オブジェクトコード**（object code），またはバイナリコードとよぶ．この変換の方式にはコンパイラ方式とインタプリタ方式がある．

ここでは，低水準言語と高水準言語を説明する．また，高水準言語に関してはコンパイラ型言語，インタプリタ型言語についてそれぞれ説明する（図 13・7）．

a. 低水準言語 低水準言語は機械語のような，より直接的にコンピュータへ命令することができる言語である．機械語ではコンピュータへの命令を数字（2 進数）とひもづけているが，これを人間が覚えることは難しい．そこで，機械語の命

[*1] 日本語や英語のような言語を自然言語とよび，プログラミング言語のような新たにつくられた言語を人工言語とよぶ．プログラミング言語のほかに，エスペラントや国際手話も人工言語である．

[*2] 低水準や高水準は，機能などの優劣をさしているわけではない．また，低水準言語と高水準言語をそれぞれ低級言語，高級言語とよぶ場合がある．

令に一対一で対応する文字列を定義したプログラミング言語である**アセンブリ言語**（assembly language）が開発された．機械語と違い，アセンブリ言語は英数字などからなるプログラミング言語であるので，機械語よりも人間にとって理解しやすい．アセンブリ言語で書かれたプログラムを機械語へ変換するには，**アセンブラ**（assembler）とよばれるソフトウェアを用いる[*1]．このアセンブリ言語から機械語への変換をアセンブルとよぶ．機械語と同じく，ハードウェアを直接的にコントロールできる言語であるため，処理の効率化を図ることができる．その一方で，メモリやレジスタなどを直接扱うため，CPU の種類やハードウェアが異なると仕様も異なり，汎用性が低い．

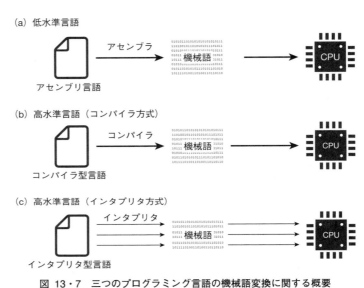

図 13・7　三つのプログラミング言語の機械語変換に関する概要

b. 高 水 準 言 語　　高水準言語は，より人間が理解しやすいように機械語を抽象化した言語である．高水準言語から機械語への変換には，コンパイラ方式とインタプリタ方式とよばれる方式があり，それぞれの方式で変換するプログラミング言語をコンパイラ型言語とインタプリタ型言語とよぶ[*2]．

　　コンパイラ型言語（compiled language）は，機械語への変換を実行前に一括して行うプログラミング言語である．この変換を**コンパイル**（compile）とよび，**コンパイラ**（compiler）とよばれるソフトウェアによって行われる．コンパイラ型言語で書かれたソースコードは，コンパイラによってオブジェクトコードに変換され，実行可能なプログラムとなる．一度オブジェクトコードとなったプログラムは，再度コンパイルする必要はない．ただし一般的には，オブジェクトコードは OS やハードウェアにひもづいている．そのため，たとえば Mac でコンパイルされたプログラムを Windows でそのまま実行することはできない．代表的なコンパイラ型言語として，C 言語，Fortran，Go などが知られている．

　　一方，ソースコードをすべて一度に機械語に翻訳して実行可能なファイルを生成するのではなく，プログラムに書かれたソースコードを逐次的に機械語に翻訳して

[*1] ケン・トンプソンが Multics を開発していた際，"Space Travel" というゲームを作成し遊んでいた．しかし，Multics のプロジェクトが終わってしまい，ゲームを開発していたコンピュータを手放すこととなった．彼は改めて Space Travel を開発するため，PDP-7 とよばれる，当時でも古いコンピュータを入手した．この PDP-7 は元のコンピュータよりも機能が制限されており，アセンブリ言語で書いたプログラムを紙テープとして出力し，改めて PDP-7 に読み込ませる必要があった．そのような手順を煩雑に思ったトンプソンは，PDP-7 内でアセンブルできるように新たなアセンブラを開発した．

　本章の冒頭で述べたトンプソンの Unix 開発の動機は，このようなゲームの開発環境を用意するための延長線上だったといわれている．

[*2] 高水準言語の変換時に，高水準言語を一度アセンブリ言語に変換し，そのアセンブリ言語を機械語に変換する場合がある．

CPU で実行するプログラミング言語は，**インタプリタ型言語**（interpreted language）とよばれる．機械語への変換は**インタプリタ**（interpreter）とよばれるソフトウェアが行い，変換と実行が同時に行われる．代表的なものとして Python や Ruby，Perl などが知られている．インタプリタ型言語はコンパイラ型言語と異なり，コンパイルが事前に不要なため，開発や修正が手軽である．一方，コンパイラ型言語と比較して実行速度が遅い傾向にある．これは機械語への変換時にインタプリタがソースコードを解釈する必要があるためであり，特に同じ処理を何度も繰返すプログラムでは遅いとされる．

ただし，実行速度に関する問題を改善するように開発されたインタプリタ型言語もある．このようなプログラミング言語はコンパイラ型言語とインタプリタ型言語の双方の性質をもつ言語であり，機械語の変換のタイミングでプログラミング言語を分類することは徐々に難しくなっている．

13・3・3　コーディング

プログラムには目的となる処理が存在し，それを達成するために複数の処理を組合わせる必要がある．このような処理の順序を**アルゴリズム**（algorithm）とよぶ[*1]．そして，アルゴリズムの設計からプログラムの完成までの作業全般を，**プログラミング**（programming）とよぶ．13・1・2e 項で行った制御構造では，1 行ずつ処理を実行した．しかし，1 行ずつ入力することは煩雑であり，人為的なミスが生じやすいため，複雑なプログラムを作成するのには不適である．そこで，複数の処理を一つのソースコードとして記述し，それらを一括で実行する方法が用いられる．ソースコードを記述することを**コーディング**（coding）とよぶ．

以降，**Python**（パイソン）[*2] を例にコーディングを説明する．Python は，書きやすく読みやすいことを思想としたプログラミング言語である．機械学習や深層学習などの機能がモジュールとして豊富に整備されているため，近年ではデータサイエンスを学ぶためのプログラミング言語として広く用いられている．Python にはバージョン 2 系列とバージョン 3 系列があり，文法規則に違いがある．バージョン 2 系列はすでにサポートが終了しているため，本書ではバージョン 3 系列を前提に説明を行う．

13・3・4　プログラムの構成要素

多様なプログラミング言語が存在し，それぞれが特有の記述方法を必要とする．そのため，すべてのプログラミング言語を網羅する汎用的な技能は存在しない．一方，プログラムの処理内容，言い換えればどのような処理をどのような順番でコンピュータに指示するかは，プログラミング言語に大きく依存しない．たとえば，日本語文法と英文法の関係は低いが，日本語で論理的な文章を書く技能は，英文でも役に立つ．

アルゴリズムには大きく三つの要素，**順接**，**分岐**，**反復**がある．順接とは順番に処理すること，分岐とは条件によって異なる処理を行うこと，反復とは条件を満たすまで繰返すことである．図 13・8 に簡単なイメージを示す．以降では，それぞれについて Python の簡単なプログラムと共に学んでいく[*3]．

*1 アルゴリズムの由来は 9 世紀前半に活躍したアル＝フワーリズミーの名前であるといわれている．彼の著書は西洋の代数学（数字の代わりに文字を利用する数学分野）を発展させた．

*2 Python の名はモンティ・パイソンという英国のコメディグループに由来する．また，迷惑メールをスパムメールとよぶが，これも彼らのコントに由来する．

*3 本項では順接，分岐，反復を理解することを優先する．その過程で必要となるプログラミングの用語や Python の仕様についても述べるが，簡易的な説明にとどめている．そのため，より詳細な内容に関しては Python の専門書などを参考にしてほしい．

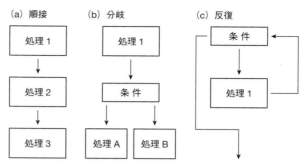

図 13・8　順接（a），分岐（b），反復（c）のイメージ図

a. 順　接　プログラムがソースコードの上から順番に処理されることを，順接とよぶ．図 13・9 では 5 行のソースコードを示している．このプログラムを実行すると，0 と 1 が表示される．ここでは，本プログラムについて 1 行目から順に説明する．

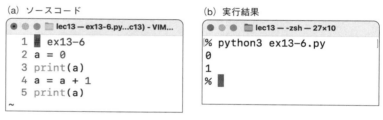

図 13・9　順接のソースコード例（a）と実行結果（b）[*1]

1 行目の # から始まる文は**コメント文**とよばれ，プログラムの実行に寄与しない行である[*2]．たとえば，プログラムの説明などを記載する場合に用いられる．

2 行目では変数の定義を行っている．前提として，Python で扱われる数値や文字列などのデータはそれぞれ**オブジェクト**（object）とよばれ，固有の ID が割り当てられている．しかし，ID を用いてプログラミングを行うことは難しいため，ID と名前をひもづけて利用する．このオブジェクトの ID にひもづけられたものを**変数**（variable）とよぶ．Python では，= は代入の意味をもつ演算子（代入演算子）であり，a=0 は変数 a に整数 0 のオブジェクト ID をひもづける処理である[*3]．

3 行目では，2 行目で定義した変数 a を画面に表示する指示が書かれている．print() は，括弧の中にある文字列や数字，変数を標準出力する機能である．このように，入力に対して出力が一意に決まる機能を**関数**（function）とよぶ．

4 行目では変数 a に別の値を代入している．変数 a にはもともと 0 が保存されていたため，0+1 が代入された結果，1 が新たな変数 a の値として保存される．

5 行目は 3 行目と同様に変数 a を標準出力する処理である．ただし，4 行目で変数 a の値が変更されているため，画面に表示される値が異なっている．このように順接では，プログラムがソースコードの上から順番に処理されていく．

演習 13・6 順接のプログラムのコーディング

以下の操作を行いなさい.

1) カレントディレクトリが lec13 であることを確認する.
2) vi を用いて ex13-6.py というテキストファイルを新規作成する.

```
% vi ex13-6.py
```

3) ex13-6.py の内容を図 13・9(a) を参考に編集し[*1], 保存して終了する.
4) 以下のように ex13-6.py を実行し, 図 13・9(b) を参考に内容を確認する.

```
% python3 ex13-6.py
```

b. 分　岐　処理を適切な順番で記述するだけでも, 解決できる問題は多い. しかし, 状況によって行う処理を変化させたい問題もある. そのような, 特定の条件で処理を変えることを分岐とよぶ. Python に限らず多くのプログラミング言語で分岐に if 文を用いるが, Python では if 文を以下のように記述する.

```
if 条件式 :
    処理 A
```

if 文では, もし条件式が真であれば処理 A が実行される. 記述には二つの規則がある. 一つ目は条件式の後に：を入力することである. 二つ目は, 条件を満たした場合に実行される処理は必ず**字下げ**(インデント)して示すことである[*2]. 複数の条件が存在する場合を含め, 図 13・10 に分岐を用いたソースコードとその実行結果を示す.

*2 字下げは半角スペースでも tab でも構わないが, どちらか一方に統一する必要がある. 混在する場合にはエラーが発生し, プログラムは動かない.

(a) ソースコード

```
 ● ● ●        lec13 — ex13-7.py
1 animal = input('animal: ')
2 if animal == 'dog':
3     print('bow-wow')
4 elif animal == 'cat':
5     print('meow')
6 else:
7     print('What does a ' + animal + ' sound like?')
~
~
ex13-7.py                                          7,1
```

(b) 実行結果

```
 ● ● ●                                          lec13
% python3 ex13-7.py
animal: dog
bow-wow
% python3 ex13-7.py
animal: cat
meow
% python3 ex13-7.py
animal: duck
What does a duck sound like?
%
```

図 13・10　分岐のソースコード例 (a) と実行結果 (b)

1 行目では, input( ) 関数を利用して標準入力の値を変数 animal に代入している. このとき, 変数と区別するために, 文字列は '(シングルクォーテーション)で囲われている[*3]. このように, 変数には数字や文字列などさまざまな種類のデータを保存できる. 保存しているデータの種類を**型**(type)とよぶ. たとえば, 整数は **int 型**, 小数は **float 型**[*4] など, 文字列は **str 型**であり, それぞれ変数としての性質が異なる.

*3 Python では, 'と" に文法的な区別はない. ただし, 使い分けるプログラミング言語もあるので, ほかのプログラミング言語を学ぶ際には注意すること.

*4 float 型は浮動小数点数とよばれる小数のための型である. 一方, 固定小数点数の型として decimal 型とよばれる型などがある.

*1 不一致を示す比較演算子
は != である.

2行目から7行目までが分岐である. 2行目では条件式が animal == 'dog' となっている. == は一致を示す比較演算子であり[1], 数学の ＝ と同じ理解でよい. よって, 変数 animal に保存された値が文字列 dog であれば, 3行目の処理 print('bow-wow') が実行される.

4行目以降は, 変数 animal が dog ではない場合の処理である. 4行目の elif は新たに別の条件式を設定でき, この例では, 変数 animal が cat であるかを確認している. 6行目の else は, ほかの条件式を満たせなかったすべての場合である. この例では, animal が dog でも cat でもなかった場合に7行目の処理を行う.

演習 13・7 分岐のプログラムのコーディング ─────────

以下の操作を行いなさい.
1) カレントディレクトリが lec13 であることを確認する.
2) vi を用いて ex13-7.py というテキストファイルを新規作成する.

```
% vi ex13-7.py
```

3) ex13-7.py の内容を図 13・10(a) を参考に編集し, 保存して終了する.
4) 以下のように ex13-7.py を実行し, 図 13・10(b) を参考に内容を確認する.

```
% python3 ex13-7.py
```

c. 反　　復　プログラムを実行する場合に, 同じ処理, または類似した処理を何度も実行することを反復とよぶ. 反復には大きく二つの方法があり, 反復の終了条件が明確である場合には **while 文** を, 反復回数が明確である場合には **for 文** を用いるとよい[2].

*2 for 文も while 文も反復として は 同 じ で あ る. し か し, while 文は終了条件を満たさない限り終了しない. 必要がなければ for 文を利用する方が安全である.

while 文の記述は if 文と似ており, 以下のように記述する.

```
while 条件式 :
    処理 A
```

この場合, **条件式が真である限り処理を反復** する. 図 13・11 に反復を用いたソースコードとその実行結果を示す.

(a) ソースコード　　　　　　　(b) 実行結果

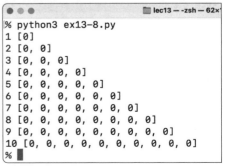

図 13・11　**while 文のソースコード例** (a) と実行結果 (b)

　1行目では，変数 box に空のリストを代入した．**リスト**（list）とは，複数のデータを一つの変数にまとめることができるものであり，list 型という型である．リストの要素の数は len( ) 関数で出力することができる．要素とは，リストに保存されているデータである．

　2行目の条件式 len(box) < 10 は，変数 box の要素数が 10 未満である限り処理を反復することを意味している．

　3行目の .append() は，**メソッド**（method）とよばれ，データ型[*3] にひもづいた関数である．.append( ) メソッドは，list 型の変数 box にひもづいており，括弧内の内容をリストに追記するメソッドである．この例では，0 を追記している．

　4行目では，変数 box の要素数と，変数 box に保存されたデータを表示する処理が書かれている．反復回数だけ 0 の数が多くなり，要素数が 10 となった時点で終了している．

*3 各データの型はクラスとよばれる仕組みを利用している．たとえば文字列は str クラスのオブジェクトである．str クラスには文字列に特有の関数が定義されており，これがメソッドである．クラスをオブジェクト化したものをインスタンスとよぶこともある．クラスは自身で新しいデータ型を作成するときに有用であるが，本書では詳細に説明しない．

演習 13・8 while 文のプログラムのコーディング ────

　以下の操作を行いなさい．

1) カレントディレクトリが lec13 であることを確認する．
2) vi を用いて ex13-8.py というテキストファイルを新規作成する．

```
% vi ex13-8.py
```

3) ex13-8.py の内容を図 13・11(a) を参考に編集し，保存して終了する．
4) 以下のように ex13-8.py を実行する．

```
% python3 ex13-8.py
```

───────────────────────────────────●

　もう一つの反復処理である for 文は以下のように記述する．

```
for 変数 in イテラブルオブジェクト：
    処理
```

ここでイテラブルオブジェクトとはその名のとおり，繰返して（iterative）使われるオブジェクトであり，文字列やリスト，特定の関数が用いられる．これらは複数

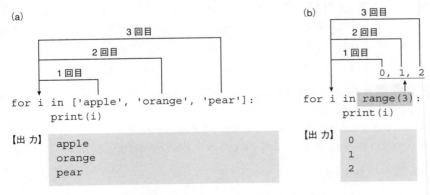

図 13・12　イテラブルオブジェクトのイメージ

の要素をもっており，一つずつ取出すことができる*1．取出す過程を図 13・12 に示した．['apple', 'orange', 'pear'] の要素をもつリストをイテラブルオブジェクトとすると（図 13・12a），apple から順に取出され，変数 i に設定される．また，for 文でよく用いられる range( ) 関数は指定した開始値（省略時は 0）から始まり，指定した終了値の直前の整数までの数列を要素としてもつオブジェクトである．図 13・12(b) は 3 が入力されているため，0 から 2 までが変数 i に設定される．

for 文を用いたソースコードの例とその実行結果を図 13・13 に示す．

図 13・13　for 文のソースコード例（a）と実行結果（b）

1 行目では，変数 box にリストを代入している．図 13・11 では要素をもたないリストを代入したが，図 13・13 のように最初から要素を定めることもできる．このとき，すべての要素を大括弧 [ ] で囲い，各要素を ,（カンマ）で区切る必要がある．

2 行目は for 文の処理である．ここでは，イテラブルオブジェクトとして range( ) 関数を用いている．図 13・12 の例では，range( ) 関数に整数を入力していたが，ここでは len( ) 関数を入力している．これは，len( ) 関数の出力である変数 box の要素数 3 を range( ) 関数の入力としており，出力される結果は 0, 1, 2 と，図 13・12(b) と同じになる*2．このような方法を用いることで，box の要素数が増減したときにも自動で繰返しの回数が変更される利点がある．

list 型の変数の各要素はインデックスを指定することで読み出せる．インデックスとは，リストの要素にひもづいた番号であり，0 から始まるため 1 番目の要素のインデックスは 0 となる．3 行目では変数 i を用いて，各要素のインデックスと，インデックスに対応するデータを表示する処理が書かれている．実行結果をみて，変数 i が取りうる値が 0～2 であるにもかかわらず，リストの 1～3 番目が出力されていることに疑問をもったかもしれないが，上記のようにリストのインデックスが 0 から始まるためである．

演習 13・9　for 文のプログラムのコーディング

以下の操作を行いなさい．

1) カレントディレクトリが lec13 であることを確認する．
2) vi を用いて ex13-9.py というテキストファイルを新規作成する．

```
% vi ex13-9.py
```

3) ex13-9.py の内容を 図 13・13(a) を参考に編集し，保存して終了する．

4) 以下のように ex13-9.py を実行する.

```
% python3 ex13-9.py
```

　以上, プログラミング言語 Python を例に, 図 13・8 に示した順接, 分岐, 反復の概念について簡単に説明した. しかし, Python およびプログラミング言語の習得という点では, ほかのデータ型についてなど, 本章の説明では十分ではない箇所が多い. また, Python はデータ分析などによく利用されている. そのように利用するためには, 外部データの読み込みや, ライブラリーやモジュールとよばれるプログラムの活用などが求められる. このような内容に関しては Python の参考書を参照してほしい.

付録A　CUIによるファイル操作

A・1　WindowsにおけるUnix系OSの導入

本書ではコンピュータの仕組みとUnixにおけるファイルシステムを深く理解してもらうために，GUIによるパソコンの操作例だけではなく，Unixコマンド（Unixツール）を使ったファイルの操作例も数多く紹介した．Macを使っている読者であれば，ターミナルを起動し，Unixコマンドをそのまま実行することができる．しかしWindowsを搭載して販売されているパソコン（Windowsマシン）の場合，Unixコマンドを自由に使えるようにするには，多少の準備が必要である．そこでWindowsマシンでUnix系OSを利用するための二つの方法の概要を以下に解説する．

一つ目は，Windowsマシンに搭載された補助記憶装置（HDDやSSD）の記憶領域を二つ以上の**パーティション**（データの区画）に分け，その一つにUnix系OSをインストールする方法である．そして，利用するOSの入ったパーティションからパソコンを起動することにより，1台のWindowsマシンで二つのOSを利用することができるようになる（図A・1）．

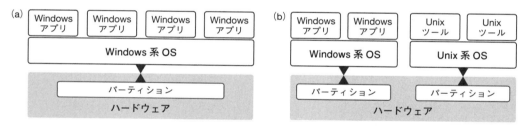

図A・1　パソコンの記憶領域を分けることで二つの異なるOSをインストールする方法

パソコンにインストールして使われるUnix系OSには，大きく分けて2種類ある．一つはFreeBSD[†1]などの**BSD**，もう一つは**Linux**である．特に後者のLinuxには，**Linuxディストリビューション**とよばれる，配布のためのさまざまなパッケージが存在する．たとえば，

- Ubuntu[†2]
- Fedora[†3]
- Debian[†4]
- CentOS[†5]

---

†1　https://www.freebsd.org/ja/
†2　https://jp.ubuntu.com/
†3　https://fedoraproject.org/ja/
†4　https://www.debian.org/
†5　https://www.centos.org/

などがあり，これらはすべて無料で配布されている．これらの Unix 系 OS をインストールする方法については，OS（またはディストリビューション）の名前と"インストール"という単語を使ってインターネット検索をすれば，簡単に探し出すことができる．

　二つ目は，Windows 系 OS の上で Unix 系コマンドを利用できる環境を構築する方法である．その一つとして，Unix コマンドを直接 Windows 系 OS に理解させ実行させる**互換レイヤー**とよばれるソフトウェアの導入があげられる．古くからある**Cygwin**[1] や Microsoft が 2016 年から提供している **WSL1**（Windows Subsystem for Linux 1）などがそれに該当する（図 A・2a）．

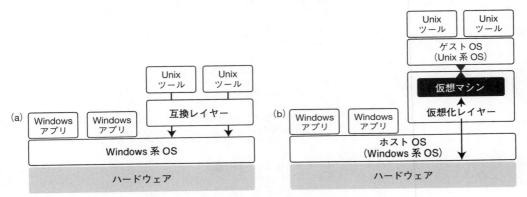

図 A・2　**Windows** における互換レイヤーを使った **Unix** ツールの利用（a）と
仮想化による **Unix** 系 **OS** の利用（b）

　一方，Unix 系 OS に限らず複数の OS（これを**ゲスト OS** とよぶ）を，**仮想化レイヤー**とよばれるソフトウェアを通して母体となる OS（**ホスト OS**）やハードウェアに直結させ，**仮想マシン**として動かす仕組みがある（図 A・2b）．そのような仕組みは**仮想化**とよばれ，**VirtualBox**[2] のような無料で配布されている仮想化ソフトウェアを使って導入することができる．また Linux を Windows 10 または 11 の上で動かすのであれば，Microsoft が提供している **WSL2**（Windows Subsystem for Linux 2）を導入するのが簡単である．WSL2 は Microsoft が提供する仮想化システムである Hyper-V 上で動作し，Linux ディストリビューションの一つである Ubuntu を動かすことができる．WSL2 の導入については，Microsoft の公式ドキュメント[3] にその方法が示されている．

　Windows 10 もしくは 11 を利用している読者は，この WSL2 を自分のパソコンにインストールして本書の演習課題に取組んでほしい．

---

†1　https://www.cygwin.com/
†2　https://www.virtualbox.org/
†3　Microsoft 公式：WSL を使用して Windows に Linux をインストールする方法
　　https://learn.microsoft.com/ja-jp/windows/wsl/install

A・2　Unix 基本コマンド集

　ここでは，第 4 章および第 13 章において重点的に取上げた Unix コマンドを，比較的よく使われるそのほかのコマンドと合わせ，一覧にして示す．また，Unix 系 OS のシェルで特殊な意味をもつ記号のうち，主要なものをまとめる．いずれもさらに多くのものがあるので，必要に応じて各自で調べてみるとよい．

A・2・1　超基本コマンド

コマンド	機　能
pwd	カレントディレクトリ（今いる場所）を表示する． print working directory の略だが，略語のかたちでないとコマンドとして機能しない（以下同様）．
cd	カレントディレクトリを変更する（ディレクトリを移動する）． change directory の略． 　例）% cd /usr/local 　　　　/usr/local に移動（絶対パス指定） 　　　% cd .. 　　　　一つ上のディレクトリに移動 　　　% cd ../.. 　　　　二つ上のディレクトリに移動 　　　% cd ../testdir 　　　　一つ上のディレクトリにある testdir ディレクトリに移動 　　　% cd 　　　　ホームディレクトリに移動 　　　% cd ~ 　　　　ホームディレクトリに移動 　　　% cd ~/testdir 　　　　ホームディレクトリにある testdir ディレクトリに移動
ls	ディレクトリの中身を表示する．list の略． 　例）% ls 　　　　カレントディレクトリの中身を表示 　　　% ls /usr/local 　　　　/usr/local の中身を表示 　　　% ls -l 　　　　ロングフォーマットによる表示 　　　% ls -F 　　　　ファイルの種類も表示 　　　% ls -a 　　　　ピリオドで始まるファイル（隠しファイル）も表示
logout exit	シェル（ターミナル）を終了する． ウインドウを閉じる前にこのコマンドを実行すること．

A・2・2　基本コマンド

コマンド	機　能
mkdir	ディレクトリを作成する．make directory の略． 　例）% mkdir test 　　　　test という名前のディレクトリを作成
rmdir	ディレクトリを削除する．remove directory の略． 　例）% rmdir test 　　　　test という名前のディレクトリを削除

（つづく）

（つづき）

コマンド	機　能
cat	テキストファイルの内容を表示する. concatenate（連結する）の略（本来はテキストファイルを連結して表示するコマンド）. 　例）% cat /etc/zshrc 　　　/etc/zshrc ファイルの内容を表示
more less	テキストファイルの内容を一画面ずつ表示する（less は more の上位互換の関係にある）. コマンド実行中は, 以下の内部コマンドを用いる. 　内部コマンド）　space　一画面進む　　　　b　一画面戻る 　　　　　　　　　return　一行進む　　　　　h　ヘルプを表示 　　　　　　　　　q　　　コマンド終了 　例）% less /etc/services 　　　/etc/services ファイルの内容を一画面ずつ表示（終了するには q を入力）
man	コマンドのマニュアルをみる（more や less と同じような内部コマンドが使える）. manual の略. 　例）% man ls 　　　ls コマンドのマニュアルをみる
cp	ファイルをコピーする. copy の略. 　例）% cp test1.txt test2.txt 　　　test1.txt をコピーして test2.txt を作成 　　% cp test1.txt test2.txt test 　　　test1.txt と test2.txt を test ディレクトリにコピー
rm	ファイルを削除する（ゴミ箱には入らずにその場で削除される）. remove の略. 　例）% rm -i test1.txt 　　　test1.txt を確認付きで削除（y で確認, それ以外では削除しない）
mv	ファイルの名前を変える, あるいは, ファイルを移動させる. move の略. 　例）% mv test1.txt test2.txt 　　　test1.txt を test2.txt という名前に変更 　　% mv test1.txt test 　　　test1.txt を test ディレクトリに移動

A・2・3　そのほかのいろいろなコマンド

コマンド	機　能
touch	空ファイルを作成する（本来はファイルの最終アクセス日時と最終更新日時を変更するコマンド）. 　例）% touch test1.txt 　　　test1.txt という空ファイルを作成
date	今の日付と時間を表示する. 　例）% date
cal	カレンダーを表示する. calendar の略. 　例）% cal
wc	行数, 単語数, 文字数などを算出して表示する. word count の略. 　例）% wc -l test1.txt 　　　test1.txt の行数を表示
ps	実行中のプロセスのプロセス ID やステータスを表示する. process status の略. 　例）% ps -A 　　　システム上のすべてのプロセスを表示（ps ax）
netstat	ネットワークステータスを表示する. network statistics の略. 　例）% netstat

（つづく）

（つづき）

コマンド	機　能
ifconfig	ネットワークインターフェースを設定，表示する． interface configuration の略． 　例）% ifconfig
grep	パターンにマッチする行を表示する． global regular expression print の略． 　例）% grep pattern test1.txt 　　　　test1.txt ファイルの pattern という文字を含む行を表示
find	ディレクトリ階層下のファイルを検索する． 　例）% find . -name test 　　　　カレントディレクトリ（.）下の test という名前のファイルを検索
kill	プロセスを停止する（むやみに使わないこと）． 　例）% kill 777 　　　　プロセス ID が 777 のプロセスを停止
vi	テキストファイルを編集する（詳細は A・3 節参照）． 　例）% vi test1.txt 　　　　test1.txt ファイルを編集 　　　　（test1.txt が存在しなければ作成して編集）

A・2・4　シェルで使用する特殊な記号

記　号		機　能
>	入出力リダイレクト	コマンドの出力先を変更する（上書き）． 　例）% date > today.txt 　　　　date コマンドの結果を today.txt ファイルに 　　　　上書き
>>		コマンドの出力先を変更する（追加書き込み）． 　例）% cal >> today.txt 　　　　cal コマンドの結果を today.txt ファイルに追加書き込み
<		コマンドへの入力元を変更する． 　例）% wc < today.txt 　　　　today.txt ファイルの文字数などを wc コマンドで 　　　　算出して表示
|	パイプ	前のコマンドの出力を後ろのコマンドの入力としてつなぐ． 　例）% ls -l | more 　　　　ls -l コマンドの結果を more コマンドを通じて表示
*	ワイルドカード	長さ0以上の任意の文字列を意味する． 　例）% ls *.txt 　　　　拡張子が .txt のファイルだけ ls コマンドで表示
?		任意の1文字を意味する． 　例）% ls *.??? 　　　　拡張子が任意の3文字からなるファイルだけ ls 表示
[ ]		括弧内で指定するいずれか1文字を意味する． 　例）% ls test[012].txt 　　　　% ls test[0-2].txt 　　　　test0.txt, test1.txt, test2.txt という 　　　　ファイルを ls 表示
{ }		括弧内で指定する文字列を意味する． 　例）% ls {a,bb,ccc}.txt 　　　　a.txt, bb.txt, ccc.txt というファイルを 　　　　ls 表示

A・3 vi 基本コマンド集

vi は Unix 系 OS における標準的なテキストエディタである．ここでは第 13 章で学んだ内容のまとめと補足を行う．

A・3・1 vi のモード

vi は "vi ファイル名" というコマンドで起動する．起動直後はコマンドモードである．ほかに，入力モードと ex モードがあり，それらを行き来しながらテキストの編集を行う（図 A・3）．

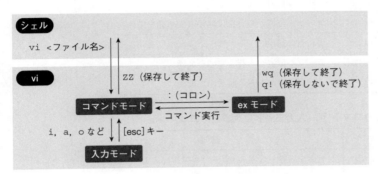

図 A・3　vi の各モードの関係

A・3・2 コマンドモード

コマンドモードは，ノーマルモードともよばれる vi の基本となるモードである．コマンドモードでは，カーソル移動や画面スクロール，文字や行の削除，コピー＆ペースト，入力モードへの移行などができる．

a. カーソル移動コマンド

移動単位	コマンド	移動先
文字単位 （図 A・4）	h [←], [backspace] キー	1 文字左 （5h は 5 文字左，以下同様）
	j [↓] キー	1 文字下
	k [↑] キー	1 文字上
	l（エル） [→], [space] キー	1 文字右
単語単位	w	次の単語
	b	前の単語
行単位	0（ゼロ）	行　頭
	$	行　末
ファイル単位	G	ファイル末尾の行頭
	1G	ファイル先頭の行頭
	nG（n は数値）	ファイルの n 行目の行頭

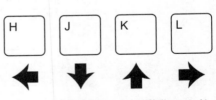

図 A・4　文字単位のカーソル移動コマンド

b. 画面スクロールコマンド

コマンド	移動先
[control] + [f] （[control] キーを押しながら [F] キーを押す）	画面を 1 ページ上にスクロール
[control] + [b]	画面を 1 ページ下にスクロール

c. 削除コマンド

コマンド	機　能
x	カーソル位置の 1 文字を削除
dw	カーソル位置から行末に向かって単語を削除
dd	現在行を削除
d$ または D	カーソル位置から行末までを削除
d0	カーソル直前から行頭までを削除

d. 入力コマンド（入力モードに入るためのコマンド）

コマンド	機　能
i	カーソル位置から挿入（カーソル位置で入力モードに移行）
a	カーソル直後から挿入
I	現在行の行頭に挿入
A	現在行の行末に挿入
o （オー，小文字）	現在行の下に空行をつくって挿入
O （オー，小大字）	現在行の上に空行をつくって挿入
r	カーソル位置の 1 文字を上書き入力
R	カーソル位置から上書き入力
cw	カーソル位置から始まる単語を置換

e. そのほかの便利なコマンド

コマンド	機　能
u	直前の編集コマンドを取消す
.（ピリオド）	直前の編集コマンドを繰返す
yy または Y	現在行をバッファに保存（コピー）
p （小文字）	yy コマンドや削除コマンドなどでバッファに保存された内容をカーソル直後（の行）に挿入（ペースト）
P （大文字）	yy コマンドや削除コマンドなどでバッファに保存された内容をカーソル直前（の行）に挿入（ペースト）
/ 文字列	カーソル位置から "文字列" を下方検索
? 文字列	カーソル位置から "文字列" を上方検索
n	直前の検索を下方に再実行
N	直前の検索を上方に再実行
ZZ	ファイルを保存して終了（後述の :wq と同じ）

A・3・3　入力モード

　入力モードでは，通常のテキストエディタと同様のキー操作で，文字の入力，削除ができる．コマンドモードに戻るには［esc］キーを押す．

　vi によるテキスト編集は，コマンドモードと入力モードを行き来して行う（図A・5）．

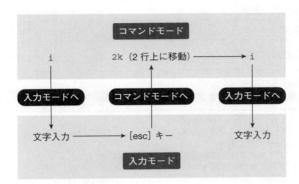

図 A・5　vi による編集過程（コマンドモードと入力モードを行き来する）

A・3・4　ex モード

　ex モードは，コマンドラインモードともよばれるコマンドモードの一種である．ファイルの保存や vi の終了のような基本的なコマンドから，やや複雑だが使いこなせればかなり柔軟な編集を行うことのできる高度なコマンドまで用意されている．

　"："（コロン）から始まるコマンドはすべて ex モードのコマンドである．コマンドモードで：を入力すると ex モードに入り，コマンド実行が終わるとコマンドモードに戻る．

a.　基本的な ex コマンド

コマンド	機　能
:wq	保存して終了
:q!	保存しないで終了
:w	ファイルを上書き保存
:w ファイル名	指定するファイル名で保存（名前をつけて保存）
:q	終　了
:r	ファイルの読み込み
:set	vi のオプション設定（以下のようなさまざまな引数をとる） 引数なしの場合は，デフォルトとは異なる値が設定されているオプションを表示 　　例）:set number　　　　行番号を表示 　　　　:set nonumber　　　行番号を非表示 　　　　:set autoindent　　　自動でインデントをかける 　　　　:set all　　　　　　　現在設定されているオプションを一覧表示

b. そのほかの ex コマンド

　以下のような ex コマンドは，“：［対象範囲］コマンド［引数］”という書式で用いる．

コマンド	機　能	対象範囲	意　味
:m	対象範囲の移動	n（数値）	n 行目
:t	対象範囲のコピー	n, m	n 行目から m 行目
:d	対象範囲の削除	．（ピリオド）	現在行
:s	対象範囲の置換 ［対象範囲］s/置換対象文字列/置換文字列/［gc］	$	ファイルの最終行
		%	ファイル全体

例）:2m3　　　　2 行目を 3 行目の直後に移動
　　:1,2t3　　　1〜2 行目を 3 行目の直後にコピー
　　:1,3d　　　 1〜3 行目を削除
　　:%t$　　　　ファイル全体の内容をファイル末尾にコピー
　　:%d　　　　 ファイル全体を削除
　　:.,t　　　現在行から最終行までの内容をファイル末尾にコピー
　　:%s/INFORMATION/LIFE/g
　　　　　　　　ファイル全体を対象に INFORMATION を LIFE に置換
　　　　　　　　（最後の g は，1 行に対象文字列が複数ある場合はそのすべてを対象にするという
　　　　　　　　意味で，g をつけないと行内で最初にあたる対象文字列のみが対象となる）
　　:%s/INFORMATION/LIFE/gc
　　　　　　　　ファイル全体を対象に INFORMATION を LIFE に対話的に置換
　　　　　　　　（対象の文字列を置換するかどうかを y か n でその場で判断しながら置換できる）

付録 B　オフィススイートの応用的利用

　ここでは大学の授業や研究において，知っていると便利なオフィススイートの応用的
利用（豆知識）を紹介する．

B・1　Word の応用的利用

　ここでは第 5 章の補足として，Word におけるスタイルの設定変更の仕方と，画像と文章の位置関係の設定，およびインデントの種類と設定について解説する．

B・1・1　スタイルの設定変更

　Word のスタイルとは，フォントや行間などの書式がセットになったもののことである．デフォルトで "見出し 1" や "見出し 2"，"標準" といったスタイルがあるが，それらスタイルを設定変更したり，新しいスタイルを作成したりすることで，ユーザが独自に決定する書式を文書内で統一的に利用することができるようになる．

　例として，"標準" スタイルの設定変更を行う方法を以下に示す．

1. 標準スタイルの任意の箇所にカーソルを置く．
2. ［ホーム］リボンの［スタイル ウィンドウ］をクリックする（Mac のみ）．
3. 現在のスタイルが［標準］になっていることを確認し，Mac ではドロップダウンメニュー（▼）から［スタイルの変更］を，Windows では［スタイル］→［スタイルの管理］で出現するウインドウ中央の［変更］を選択する[*1]．
4. 新たに出現するウインドウで，フォントやフォントサイズを設定する．
5. 行間や最初の行の字下げ設定などは，ウインドウ左下の［書式］をクリックして［段落］を選択し，設定する．
6. 設定が完了したら，標準スタイルのすべての箇所がいま設定した書式に変わったことを確認する．

*1 新しいスタイルを作成する場合はここで［新しいスタイル］を選択する．

B・1・2　画像と文章の位置関係

　Word では，図やグラフは［挿入］リボンのコマンドや，ファイルのドラッグ &ドロップで挿入できる．PowerPoint と同じく，"図形" や "SmartArt" を作成して利用することも可能である．

　だが Word では，そうした画像と文章との位置関係の設定に特有の癖がある．これを設定するには，対象となる画像を右クリックすると現れるメニューか，対象を選択しているときに出現するリボンで［文字列の折り返し］の設定を行う[*2]．用意されている "折り返しの種類と配置" には，以下の 7 種類がある（図 B・1）．

　直感的に操作がしやすいのは "前面" または "背面" である．このどちらかの設

*2 Word のバージョンやウインドウサイズによってリボンやリボンに直接表示されるコマンドは異なる．

定にすると，文章とは無関係に画像の位置を自由に動かすことができるようになる．ただし，画像と文章が重ならないようにするには，文章の方を自分で改行やスペース，インデントなどを使って調整しなければならず，文章を書き換えるたびに調整が必要になるというデメリットがある．逆にほかの設定は，操作の感覚的な自由度は下がるが，画像と文章との位置関係が自動調整されるため，文書全体としての美しさは保たれやすい．

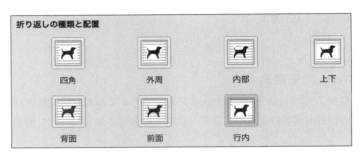

図 B・1　Word の "折り返しの種類と配置"

B・1・3　インデントの種類と設定

インデントとは，行頭や行末を任意の位置にずらす機能である．特に長い引用を字下げで示すときなどに使うと便利である．

インデントは段落ごとに設定できる．ある段落のすべての行の書き出し位置を単純にずらすには，その段落中の任意の箇所にカーソルを置いた状態で，［ホーム］リボンにある［インデント］または［インデントを増やす］コマンドをクリックする．戻すには［インデント解除］または［インデントを減らす］コマンドを使う．

インデントの位置を微妙に調整したい場合や，1 行目とそれ以降の行の位置を変えたい場合，あるいは行末をインデントしたい場合は，ウインドウ上方にあるルーラーを使う．ルーラーが表示されていなければ，［表示］リボンにある［ルーラー］をクリックする．ルーラーで設定できるインデントには，以下の 4 種類がある（図 B・2）．いずれも該当するマーカーをドラッグして変更する．

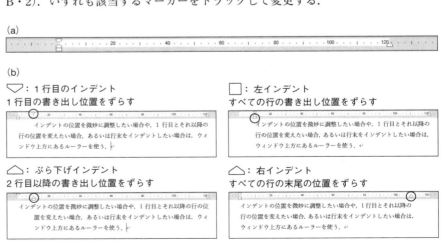

図 B・2　ルーラー（a）とインデントの種類（b）

B・2　**PowerPoint** の応用的利用

　ここでは PowerPoint の応用的利用として，オンライン画像について，Web 検索による画像の入手もあわせて解説したあと，アニメーションと画面切り替えの設定について解説する．

B・2・1　オンライン画像の利用

　プレゼンテーション資料では視覚的にわかりやすい表現が好まれるが，適切な写真やイラストが手元にあることはまれである．そこで PowerPoint には，以下のようにオンラインで画像を検索して挿入する機能がある（同じ機能は Word や Excel にもある）．

1. ［挿入］リボンの［写真］または［画像］のなかの［オンライン画像］をクリックする．
2. 挿入したい画像を言葉で検索する．
3. 必要に応じてフィルターで絞り込む．特に［Creative Commons のみ］*にチェックを入れるとよい．
4. 画像を選択し，挿入する．

　オンライン画像の利用に際して注意が必要なのは，著作権である．PowerPoint の機能を通じて挿入することのできる画像であっても，自由に使用できるとは限らないからである．

　PowerPoint のオンライン画像では，画像選択時に各画像の右下に詳細情報ボタンがあり，そこから Web サイトにアクセスして使用条件を確認できる場合がある．あるいは，挿入後の画像の下部に表示されるライセンス関係の注意事項を確認して，適切に対応する必要がある．

　PowerPoint におけるオンライン画像の検索機能では，検索エンジンとして Microsoft 社の Bing が用いられている．Web ブラウザを使えば，同様の画像検索をほかの検索エンジンで行うことも可能である．たとえば Google 画像検索では，

* クリエイティブ・コモンズ・ライセンス（CC ライセンス）とは，特定の条件のもとで自由に作品利用が可能であることを作者が示すためのツールである．条件はさまざまで，クレジットの表示が必要なもの，非営利での使用に限定するもの，改変禁止のものなど，作品によって異なる．CC ライセンスについての詳細は，公式 Web サイト†を参照．

図 B・3　Google の画像検索の画面

---

†　クリエイティブ・コモンズ・ライセンスとは：https://creativecommons.jp/licenses/

［ツール］をクリックすると，画像の“サイズ”や“色”，写真やイラストなどの“種類”を指定したり，“ライセンス”を限定したりすることができる（図B・3）．ただし，この場合も使用条件についてはその画像が置かれているWebページで直接確認した方がよい．

B・2・2　アニメーションと画面切り替え

PowerPointでは，スライドショーの際に視覚的効果として動きをつけることができる．スライド内での動きは“アニメーション”とよばれ，画像やテキストボックスなどの対象（オブジェクト）に付与することができる[*1]．

アニメーションには，最初は隠しておいて見えるようにする“開始効果”，見えているものをより強調する“強調効果”，見えているものを見えなくする“終了効果”の3種類がある．以下は，アニメーションの基本的な設定方法である．

1. アニメーションをつけたいオブジェクトを選択する．
2. ［アニメーション］リボンでアニメーションを選択する．
3. ［プレビュー］で動きを確認する．
4. 必要に応じて，［アニメーションウィンドウ］で効果のオプションやタイミングなどの詳細設定を行う．

一方，スライドを切り替える際の動きは［画面切り替え］リボンで設定する．すべてのスライド切り替え時に同じ効果を付けるコマンドも用意されている．

B・3　Excel の応用的利用

Excelには非常に多くの機能があり，本書で紹介できるのはそのほんの一部でしかない．そこでここではなるべく具体的に示すことで，活用の可能性を広げることに注力したい．想定するのは，試験得点から成績を付与する場面である．

B・3・1　配列数式（頻度分布の算出）

Excelの関数の多くは一つの結果を返す関数であるが，一つ以上の結果を返すことのできる関数もある．後者を用いた数式は，配列とよばれる一連のデータを扱う式となるため，**配列数式**（array formula）とよばれている．

ここでは配列数式の例として，頻度分布を算出する関数FREQUENCYを取上げ，試験得点を分析する演習を行ってみよう[*2]．配列数式の扱いはExcelのバージョンによって異なるので注意してほしい．

1. 準備として，右のデータを入力する[*3]．
2. E1セルに“頻度分布”と入力する．
3. D2セルから下方向に，10で始まり100で終わる，10きざみの連続データを作成する[*4,5]．
4. Microsoft 365の場合，E2セルに
   “=FREQUENCY（B2：B8, D2：D11）”[*6]と入力し，通常どおり確定する．

開始効果　　強調効果　　終了効果

	A	B
1	氏名	点数
2	A	76
3	B	58
4	C	93
5	D	77
6	E	81
7	F	82
8	G	86

Microsoft 365 以外の場合，E2 セルから E12 セルまでをドラッグして選択し，数式バーに "=FREQUENCY(B2:B8, D2:D11)" と入力して，[control]+[shift]+[enter]（キーボードによっては [return]）キーで確定する[*1].

5. E2 セルから E12 セルの範囲に頻度分布のデータが作成されたことを確認する．E2 セルは 10 点以下の頻度（人数），E3 セルは 10 点より大きく 20 点以下の頻度，以下同様に続き，E12 セルは 100 点より大きい場合の頻度である．E12 セルのように，配列数式は最後の間隔値を超える値も算出するため，第 2 引数で指定した区間数よりも一つ多いデータを返す．

6. D1 セルから E12 セルまでを選択し，棒グラフ（集合縦棒）を作成する．

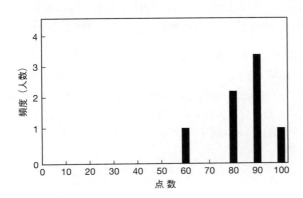

*1 配列数式は，従来はこのようにまず結果の返るセル範囲（この場合は E2 セルから E12 セル）を選択し，そこに一つの式を入力するために数式バーと特殊な確定キーを使用する必要があった．確定キーの頭文字から，従来の配列数式は CSE 数式ともよばれる．現在の Microsoft 365 では，動的に配列数式として処理されるため，こうした操作は不要である．

B・3・2　データの並べ替え

第 5 章ではフィルターを用いた並べ替えを紹介したが，フィルターを用いなくても [データ] リボンや [ホーム] リボンのコマンドで並べ替えを実行することができる．氏名と点数のように複数のデータ系列が連携しているデータを並べ替えるときは，その連携が壊れないように注意する必要がある．

1. A という列番号をクリックして A 列全体を選択し，右クリックまたは [ホーム] リボンのコマンドで列を挿入する[*2].

2. A1 セルに "id" と入力する．

3. A2 セルから下方向に，1, 2, 3, … という連続データを作成する[*3].

4. C 列の任意のセルを選択した状態で，[データ] リボンの [昇順] をクリックする．

5. バージョンによっては，"並べ替えの前に" というウインドウが表示されるので，[選択範囲を拡張する] にチェックを入れて並べ替えを実行する[*4].

6. A 列と B 列も一緒に並べ替えられたことを確認する．

B・3・3　IF 関数のネスト（成績の自動判定）

IF 関数は，論理式として指定された条件が満たされているかどうかをチェックするための関数である．ここでいう**論理式**（logical expression）とは，それが正しいか正しくないか，真か偽かを決定できる式のことである．

Excel の IF 関数では，第 1 引数として論理式を，第 2 引数として真（true）の場

*2 列を挿入するとそれより右側の列が一つずつずれる．同様に，行を挿入するとそれより下側の行が一つずつずれる．

*3 名前は "id" でなくてもよいが，並べ替えを行うときは元の順に戻せるようにこのように番号を振っておくとよい．

*4 ここでもし [現在選択されている範囲を並べ替える] にチェックが入った状態で並べ替えすると，A 列と B 列を置き去りにして C 列だけが並べ替えられてしまうため，氏名と点数の連携が壊れて他人の点数で成績がつくことになってしまう．また，空の列を挟まずに頻度分布の算出をしていると，それも並べ替えの対象となってしまうので注意が必要である．

合に返す値を，第 3 引数として偽（false）の場合に返す値をそれぞれ指定することができる．

$$=IF(論理式, 真の場合に返す値, 偽の場合に返す値)$$

たとえば，"=IF(A1>=80,"合格","不合格")"[1] とすると，A1 セルの値が 80 以上であれば"合格"と返し，80 未満であれば"不合格"と返す．以上ではなくより大きいの場合は">"を，等しい場合は"="を使う．以下は"<=",より小さいは"<"である．

一般に，関数の中にはさらに関数を入れることができる．表計算ソフトでは，これをネスト（nest）[2] とよんでいる．ここでは IF 関数の偽の場合の返り値としてさらに IF 関数を指定することで，論理的判定をさらに詳細に行う方法を示す．

1. D 列全体を選択し，列を挿入する．
2. D1 セルに"成績"と入力する．
3. D2 セルに，"=IF(C2>=90,"S", IF(C2>=80,"A", IF(C2>=70,"B", IF(C2>=60,"C","D"))))"と入力する[3]．
4. D2 セルを下方向にコピー＆ペーストする．

付録 C　化学物質の構造式描画と情報検索

　研究者や教育者のあいだで化学物質の情報を効率よく共有するために，二次元の構造式を用いることは有効な方法である．この付録 C では ChemDraw とよばれるアプリケーションを例に，構造式の描画について説明する．ChemDraw は有料のアプリケーションであるが，所属機関が使用ライセンスを契約していれば，ライセンスのアクティベーションを行うことによって使用できる．それ以外の場合は，個人で使用ライセンスの購入などが必要だが，ここでは説明しない．以降は，ChemDraw が利用できることを前提に，使用方法を説明する．また，化学物質の公共的なデータベースの利用方法についても説明する．

C・1　ChemDraw

　ChemDraw は，化学や生命科学，薬学などに携わる人々を支援するアプリケーションである．構造式の描画が可能で，さらには，構造式から化学物質名に変換したり，物性値を計算したりすることもできる．

　以下，ChemDraw の使用方法を説明するが，機能があまりに多様であるため，ここでは簡単な構造式の描画と保存について簡潔に説明する．より高度な設定や操作，機能については，ユーザマニュアルを参照すること．

C・1・1　ユーザインターフェース

　ChemDraw で新規ファイルを開くと，カスタマイズやパソコンの環境にもよるが，図 C・1 のような画面が表示される．真ん中の白いウインドウは構造式を描画するドキュメントスペースであり，そのほかに General Toolbar，Style Toolbar，Main Toolbar（右図）の 3 種類のツールバーが表示される．ほかにも，生体分子の描画に特化した BioDraw Toolbar や，選択された構造の分子式や分子量を計算する Analysis Toolbar など 10 種類以上のツールバーやウインドウがある．表示するには左上の [View] で設定できる．

　General Toolbar ではファイルの新規作成や保存，コピー ＆ ペースト，倍率調整

図 C・1　ChemDraw のドキュメントスペースと三つのツールバー

などを行う．Style Toolbar は，入力した文字のフォントやサイズ，上下付きなどの設定ができる．そして，Main Toolbar は，結合数の変更やテキストボックスの作成，環状構造の出力など多様な機能があり，描画の際に最も用いる．

C・1・2　表示フォーマットの変更

ChemDraw では，構造式の線の長さや太さなどを詳細に設定することが可能である．論文誌によっては，それらが投稿規定に定められている場合もある．ChemDraw では，有名な論文誌の規定に従ったフォーマットが用意されており，論文投稿の際に描画スタイルを設定するユーザの負担が少なくなるようになっている．

フォーマットの違いの例として，(a) デフォルト，(b) ACS Document 1996，(c) Science of Synthesis の 3 種類のフォーマットで描画したモルヒネの構造式を図 C・2 に示す．ACS Document 1996 や Science of Synthesis は，それぞれ論文誌の規定に準拠したフォーマットである．いずれも同じ構造式だが，フォーマットによって結合長や太さ，フォントサイズなどに違いがあることがわかる．特に指定がなければ，フォーマットは自由に設定すればよい．

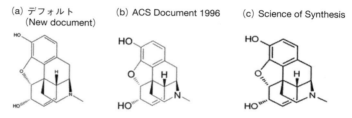

図 C・2　フォーマットによる表示の違い

設定方法は，左上のメニューの [File] から [Apply Document Settings from] を選び，そのなかから任意のフォーマットを選択する．以降の図では基本的に米国化学会の標準フォーマットである "ACS Document 1996" を用いる．

C・1・3　結合の描画

構造式を描画するためには，まず結合を描画する必要がある．図 C・3 は，プロパンの構造式を描画する過程を示している．まず，Main Toolbar の線結合ツールを選択する（図 C・3a）．その状態でドキュメントスペース内の任意の場所をクリックすると，そこに C−C 結合が描かれる（図 C・3b）．さらに炭素鎖を延伸さ

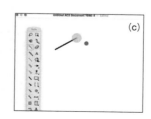
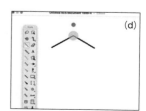

図 C・3　単 結 合 の 描 画

せたい場合，炭素鎖の端のどちらかを選択しクリックする（図 C・3c）．なお，選択されている箇所は青くハイライトされる．このとき，単にクリックすると図 C・3(d) のように，二つの結合が成す角は 120° となる．角度を変更したい場合には，クリック＆ドラッグで任意の方向に結合を描画することができる*1.

　二重結合の描画には五つの方法があるが，ここでは単純な三つの方法について説明する．

- 既存の単結合に単結合を重ねて描画する方法（図 C・4a）：単結合の描画と同様に，単結合を重ねたい結合の中央部分で線結合ツールを使用する．
- ホットキー*2 を利用する方法（図 C・4b）：ホットキーを使えば，数字や文字の入力によって，選択した原子や結合を簡単に変更できる．ホットキーで二重結合に変更する場合は，結合の中央部分を選択し，キーボードの[2]を押す．なお，[1]には単結合，[3]には三重結合が割り振られている．また，[4]以降はその大きさの縮合環が割り当てられている．使用可能なホットキーの一覧を表示する方法については C・1・9 項で説明する．
- 多重結合ツールを使用する方法（図 C・4c）：Main Toolbar の多重結合ツールを使用し，二重結合にしたい結合の中央がハイライトされたらクリックする．

　いずれの方法の場合も，二重結合の中央をクリックするたびに結合が描画される位置を変更することができる．

*1 Main Toolbar から特定のツールを選択してドキュメントスペース内でクリックすることを，以降では "ツールの使用" と表現する．

*2 ホットキーとは，多くの場合でショートカットキーと同じように用いられる言葉である．ChemDraw では，"原子ホットキー"，"結合ホットキー"，"汎用ホットキー" の三つがある．原子ホットキーや結合ホットキーは，原子や結合が選択状態（ハイライトの状態）のときに入力することで操作できる．使用方法については本文で一部説明する．
　汎用ホットキーは原子や結合が選択されていないときに入力することで使用しているツールを変更できる．たとえば，[J]キーを押すとベンゼンツールに変更できる．
　これとは別にショートカットキーがあり，[Ctrl]＋[C]でコピーなど，Office スイートと同じように利用できる．

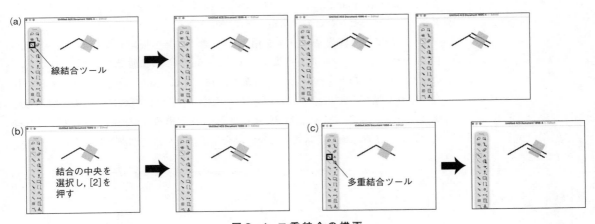

図 C・4　二重結合の描画

C・1・4　原子ラベルの変更

　炭素以外の原子を表示するには，原子ラベルを変更する必要がある．図 C・5 は，テキストボックスを利用した原子ラベルの変更例として，二重結合の端の原子ラベルを O に変更している．まず，Main Toolbar でテキストボックスを選択し，原子ラベルを変更したい箇所を選択してクリックする（図 C・5a）．テキストボックスが表示されたら（図 C・5b），そこに "O" を入力する（図 C・5c）．入力後に[return]キーを押すと，テキストボックスが閉じられ構造式に原子ラベルが反映される（図 C・5d）．

　ホットキーを用いて原子ラベルを変更する場合には，図 C・5(a) の状態で "o"

（小文字のオー）を入力する．大文字の "O" を入力するとメトキシ基（–OMe）になるため注意すること．

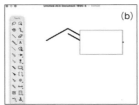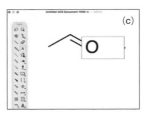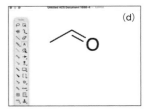

図 C・5　原子ラベルの変更

プロピオン酸

演習 C・1 プロピオン酸の描画

左に示す構造式を描画しなさい．

C・1・5　環構造の描画

　ここまで，結合の描画と原子ラベルの入力・変更について説明した．しかし，これだけでは構造式を描画するには不十分である．ここでは環構造の描画について説明する．

　C・1・3 項で説明した結合の描画を駆使すれば環構造を描画することができる．また，Main Toolbar には，シクロアルカンやイス型シクロヘキサン，シクロペンタジエン，ベンゼンなどの環構造ツールが存在する．

　図 C・6 では，環構造ツールを用いてナフタレンを描画している．まず Main Toolbar のベンゼンツールを選択する（図 C・6a）．この状態でドキュメントスペースをクリックすると，ベンゼンが描画される（図 C・6b）．そして，ベンゼンの任意の結合を選択して（図 C・6c）クリックすると二つ目のベンゼン環が縮環した構造となる（図 C・6d）．自動的にいずれかの極限構造式が描画されるが，共鳴構造のうちの任意の極限構造式にしたい場合には修正や設定が別途必要となる．

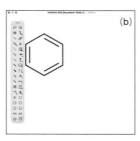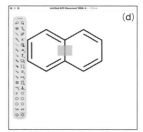

図 C・6　環構造の描画

4-キナゾリノン

演習 C・2 4-キナゾリノンの描画

　左に示す構造式を描画しなさい．C・1・5 項で説明したベンゼンツールを用いる場合には，どこかの二重結合を単結合にする必要がある．また，原子ラベルをホットキーで変更したい場合，窒素は "n" を入力して変更することができる．

C・1・6 立体構造式の描画

立体配置を区別して描画するには，結合をくさび形の太線と破線で描く．ここでは，ChemDraw に合わせて，それぞれウェッジ結合とハッシュ結合とよぶ．どちらの結合も，幅が狭い結合端がドキュメントスペース平面上にあり，ウェッジ結合の幅の広い結合端は前面に，ハッシュ結合であれば後方に位置する．通常の結合をウェッジ結合に変更したい場合には，Main Toolbar からウェッジ結合ツールを選択し（図 C・7a），変更したい結合に使用する（図 C・7b）．ハッシュ結合も同様にMain Toolbar のハッシュ結合ツールを使用すればよい（図 C・7c）．ウェッジ結合とハッシュ結合の向きを変更したい場合には，C・1・3 項で説明した二重結合の配置の変更と同様，対象となる結合がハイライトされた状態でクリックを繰返すことで変更できる．

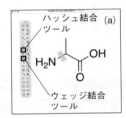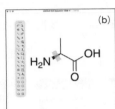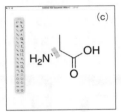

図 C・7　ウェッジ結合とハッシュ結合の描画

演習 C・3 L−トリプトファンの描画

右に示す構造式を描画しなさい．側鎖のインドール環の描画については C・1・5 項を参考にすること．

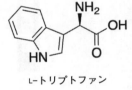

L−トリプトファン

C・1・7 構造式の整形

すべて手動で構造式を描画しようとすると，結合や環構造にゆがみが生じる場合がある．そのような場合には，構造全体を選択した後に（図 C・8a），上部メニューの[Structure]から[Clean Up Structure]を実行する（図 C・8b）．図 C・8(a) の構造では，Clean Up Structure を 2 回行うことで構造が整形された（図 C・8c）．ただし，望みの構造に整形される保証はないので過信は禁物である．

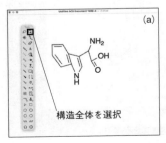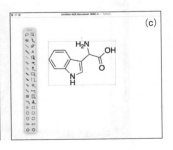

図 C・8　Clean Up Structure の例

C・1・8　保存と画像出力

ChemDraw で作成したファイルを保存する場合，[File]→[Save]を選択する．
ChemDraw XML 形式で保存すれば，以降も ChemDraw を用いて編集することが
できる．

また，ChemDraw で描画した構造式を画像ファイルとして出力する場合には，
上部メニューの[File]→[Export]から行う（図 C・9a, b）．任意の画像ファイル
形式を選択後，保存先のフォルダを指定し，[Export]をクリックすればよい（図
C・9c）．このとき，初期設定の保存先は見つけにくいフォルダが設定されているた
め，保存先を確認し，必要があれば保存先のフォルダを変更する．また，ドキュ
メントスペースに複数の構造式が描画されている場合，それらすべてが一つの画像
にまとめて出力されるので注意すること．

画像として保存する機能は，ChemDraw のバージョンによっては[Save as]と表
示されることもある．そのようなバージョンでは，"本操作は ChemDraw XML 形
式の保存ではないため，ChemDraw で再度開くことができない"と，英語で警告
されるが，無視しても問題はない．

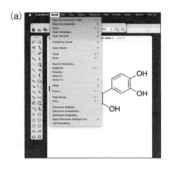
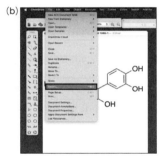

図 C・9　画像として出力する方法

C・1・9　ホットキーとショートカットキーの一覧の表示

ChemDraw では，インストール後の最初のアプリケーション起動時にホットキー
とショートカットキーの一覧が表示される．それらを再度表示するには，上部メ
ニューの[Help]→[Shortcuts and Hotkeys]を選択する（図 C・10）．

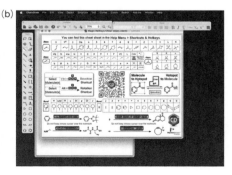

図 C・10　ホットキーとショートカットキーの表示

　ここで説明した基本的な構造式の描画ツール以外にも，DNA や糖，生体膜，イラストなどを描画するツールもある（図 C・11）．また，構造式の色を変更してハイライトすることも可能である．さらに，薄層クロマトグラフィー（TLC）やゲル電気泳動の結果を描画したり，構造式から NMR スペクトルや物性値を計算・予測したりすることもできる．詳細については，ユーザマニュアルを参照すること．

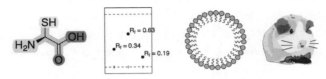

図 C・11　ChemDraw の豊富な機能の例

C・2　化学物質の情報を調べる

　構造式は判明しているが名称が不明確な場合や，逆に名称が明らかだが正確な構造がわからない場合，化学物質の毒性や物性値の正しい情報を知りたい場合は，既存の化合物データベースで調べることができる．最も広く知られる巨大なデータベースは，米国化学会（ACS：American Chemical Society）の下部組織である CAS（Chemical Abstracts Service）が提供している SciFinder である．ほかにも，カリフォルニア大学サンフランシスコ校の John Irwin が運営する Zinc，欧州バイオインフォマティクス研究所（EBI: European Bioinformatics Institute）が運営する ChEMBL（ケンブル），英国の王立化学会（RSC: Royal Society of Chemistry）が所有する ChemSpider など，さまざまなデータベースが存在する．ここでは，米国国立衛生研究所（NIH：National Institutes of Health）の下部組織が管理する PubChem を用いた化学物質情報の検索について説明する．

　PubChem[†]には約 1.2 億の化合物データが収録されている．トップページ（図 C・12）中央の検索欄に，名称（英語），組成式，ID，SMILES 記法による構造式，InChI などを入力することで検索できる．**SMILES**〔スマイルズ（simplified molecular input line entry system）〕**記法**は ASCII 文字による構造式の表現方法であり，**InChI**〔インチ（International Chemical Identifier）〕は国際的に認識される構造式の一意な識別子である．

図 C・12　PubChem の Web ページ

---

†　https://pubchem.ncbi.nlm.nih.gov

　以下，アセチルサリチル酸（アスピリン）を例に，その構造式だけがわかっている状況で化学物質情報を検索する方法について説明する．まず PubChem のトップページ下部にある[Draw Structure]をクリックする（図 C・12）．すると，図 C・13(a) のような構造式を描画する画面が現れる．右側の白いスペースは，Chem-Draw のドキュメントスペースと同じように，構造式を描画することが可能である．ただし，描画自体は ChemDraw の方が簡単である．このスペースに構造式を描画して，[Search for This Structure]をクリックする．

　図 C・13(b) では，アセチルサリチル酸の構造式を描画した．この状態で[Search for This Structure]をクリックすると，該当する構造式をもつ化学物質の情報が表示される．

(a) 　(b)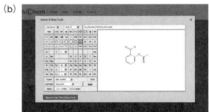

図 C・13　PubChem での構造式を使った検索

　図 C・14(a) は構造式の検索結果である．アセチルサリチル酸が検索結果として表示されている．類似する化学物質や入力した構造を部分構造として含む化学物質も検索することができるが，今回の例では 1000 件以上あるため，ほかにも条件を定めて絞り込む必要がある．アセチルサリチル酸の詳細な情報を知るためには，名称をクリックして化学物質の個別ページに移動する．

(a) 　(b)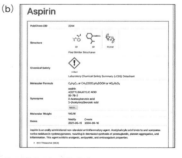

図 C・14　検索結果（a）とアセチルサリチル酸のページ（b）

　アセチルサリチル酸のページ（図 C・14b）では，構造情報だけでなく，別名や，分子量，溶解度，密度などの物性データ，生物実験結果，特許情報などが提供されている．化学物質の情報を調べる際に Wikipedia を利用することもできるが，必ずしも正確な情報ではなく信頼性に欠ける．そのため，PubChem などの公共データベースを活用して，正確かつ信頼性のある情報を取得する習慣を身につけることが重要である．

索　　引

監 修

井 上 英 史
いの　うえ　ひで　し

1981 年 東京大学薬学部 卒
1986 年 東京大学大学院薬学系研究科博士課程 修了
東京薬科大学名誉教授
専門 生化学, 分子生物学
薬 学 博 士

執 筆

森 河 良 太
もり　かわ　りょう　た

1990 年 慶応義塾大学理工学部 卒
1994 年 慶応義塾大学大学院理工学研究科博士課程 中退
現 東京薬科大学生命科学部 准教授
専門 理論生物物理学, 情報科学
博士(理学)

西 田 洋 平
にし　だ　よう　へい

2003 年 東京薬科大学生命科学部 卒
2012 年 東京大学大学院
　　　　　　情報学環・学際情報学府博士課程 単位取得退学
現 東海大学ティーチングクオリフィケーションセンター 講師
専門 情報学
修士(生命科学, 学際情報学)

野 口 瑶
の　ぐち　よう

2012 年 東京薬科大学生命科学部 卒
2017 年 東京薬科大学大学院
　　　　　　生命科学研究科博士課程 満期退学
現 東京薬科大学生命科学部 助教
専門 生物物理学, マテリアルズインフォマティクス
博士(生命科学)

第 1 版 第 1 刷 2024 年 3 月 19 日 発行

基礎講義 情報科学
デジタル時代の新リテラシーを身につける

© 2 0 2 4

監 修　井 上 英 史
発行者　石 田 勝 彦
発 行　株式会社 東京化学同人
東京都文京区千石 3-36-7 (〒112-0011)
電話 03-3946-5311・FAX 03-3946-5317
URL: https://www.tkd-pbl.com/

印 刷　中央印刷株式会社
製 本　株式会社 松岳社

ISBN978-4-8079-2059-4
Printed in Japan

情報科学分野の好評書籍

ダイテル
Python プログラミング
基礎からデータ分析・機械学習まで

Python完全習得に必携の書

P. Deitel・H. Deitel 著

史　蕭逸・米岡大輔・本田志温 訳

B5判　576ページ　定価5280円（本体4800円＋税）

世界的に評価の高いダイテルシリーズのPython教科書の日本語版. 記述はシンプルで明快. 独習にも最適な一冊.

- -

13歳からの Python 入門
新時代のヒーロー養成塾

J. R. Payne 著／竹内　薫 監訳／柳田拓人 訳

B5判　260ページ　定価2420円（本体2200円＋税）

Pythonでのプログラミングに興味のあるビギナー対象の入門書. 教養として必須のPythonの基本文法からゲーム制作までを初心者が楽しく独習できる.

- -

ミュラー Python で実践する
データサイエンス 第2版

J. P. Mueller・L. Massaron 著／佐藤能臣 訳

B5判　368ページ　定価4400円（本体4000円＋税）

課題設定からデータ収集・整形, 機械学習による分析, 可視化まで. コードを実行しながら一通り学べる入門書. 最初のステップに最適.

- -

ミュラー Python で学ぶ
深層学習

J. P. Mueller・L. Massaron 著／沼　晃介・吉田享子 訳

B5判　256ページ　定価3850円（本体3500円＋税）

初めての一冊に最適. 深層学習の基礎について十分一般的な知識を得た上で簡単な実装ができるようになる入門書. 独習にも便利.

2024年2月現在（定価は10％税込）